Effective Rust
이펙티브 러스트

| 표지 설명 |

표지 동물은 점박이꽃게(학명: *Arenaeus cribrarius*)다. 야행성이며 독립적으로 행동하지만, 위협을 느끼면 매우 공격적이다. 미국 매사추세츠주에서 아르헨티나 지역에 이르는 대서양 해안선을 따라 서식한다.

점박이꽃게의 단단한 갑각은 밝은 갈색, 밝은 적갈색 또는 올리브색이며, 흰색이나 황갈색의 반점이 있다. 갑각의 측면에는 아홉 개의 이빨이 있고, 눈구멍 사이에도 여섯 개의 이빨이 있다. 갑각의 너비는 11~15센티미터에 이르며 길이의 두 배에 해당한다. 갑각의 색상은 먹이를 기다리는 동안 주변 환경에 위장할 수 있게 한다. 주로 부유물을 먹지만, 물고기, 연체동물, 다른 갑각류도 먹는다.

점박이꽃게의 보존 상태는 아직 정확히 평가되지 않았지만, 브라질에서 상업적으로 채집되고 있어 개체 수에 영향을 받고 있다. 오라일리의 표지에 등장하는 많은 동물은 멸종 위기에 처해 있으며, 모두 세상에 중요한 존재다.

표지 그림은 『The Museum of Animated Nature』의 골동품 판화를 바탕으로 캐런 몽고메리 Karen Montgomery가 그렸다.

이펙티브 러스트

효과적인 러스트 코드 활용을 위한 35가지 방법

초판 1쇄 발행 2024년 10월 10일

지은이 데이비드 드라이스데일 / **옮긴이** 남기혁 / **펴낸이** 전태호
펴낸곳 한빛미디어(주) / **주소** 서울시 서대문구 연희로2길 62 한빛미디어(주) IT출판2부
전화 02-325-5544 / **팩스** 02-336-7124
등록 1999년 6월 24일 제25100-2017-000058호 / **ISBN** 979-11-6921-294-6   93000

총괄 송경석 / **책임편집** 박지영 / **기획 · 편집** 정지수
베타리더 강경구, 강병수, 김기오, 김동진, 김정현, 김태근, 문용준, 박태준, 전봉규, 차정윤, 피수영
디자인 표지 박정우 내지 윤혜원 / **전산편집** 이경숙
영업 김형진, 장경환, 조유미 / **마케팅** 박상용, 한종진, 이행은, 김선아, 고광일, 성화정, 김한솔 / **제작** 박성우, 김정우

이 책에 대한 의견이나 오탈자 및 잘못된 내용은 출판사 홈페이지나 아래 이메일로 알려주십시오.
파본은 구매처에서 교환하실 수 있습니다. 책값은 뒤표지에 표시되어 있습니다.
한빛미디어 홈페이지 www.hanbit.co.kr / 이메일 ask@hanbit.co.kr

© HANBIT MEDIA INC. 2024.
Authorized Korean translation of the English edition of **Effective Rust**
ISBN 9781098151409 © 2024 Galloglass Consulting Limited.

This translation is to be published and sold by permission of O'Reilly Media, Inc., the owner of all rights to publish and sell the same.

이 책의 저작권은 오라일리와 한빛미디어(주)에 있습니다.
저작권법에 의해 보호를 받는 저작물이므로 무단 전재와 무단 복제를 금합니다.

지금 하지 않으면 할 수 없는 일이 있습니다.
책으로 펴내고 싶은 아이디어나 원고를 메일(**writer@hanbit.co.kr**)로 보내주세요.
한빛미디어(주)는 여러분의 소중한 경험과 지식을 기다리고 있습니다.

Effective Rust

이펙티브 러스트

O'REILLY® 한빛미디어

지은이·옮긴이 소개

지은이 데이비드 드라이스데일 David Drysdale

구글의 소프트웨어 엔지니어로 2019년부터 러스트 언어를 주로 사용해 왔다. Tink 암호화 라이브러리를 러스트로 포팅하고, 안드로이드의 하드웨어 암호화 라이브러리(KeyMint)를 러스트 버전으로 교체하는 프로젝트를 주도했다. C/C++와 고 언어에 폭넓은 경험을 가지고 있으며, 리눅스 커널, 네트워킹 컨트롤 플레인 소프트웨어, 모바일 화상 회의 앱 등 다양한 프로젝트에 참여했다.

옮긴이 남기혁

고려대학교 컴퓨터학과에서 학부와 석사 과정을 마친 후 한국전자통신연구원에서 책임 연구원으로 재직하고 있다. 한빛미디어에서 『Make: 센서』(2015), 『메이커 매뉴얼』(2016), 『이펙티브 디버깅』(2017), 『리팩터링 2판』(2020), 『전문가를 위한 C++(개정 5판)』(2023)을, 길벗에서 『핵심 C++ 표준 라이브러리(2판)』(2021), 『모던 C』(2022), 『Go 100가지 실수 패턴과 솔루션』(2023)을, 에이콘출판사에서 『Go 마스터하기』(2018), 『자율주행 자동차 만들기』(2019, 2022), 『스콧 애론슨의 양자 컴퓨팅 강의』(2021) 등을 번역했다.

🔵 베타리더의 한마디

연말이나 연초가 되면 항상 개발자들 사이에서 공유되는 내용이 바로 '개발자들이 사랑하는 언어로 손꼽히는 러스트'에 대한 이야기다. 러스트는 초기 진입 장벽이 (매우) 높지만, 안정성 면에서는 으뜸이라고 평가받는다(사실 개발자 연봉 1위 언어가 러스트라는 것에 눈길이 더욱 가는 게 더 맞을 것이다).

이펙티브 시리즈는 언어의 기본 문법을 어느 정도 익힌 초보자가 호기롭게 읽기 시작했다가 좌절을 한 번 맛보고 포기를 하던가, 어느 정도 숙련도가 올라왔을 때 다시 꺼내 읽어 언어의 마스터가 되는가를 결정짓는 책이라 생각한다.

이 책에서는 기본적인 문법을 공부할 때 자세히 이해하지 못해 그냥 따라 했던 부분을 왜 그렇게 구현해야 하는지 자세히 알려준다. 분명 나중에 "아, 이거 책에서 어떻게 하라고 했던 거 같은데…"하며 다시 찾아보게 될 책이다. 러스트 기본 문법을 『러스트 프로그래밍 공식 가이드』로 독파한 러스트 입문자라면 『이펙티브 러스트』를 읽으면서 정확한 본인의 숙련도를 가늠하고, 러스트에 더욱더 가열차게 빠져들게 될 것이다.

강경구, NHN PAYCO 데이터 엔지니어

경험 많은 러스트 개발자가 많지 않은 국내 환경에서 꼭 필요한, 더 나은 설계와 구현을 제안하는 보물과도 같은 중급 서적이다. 다른 언어를 주력으로 사용하던 개발자가 관용적인^{idiomatic} 러스트를 배울 때 도움이 될 것이다.

강병수, 엔씨소프트

러스트는 절대로 간단한 언어가 아니다. C++가 복잡한 언어로 악명이 높지만, 사실 러스트도 C++에서 하위 호환성을 뺀 나머지만큼 복잡한 언어라고 생각한다. 그래서 러스트 언어로 코딩하다 보면 왜 이렇게 만들었을까, 왜 필요한 걸까, 내가 지금 하는 것보다 더 좋은 방식은 없을까 등 여러 질문을 하게 된다. 단순히 코딩을 많이 하다 보면 해결되는 질문도 있지만, 좋은 자료를 읽어야만 해결되는 질문도 많다. 이 책을 먼저 리뷰하면서 그동안 내가 가졌던 의문 중

● 베타리더의 한마디

대부분을 해소할 수 있었다. 러스트 언어의 문법을 익힌 후 본격적인 개발을 시작하기 전에 미리 읽기를 추천하고, 이미 러스트로 개발하고 있는 분들에게도 추천한다. 경험이 쌓일수록 더 많은 것을 얻을 수 있는 책이다.

김기오, 취미로 리눅스 커널을 공부하는 개발자

이펙티브 시리즈는 프로그래밍 언어별로 그 이름에 걸맞은 기대와 평가를 받고 있는데, 이 책 또한 기대 이상으로 러스트를 최대한 러스트답게 효율적으로 작성할 수 있는 가이드를 단계별로 제시한다. 러스트가 갖는 다소 높은 러닝 커브로 인해 기본 러스트 개념을 이해하고 있어야 읽기 수월한 면이 있지만, 러스트 입문 개발자로서 어떻게 하면 최대한 러스트답게 안전하고 효율적인 코드를 작성할 수 있을지 고민하는 개발자에게 레벨 업을 위한 서적으로 적극 추천한다. 이 책은 러스트의 고유한 특성을 활용해 성능을 최적화하고 안전성을 보장하는 방법을 상세히 다루고 있어, 실제 프로젝트에 적용할 수 있는 실용적인 팁도 얻을 수 있다.

김동진, 한화정밀기계 솔루션개발팀 PL

러스트가 **안전한** 프로그램을 만들 수 있게 해줬다면, 이 책은 **유용하고 널리 쓰일** 러스트 코드를 작성하는 방법을 알려준다. 기본적인 내용을 넘어 실제 현장에서 러스트 프로젝트를 시작하기 전에 알아 두면 좋을 지식을 잘 모아놓은 책이다.

김정현, KAIST 동시성 및 병렬성 연구실

단순한 문법서가 아닌 비법서라고 부를 만한 책이다. 보통 러스트를 접하는 분들은 다른 언어를 사용하다가 넘어왔을 확률이 큰데, 이 책은 그런 분들을 위해 다른 언어에서 사용되는 개념이 러스트에서 어떻게 사용되는지 혹은 어떻게 다뤄져야 하는지 코드와 그림으로 친절하고 상세하게 설명한다. 특히 효과적인 팁이 많아 한 번 보고 끝나기보다는 자주 꺼내봐야 하는 책이다.

김태근, 연세대학교 대학원 물리학과

이 책은 러스트의 타입, 트레이트, 의존성 등에 대한 깊이 있는 설명을 제공해 개발자들이 실무에서 자주 마주하는 문제를 러스트로 해결하는 데 큰 도움이 된다. 전체적으로 러스트 언어를 제대로 이해하고 싶은 개발자들에게 강력히 추천한다.

문용준, SK C&C 소프트웨어 아키텍트

러스트로 개발을 해보면 러스트 고유의 특징으로 인해 많은 시행착오를 겪는다. 이 책은 실용적인 예시와 명쾌한 설명을 통해 개발자의 시행착오를 줄이고 효율적으로 개발할 수 있도록 조언한다. 책에서 서술한 조언을 이해하고 적용할 수 있다면 어느새 훌륭한 러스트 개발자로 성장해 있을 것이다. 초중급 개발자에게 이 책을 추천한다.

박태준, 둡

러스트를 효과적으로 활용하기 위해서 알아 두면 좋은 내용을 아이템별로 심도 있게 다루는 책이다. 특히 C/C++ 언어를 러스트로 대체하려고 하는 움직임이 있기 때문에, C/C++과의 비교를 통해 러스트를 선택하는 이유를 명확히 설명하는 부분이 많아서 유용했다. 최근 러스트 입문서가 여러 권 출간되고 있지만, 이 책은 입문자를 넘어 중급자로 업그레이드할 수 있는 훌륭한 가이드 역할을 한다.

임혁, H 회사 백엔드 개발자

이펙티브 시리즈의 러스트 한국어 번역서가 출시됐다. 그만큼 러스트 언어 개발자 수가 늘어났음을 짐작할 수 있다. 기초 문법을 넘어 중급 이상으로 넘어가려는 이들의 갈증을 해소하는 이 책의 등장을 환영한다. 저자가 '이 책에 대하여'에서 이야기했듯이 이전 이펙티브 시리즈와는 다른 생소한 접근 방식과 CI 도구 등 언어와 직접적으로 관련 없어 보이는 내용을 소개하는 것 또한 언어적 특색과 모던 언어의 특징이 아닐까 생각한다. 역자의 친절한 주석과 베타리더들의

● 베타리더의 한마디

의견 덕분에 원서보다 더 읽기 쉬운 번역서가 탄생했다. 이 책은 러스트 초보를 넘어 중고급자가 되도록 여러분을 안내할 것이다.

전봉규, LG CNS 시스템 프로그래머

프로그래밍의 세상은 넓고, 알아야 할 것은 많은데 시간은 한정되어 있으니 부디 이 경험치 물약과도 같은 한 권의 책을 통해 시행착오에 드는 시간과 노력을 최소화하길 적극 권한다.

차정윤, 삼성전자 MX사업부 소프트웨어 엔지니어

최근 프로그래밍 커뮤니티에서 러스트가 주목받고 있다. 메모리 안전성, 뛰어난 성능 그리고 현대적인 언어로서의 매력 때문에 많은 개발자가 러스트에 관심을 보인다. 하지만 러스트는 강력한 만큼 처음 접할 때 다소 어려울 수 있다. 이런 점에서 『이펙티브 러스트』는 러스트를 더 효율적이고 효과적으로 사용할 수 있는 구체적인 방법을 제시하는 훌륭한 안내서다.

이 책은 러스트의 가장 강력한 기능인 안전한 메모리 관리와 고도의 타입 시스템을 이해하기 쉽게 설명한다. 특히 러스트의 높은 진입 장벽인 대여 검사기와 수명 등의 개념을 단계적으로 소개하며, 언어의 특징을 활용해 더 안전하고 효율적인 코드를 작성하는 방법을 자세히 알려준다. 이 책을 통해 러스트를 효과적으로 사용하려면 단순히 문법을 이해하는 것을 넘어, 언어의 철학과 패러다임을 이해하는 것이 중요하다는 점을 다시 한번 깨달았다.

러스트가 매년 '가장 사랑받는 프로그래밍 언어'로 선정되는 이유는 단순한 유행이 아니다. 이는 러스트가 제공하는 고유한 안전성과 효율성 때문이다. 『이펙티브 러스트』는 이러한 러스트의 철학을 실제 코드에 적용할 수 있도록 구체적인 방법을 제시한다. 이 책을 읽으면서 러스트로 더 안전하고 효율적인 프로그램을 작성할 수 있다는 확신이 생겼다. 다양한 상황에서 러스트를 최적의 방법으로 활용할 수 있게 하는 이 책은 러스트 개발자라면 반드시 읽어야 할 필독서다.

피수영, 스타트업 소프트웨어 엔지니어

● 옮긴이의 말

용어나 표현은 러스트 커뮤니티와 C++ 문헌을 많이 참조하고 활용했다. 최대한 자연스럽고 쉽게 이해할 수 있도록 노력했지만, 마지막까지도 아쉬움과 불안감이 남는다. 미처 걸러내지 못한 부분에 대해 양해를 구한다. 번역 진행부터 마무리까지 친절하면서도 꼼꼼하게 이끌어 주신 정지수 편집자님 그리고 좋은 책을 번역할 기회를 주신 한빛미디어 관계자분께 감사의 말을 전한다.

남기혁

이 책에 대하여

> 코드는 실제 규칙이라기보다 일종의 가이드라인에 가깝다.
>
> 브레넌 켈러 Brennan Keller

현재 나와 있는 최신 프로그래밍 언어 중에서도 러스트Rust는 좀 독특하다. 컴파일 방식 언어의 속도, 가비지 컬렉션이 없는 언어의 효율성 그리고 함수형 언어의 타입 안전성을 제공할 뿐만 아니라, 메모리 안전성을 위한 독자적인 솔루션도 갖추고 있다. 그래서인지 러스트는 가장 사랑받는 프로그래밍 언어로 여러 차례 선정됐다(`https://oreil.ly/KKcb6`).

러스트 타입 시스템이 제공하는 강력함과 일관성 덕분에 러스트 프로그램이 정상적으로 컴파일됐다면 프로그램이 올바르게 작동할 가능성이 상당히 높다. 이러한 특성은 하스켈Haskell처럼 접하기 쉽지 않은 학술용 언어에서나 볼 수 있었다. 정상적으로 컴파일된 러스트 프로그램은 안전하게 작동한다.

하지만 타입과 메모리 모두에 대해 안전성을 보장받기 위해서는 치러야 할 대가가 있다. 러스트는 문서화가 상당히 잘 되어 있지만 진입 장벽이 높다고 악명이 자자하다. 처음 접하는 사람이라면 러스트의 대여 검사기borrow checker가 쏟아내는 불평에 대처하고, 데이터 구조를 다시 설계하고, 수명lifetime이란 개념에 혼란스러워하는 통과 의례를 거쳐야 한다. 정상적으로 컴파일된 러스트 프로그램이라면 한 번에 제대로 작동할 가능성이 높지만, 러스트 컴파일러의 뛰어난 오류 진단 기능에도 불구하고, 프로그램을 무사히 컴파일하는 것은 여전히 상당히 어렵다.

대상 독자

이 책은 C++와 같은 기존 컴파일 언어 사용 경험이 있는 프로그래머조차도 어려워하는 부분을 최대한 쉽게 설명하도록 노력했다. 오라일리의 다른 이펙티브effective 시리즈 도서와 마찬가지로 『러스트 프로그래밍 공식 가이드』(제이펍, 2024)나 『프로그래밍 러스트』(제이펍, 2022) 등을 통해 러스트의 기초를 익힌 후 읽을 수 있는 책이다.

하지만 러스트의 안전성으로 인해 기존 이펙티브 시리즈와 조금 다르게 구성할 수밖에 없었다. 특히 스콧 마이어스의 『이펙티브 C++』(프로텍미디어, 2015) 시리즈와 비교해 보면 그 차이가 더욱 두드러진다. C++ 언어에는 단점이 많았(고 지금도 많)기 때문에 『이펙티브 C++』에서는 실전에서 C++로 소프트웨어를 개발해 본 경험을 토대로 단점을 피하기 위한 조언을 모으는 데 집중했다. 이 과정에서 이펙티브 시리즈는 주로 규칙보다는 가이드라인을 제시한다. 다만 이 가이드라인에는 예외가 있으며, 이에 대해 근거를 자세히 제공함으로써 주어진 상황에서 규칙을 벗어나는 것이 바람직한지를 독자 스스로 판단할 수 있게 한다.

이 책도 다른 이펙티브 시리즈처럼 조언마다 근거를 함께 제공한다. 하지만 러스트에는 위험 요소가 현저하게 적기 때문에 러스트 고유의 개념을 설명하는 데 더 집중했다. 따라서 각 아이템의 제목은 '...를 이해하라', '...에 익숙해져라'와 같으며, 러스트를 유창하고 관용적으로 작성하도록 도와주기 위한 내용을 가득 담았다.

'절대 ...하지 말라'라는 제목이 없는 이유도 러스트의 안전성 때문이다. 정말 해서는 안 되는 일이라면 대부분 러스트 컴파일러가 걸러내 준다.

러스트 버전

이 책은 러스트 2018(https://doc.rust-lang.org/edition-guide/rust-2018/index.html) 안정[stable] 버전 툴체인을 기준으로 작성했다. 러스트는 하위 호환성을 보장하기 때문에 2021 버전(https://doc.rust-lang.org/edition-guide/rust-2021/index.html)을 비롯한 후속 버전에서 중대한 변경 사항이 발생하더라도 2018 버전으로 작성된 코드를 계속 지원한다. 현재는 2018 버전과 2021 버전 사이의 차이가 미미할 정도로 안정화가 된 상태다. 따라서 이 책의 코드를 2021 버전에 맞게 변경할 필요가 없다(단, 아이템 19에서 설명하는 내용 중에서 이전 버전에서는 불가능했던 새로운 동작은 예외다).

이 책에서는 러스트의 비동기 async에 대해서는 다루지 않는다. 설명할 고급 개념도 많고 안정 버전 툴체인 지원도 부족한 데다, 동기식 러스트만으로도 다룰 내용이 충분하기 때문이다

이 책에 대하여

(어쩌면 나중에 『이펙티브 비동기 러스트』란 책이 나올지도…).

책에 나온 예제 코드와 오류 메시지는 rustc 1.70 버전 기준이다.[1] 코드는 후속 버전에서도 거의 대부분 수정 없이 사용할 수 있다. 오류 메시지는 컴파일러 버전에 따라 얼마든지 달라질 수 있는데, 지면 크기로 수정한 것을 제외하면 대부분 컴파일러에서 출력된 내용을 그대로 담았다.

자바Java, 고Go, C++와 같은 정적 타입 언어에 익숙한 독자들의 이해를 돕기 위해 본문에서 이들 언어와 비교하거나 인용한 부분이 많다. 특히 러스트는 C++와 비슷한 점이 많다. 그중에서도 C++ 11의 이동 의미론(무브 시맨틱스 move semantics)은 러스트를 이해하는 데 큰 도움이 된다.

구성

이 책은 다음과 같이 여섯 장으로 구성된다.

- **1장 '타입'**: 러스트의 핵심 타입 시스템에 대한 조언
- **2장 '트레이트'**: 러스트의 트레이트trait를 다루는 데 관련된 조언
- **3장 '주요 개념'**: 러스트 설계를 형성하는 핵심 아이디어
- **4장 '의존성'**: 러스트의 패키지 생태계에 관련된 조언
- **5장 '도구 활용'**: 러스트 컴파일러를 비롯한 다양한 도구를 이용해 코드베이스를 개선하는 데 관련된 조언
- **6장 '표준 러스트를 넘어서'**: 러스트의 표준 안전 환경을 넘어서는 작업을 수행하는 데 관련된 조언

기본적인 내용은 1장 '타입'과 2장 '트레이트'보다 3장 '주요 개념'에서 더 많이 소개한다. 처음부터 순서대로 읽는 독자들이 자신감을 가질 수 있도록 기본 개념을 일부러 뒤에 배치했다.

예제 코드

예제 코드는 https://effective-rust.com 에서 확인할 수 있다.

---

[1] 옮긴이_ 2024년 7월 25일에 1.80 버전이 릴리스됐다.

감사의 말

이 책이 나올 수 있도록 도와준 많은 분께 고마움을 전한다.

- 책 전반에 걸쳐 전문적이고 상세한 피드백을 제공해 준 기술 검토자: Pietro Albini, Jess Males, Mike Capp, Carol Nichols
- 오라일리의 담당 편집자들: Jeff Bleiel, Brian Guerin, Katie Tozer
- 러스트에 대해 많은 것을 가르쳐 준 Tiziano Santoro
- 이 책의 AsciiDoc 서식에 핵심적인 기술 지원을 제공한 Danny Elfanbaum
- 이 책의 웹 버전 원본을 꼼꼼히 읽고 피드백해 준 독자
    - 온라인 텍스트에서 수십 개의 오타와 오류를 찾아낸 Julian Rosse
    - 아이템에서 개선이 필요한 부분과 정확하지 않은 부분을 지적해 준 Martin Disch
    - 본문의 오류를 지적해 준 Chris Fleetwood, Sergey Kaunov, Clifford Matthews, Remo Senekowitsch, Kirill Zaborsky 그리고 익명의 프로톤 메일 Proton Mail 사용자
- 글쓰기에 몰두하는 동안 주말을 잘 견뎌내 준 가족

데이비드 드라이스데일

CONTENTS

지은이·옮긴이 소개 ·· 4
베타리더의 한마디 ·· 5
옮긴이의 말 ·· 9
이 책에 대하여 ··· 10
감사의 말 ·· 13

CHAPTER 1 타입

아이템 1: 데이터 구조를 타입 시스템으로 표현하라 ······························· 18
아이템 2: 공통 동작은 타입 시스템으로 표현하라 ································· 28
아이템 3: 명시적인 match 표현식보다 Option과 Result 변환을 사용하라 ··· 40
아이템 4: 가급적 관용적인 Error 타입을 사용하라 ································ 47
아이템 5: 타입 변환을 이해하라 ··· 57
아이템 6: 뉴타입 패턴을 적극 활용하라 ··· 64
아이템 7: 복잡한 타입에는 빌더를 적용하라 ·· 70
아이템 8: 레퍼런스와 포인터 타입에 익숙해져라 ·································· 79
아이템 9: 명시적 루프보다 반복자 변환으로 표현하라 ··························· 93

CHAPTER 2 트레이트

아이템 10: 표준 트레이트를 잘 익혀둬라 ··· 109
아이템 11: RAII 패턴에 대해 Drop 트레이트를 구현하라 ······················ 123
아이템 12: 제네릭과 트레이트 객체 사이의 트레이드오프를 이해하라 ······ 128
아이템 13: 디폴트 구현을 사용해 필수 트레이트 메서드를 최소화하라 ····· 140

CHAPTER 3 주요 개념

아이템 14: 수명을 잘 파악하라 ········· **144**
아이템 15: 대여 검사기를 잘 파악하라 ········· **165**
아이템 16: unsafe 코드 작성을 자제하라 ········· **188**
아이템 17: 공유 상태 병렬성에 주의하라 ········· **191**
아이템 18: 패닉하지 마라 ········· **209**
아이템 19: 리플렉션 사용을 자제하라 ········· **212**
아이템 20: 과도한 최적화의 유혹에 저항하라 ········· **220**

CHAPTER 4 의존성

아이템 21: 시맨틱 버저닝의 의미를 이해하라 ········· **230**
아이템 22: 가시성을 최소화하라 ········· **236**
아이템 23: 와일드카드 임포트를 쓰지 마라 ········· **242**
아이템 24: API에 타입으로 나오는 의존성을 다시 익스포트하라 ········· **244**
아이템 25: 의존성 그래프를 관리하라 ········· **248**
아이템 26: 피처 팽창에 주의하라 ········· **255**

CHAPTER 5 도구 활용

아이템 27: 공개 인터페이스는 문서화하라 ········· **263**
아이템 28: 매크로를 신중하게 사용하라 ········· **270**
아이템 29: 클리피가 하는 말에 귀 기울여라 ········· **288**
아이템 30: 단위 테스트에만 머물지 마라 ········· **291**

CONTENTS

아이템 31: 도구 생태계를 최대한 활용하라 ······ **301**
아이템 32: CI 시스템을 설정하라 ······ **304**

CHAPTER 6 표준 러스트를 넘어서

아이템 33: no_std에 호환되는 라이브러리 코드를 고려하라 ······ **312**
아이템 34: FFI 경계를 넘어서는 것을 제어하라 ······ **318**
아이템 35: FFI 매핑을 직접 하기보다는 가급적 bindgen을 활용하라 ······ **333**

에필로그 ······ **337**
찾아보기 ······ **338**

CHAPTER 1

타입

첫 번째 장에서는 러스트의 타입 시스템에 대해 조언한다. 러스트의 타입 시스템은 다른 주류 언어보다 훨씬 표현력이 뛰어나며, 오캐멀^{OCaml}이나 하스켈^{Haskell}과 같은 학술 연구용^{academic} 언어와 비슷한 점이 많다.

러스트 타입 시스템의 핵심 중 하나인 enum(이넘, 열거형) 타입은 다른 언어보다 표현력이 훨씬 뛰어나며, 대수적 데이터 타입^{algebraic data type}(ADT)[1]도 지원한다.

이 장에서는 러스트에서 제공하는 기본 타입을 소개하고, 이를 조합하는 방식으로 프로그램의 의미를 정확히 반영한 데이터 구조를 만드는 방법을 설명한다. 이렇게 프로그램 동작을 타입 시스템에 인코딩하면 프로그램 오류를 런타임이 아닌 컴파일 타임에 걸러낼 수 있어서 오류를 찾는 데 드는 수고를 줄일 수 있다.

이번 장에서는 러스트의 표준 라이브러리에서 제공하는 데이터 구조 중에서도 특히 자주 사용되는 Option, Result, Error, Iterator에 대해서도 소개한다. 이런 표준 도구를 익혀 두면, 코드를 간결하고 효율적이면서 러스트답게 관용적으로^{idiomatic Rust} 작성하는 데 도움 된다. 또한 러스트의 물음표 연산자를 사용하면 타입 안전성을 해치지 않으면서 오류를 간결하게 처리할 수 있다.

러스트의 트레이트^{trait}에 대해서는 다음 장에서 다루지만, 타입의 동작을 표현하는 트레이트의 특성상, 이 장에서도 어느 정도 언급한다.

---

1 https://ko.wikipedia.org/wiki/대수적_자료형

아이템 1: 데이터 구조를 타입 시스템으로 표현하라

> 누가 프로그래머라고 했나, '타이프라이터typewriter'라고 하지 않고.
>
> @thingskatedid(https://oreil.ly/hHj5c)

이번 아이템에서는 러스트의 타입 시스템을 간략히 소개한다. 먼저 컴파일러에서 기본으로 제공하는 타입부터 살펴본 후, 이를 조합해 다양한 방식으로 복잡한 데이터 구조를 구성하는 방법을 설명한다.

이 과정에서 러스트의 enum 타입은 핵심적인 역할을 한다. 기본은 다른 언어와 같지만, (struct 처럼) enum 배리언트variant에 데이터 필드를 직접 넣을 수 있다는 점에서 다른 언어보다 훨씬 유연하고 표현력이 높다.

기본 타입

C++, 고Go, 자바Java와 같은 정적 프로그래밍 언어에 익숙하다면, 러스트의 타입 시스템에 대한 기본적인 내용은 쉽게 이해할 수 있다. 가령, 러스트에서도 다양한 크기로 부호 있는 정수 타입 (i8, i16, i32, i64, i128)과 부호 없는 정수 타입(u8, u16, u32, u64, u128)을 제공한다.[2]

또한 부호 있는 정수 타입(isize)[3]과 부호 없는 정수 타입(usize)[4]도 제공한다. 이런 타입은 타깃 시스템의 포인터 크기에 맞게 제공되지만 러스트에서는 포인터 타입과 정수 타입을 서로 변환할 일이 많지 않아서 큰 의미는 없다. 그보다는 표준 컬렉션이 크기를 (.len()을 통해) usize로 반환하기 때문에, 컬렉션에 담긴 항목에 대한 인덱스를 표현하는 데 usize 값을 자주 사용한다. 이렇게 해도 메모리에 있는 컬렉션의 항목 수가 시스템 메모리의 주소 공간보다 많을 수 없기 때문에 용량 문제는 발생하지 않는다.

정수 타입만 봐도 러스트가 C++보다 훨씬 엄격하다는 것을 알 수 있다. 러스트에서는 다음과 같이 큰 정수 타입(i32)을 작은 정수 타입(i16)에 넣으려고 하면 컴파일 오류가 발생한다.

---

[2] https://doc.rust-lang.org/std/#primitives
[3] https://doc.rust-lang.org/std/primitive.isize.html
[4] https://doc.rust-lang.org/std/primitive.usize.html

오류가 발생하는 코드

```
let x: i32 = 42;
let y: i16 = x;
```

```
error[E0308]: mismatched types
  --> src/main.rs:18:18
   |
18 |     let y: i16 = x;
   |            ---   ^ expected `i16`, found `i32`
   |            |
   |            expected due to this
   |
help: you can convert an `i32` to an `i16` and panic if the converted value
      doesn't fit
   |
18 |     let y: i16 = x.try_into().unwrap();
   |                   ++++++++++++++++++++
```

참 든든하다. 러스트에서는 프로그래머가 위험한 행동을 할 수 없다. 방금 본 코드처럼 값을 변환해도 실제로 문제가 되지 않지만, 컴파일러 입장에서는 문제의 여지를 조금이라도 주지 않기 위해 오류로 처리한다.

오류가 발생하는 코드

```
let x: i32 = 66_000;
let y: i16 = x; // 이 값은 어떻게 될까?
```

출력된 오류 메시지만 봐도 러스트에서는 규칙을 훨씬 엄격하게 적용하며, 올바른 작성 방법도 친절히 설명해 주는 것을 알 수 있다. 변환할 값의 크기가 맞지 않아서 오류 메시지의 제안처럼 구현하는 구체적인 방법은 나중에 오류 처리(아이템 4)와 panic!(아이템 18)에 대해 설명할 때 소개한다.

러스트는 작은 정수 타입 값을 큰 정수 타입에 넣는 것처럼 '안전해 보이는' 작업도 허용하지 않는다.

오류가 발생하는 코드

```
let x = 42i32; // 타입 접미사가 붙은 정수 리터럴
let y: i64 = x;
```

```
error[E0308]: mismatched types
  --> src/main.rs:36:18
   |
36 |     let y: i64 = x;
   |            ---   ^ expected `i64`, found `i32`
   |            |
   |            expected due to this
   |
help: you can convert an `i32` to an `i64`
   |
36 |     let y: i64 = x.into();
   |                   +++++++
```

여기서 컴파일러가 제시한 해결법을 보면 오류 처리까지는 하지 않더라도 타입만큼은 명시적으로 변환해야 한다. 타입 변환에 대해서는 아이템 5에서 자세히 설명한다.

그 밖에도 러스트는 bool 타입, 부동 소수점 타입(f32, f64), C의 void와 같은 유닛unit 타입인 ()도 제공한다.

러스트의 문자 타입(char)은 더 특이하다. 이 타입은 고 언어의 룬rune 타입처럼 유니코드 값을 갖는데, 내부적으로 4바이트로 표현됨에도 불구하고, 32비트 정수와의 암묵적인 변환은 허용하지 않는다.

이처럼 러스트의 타입 시스템은 엄격하기 때문에 항상 대상을 명확히 표현해야 한다. u32 값은 char와는 엄연히 다르고, char는 UTF-8 바이트 시퀀스sequence와 다르며, UTF-8 바이트 시퀀스는 임의 타입의 바이트 시퀀스와 다르다. 따라서 자신이 표현하려는 대상을 구체적으로 명시해야 한다.[5] 이와 관련해 조엘 스폴스키Joel Spolsky의 유명한 블로그 게시물(https://oreil.ly/wWy7T)을 참고하면 도움이 된다.

물론 다양한 타입 사이의 변환을 도와주는 헬퍼helper 메서드가 있지만, 실패할 가능성을 처리하든지 아니면 명시적으로 무시하도록 시그니처가 정의돼 있다. 예를 들어 유니코드 코드 포인트는 항상 32비트로 표현되므로,[6] 'a'를 u32로 표현할 수는 있지만, 그 반대로 하기에는 쉽지 않

---

5   여기에 파일 시스템이 관련되어 있다면 상황은 더 복잡해진다. 왜냐하면 널리 사용되는 플랫폼에서 파일 이름은 임의의 바이트와 UTF-8 시퀀스 사이의 뭔가로 되어 있기 때문이다. 자세한 사항은 std::ffi::OsString(https://doc.rust-lang.org/std/ffi/struct.OsString.html) 문서를 참고하자.

6   구체적으로 말하면, 코드 포인트라기보다는 유니코드 스칼라 값(https://www.unicode.org/glossary/#unicode_scalar_value)으로 되어 있다.

다. u32 값이 모두 올바른 유니코드 코드 포인트가 아니기 때문이다.

char::from_u32

`Option<char>`를 반환하며, 호출자는 실패한 경우를 처리할 수 있어야 한다.

char::from_u32_unchecked

정상적으로 변환된다고 가정하지만, 그 가정이 성립하지 않는 경우에는 정의되지 않은 동작undefined behavior이 발생할 수 있다. 그래서 이 함수는 `unsafe`로 지정되며, 이 함수를 호출하는 측에도 `unsafe`를 지정해야 한다(아이템 16).

묶음 타입

이번에는 여러 값을 묶을 수 있는 묶음 타입aggregate type에 대해 알아보자. 러스트의 묶음 타입은 다른 언어와 비슷하다.

배열

타입이 같은 인스턴스 여러 개를 배열array에 담을 수 있다. 이때 인스턴스의 개수는 컴파일 타임에 결정돼야 한다. 예를 들어 `[u32; 4]`는 4바이트 정수 네 개가 연달아 담긴다.

튜플

타입이 서로 다른 인스턴스를 튜플tuple로 묶을 수 있다. 원소의 개수와 각 원소의 타입은 컴파일 타임에 결정되어야 한다. 튜플의 예로 `(WidgetOffset, WidgetSize, WidgetColor)` 등이 있다. 하지만 `(i32, i32, &'static str, bool)`처럼 튜플을 구성하는 원소 타입을 명확히 구분해야 한다면 각 원소마다 이름을 지정해서 구조체로 만드는 것이 낫다.

구조체

구조체struct도 튜플처럼 타입이 서로 다른 인스턴스를 묶을 수 있고 타입도 컴파일 타임에 정해야 하지만, 구조체 전체뿐만 아니라 개별 필드에도 이름을 붙여서 참조할 수 있다.

러스트에는 구조체와 튜플을 혼합한 **튜플 구조체**tuple struct도 있다. 튜플 구조체는 구조체 전체에 대해서는 이름을 붙일 수 있지만, 개별 필드에는 이름이 없고 s.0, s.1 등과 같은 숫자로 표현한다.

```rust
/// 이름 없는 필드 두 개로 구성된 구조체
struct TextMatch(usize, String);

// 내용을 순서대로 제공하도록 만든다.
let m = TextMatch(12, "needle".to_owned());

// 필드 번호로 접근한다.
assert_eq!(m.0, 12);
```

enum

러스트 타입 시스템에서 핵심적인 역할을 하는 enum(이넘, 열거형)에 대해 알아보자. enum의 기본 형태만 보면 그리 특별하지 않다. 다른 언어와 마찬가지로 러스트의 enum도 각 원소마다 숫자를 할당해 상호 배타적인 값으로 구성된 집합을 정의할 수 있다.

```rust
enum HttpResultCode {
    Ok = 200,
    NotFound = 404,
    Teapot = 418,
}

let code = HttpResultCode::NotFound;
assert_eq!(code as i32, 404);
```

각 enum 정의마다 타입이 별도로 생성되므로 단순히 bool 타입 인수를 받도록 정의할 때보다 가독성과 유지 보수성을 높일 수 있다. 예를 들어 다음 코드를 살펴보자.

```rust
print_page(/* both_sides= */ true, /* color= */ false);
```

이 코드를 다음처럼 enum 타입 한 쌍으로 정의할 수 있다.

```rust
pub enum Sides {
    Both,
    Single,
}

pub enum Output {
    BlackAndWhite,
    Color,
}

pub fn print_page(sides: Sides, color: Output) {
    // ...
}
```

그러면 다음과 같이 호출 지점의 가독성과 타입 안전성을 높일 수 있다.

```rust
print_page(Sides::Both, Output::BlackAndWhite);
```

bool 타입 인수를 받도록 정의할 때와 달리, 라이브러리 사용자가 실수로 인수의 순서를 바꿔 적으면 컴파일러가 즉시 오류 메시지를 출력한다.

```
error[E0308]: arguments to this function are incorrect
  --> src/main.rs:104:9
   |
104 |   print_page(Output::BlackAndWhite, Sides::Single);
   |   ^^^^^^^^^^ ---------------------   -------------  expected `enums::Output`,
   |              |                                      found `enums::Sides`
   |              |
   |              expected `enums::Sides`, found `enums::Output`
   |
note: function defined here
  --> src/main.rs:145:12
   |
145 |     pub fn print_page(sides: Sides, color: Output) {
   |            ^^^^^^^^^^ ------------   -------------
help: swap these arguments
   |
104 |   print_page(Sides::Single, Output::BlackAndWhite);
   |              ~~~~~~~~~~~~~~~~~~~~~~~~~~~~~~~~~~~~
```

뉴타입 패턴newtype pattern(아이템 6)을 이용해 bool을 래핑하면 타입 안전성과 유지 보수성을 모두 확보할 수 있다. 항상 bool 타입임을 나타낸다면 뉴타입 패턴을 사용하고, 나중에 새로운 대안(예: Sides::BothAlternateOrientation)이 나올 가능성이 있다면 enum을 사용하는 것이 좋다.

러스트의 enum에 대한 타입 안전성은 match 표현식으로도 보장할 수 있다.

오류가 발생하는 코드

```
let msg = match code {
    HttpResultCode::Ok => "Ok",
    HttpResultCode::NotFound => "Not found",
    // 가장 중요한 "I'm a teapot" 코드를 잊어버림
};
```

```
error[E0004]: non-exhaustive patterns: `HttpResultCode::Teapot` not covered
  --> src/main.rs:44:21
   |
44 |     let msg = match code {
   |                     ^^^^ pattern `HttpResultCode::Teapot` not covered
   |
note: `HttpResultCode` defined here
  --> src/main.rs:10:5
   |
7  | enum HttpResultCode {
   |      --------------
...
10 |     Teapot = 418,
   |     ^^^^^^ not covered
   = note: the matched value is of type `HttpResultCode`
help: ensure that all possible cases are being handled by adding a match arm
      with a wildcard pattern or an explicit pattern as shown
   |
46 ~         HttpResultCode::NotFound => "Not found",
47 ~         HttpResultCode::Teapot => todo!(),
   |
```

컴파일러는 enum으로 표현되는 모든 경우의 수를 프로그래머가 반드시 검토하도록 요구한

다.[7] 디폴트 갈래^{arm}만 추가하더라도(_ => {}) 말이다(최신 C++ 컴파일러는 enum에 대한 switch 갈래가 없는 경우에 대해서도 경고 메시지를 출력한다).

필드가 있는 enum

러스트 enum의 진정한 강력함은 각 배리언트마다 데이터를 가질 수 있는 능력에 있다. 이를 통해 묶음 타입이 대수적 데이터 타입(ADT)처럼 작동하게 만들 수 있다. 다른 주류 언어를 사용하던 프로그래머에게는 이러한 점이 생소할 수 있는데, C/C++에서 enum과 union을 조합한 것에 타입 안전성이 보장되는 것과 같다.

즉, 프로그램 데이터 구조의 불변성^{invariant}을 러스트의 타입 시스템으로 인코딩할 수 있으며, 이러한 불변성을 어기면 컴파일되지 않는다. 작성자의 의도가 컴파일러뿐만 아니라 사람에게도 명확하게 드러나는 enum이야말로 제대로 설계된 enum이라고 할 수 있다.

```
use std::collections::{HashMap, HashSet};

pub enum SchedulerState {
    Inert,
    Pending(HashSet<Job>),
    Running(HashMap<CpuId, Vec<Job>>),
}
```

이 타입 정의만 보면 Job은 Pending 상태 큐^{queue}에 들어가 있다가 스케줄러가 완전히 활성화되는 시점에 CPU 풀^{pool}에 할당된다고 예상할 수 있다.

이런 식의 구성이야말로 바로 이번 아이템의 핵심 주제인 '러스트는 어떻게 타입 시스템을 통해 프로그램 컨셉을 디자인하는가'를 보여주는 단적인 예라 할 수 있다.

다음과 같이 필드나 매개변수의 유효성 조건에 대한 주석이 달린다면, 개념을 타입 시스템에 제대로 표현하지 못했다는 뜻이다.

---

[7] 모든 가능성을 고려해야 한다는 특성 때문에 라이브러리의 기존 enum에 배리언트를 새로 추가하는 것은 중대한 변경(breaking change)에 해당한다. 라이브러리 클라이언트에서 새로 추가된 배리언트를 처리하려면 코드를 변경해야 한다. enum이 정말 C처럼 관련된 숫잣값에 대한 목록이라면, non_exhaustive enum이라고 표기해서 모든 가능성을 고려하지 않아도 되게 만든다(아이템 21 참조).

> **의도하지 않은 동작 발생**
>
> ```
> pub struct DisplayProps {
>     pub x: u32,
>     pub y: u32,
>     pub monochrome: bool,
>     // `monochrome`이 참이면 `fg_color`는 반드시 (0, 0, 0)이어야 한다.
>     pub fg_color: RgbColor,
> }
> ```

이런 코드는 다음과 같이 '데이터를 담을 수 있는 enum'으로 표현하는 것이 바람직하다.

```
pub enum Color {
    Monochrome,
    Foreground(RgbColor),
}

pub struct DisplayProps {
    pub x: u32,
    pub y: u32,
    pub color: Color,
}
```

간단한 예제지만 이번 아이템의 핵심 주제를 잘 보여 준다. **즉, 유효하지 않은 상태가 타입에 표현될 수 없게 만들어야 한다.** 올바른 값 조합만 지원하도록 타입을 구성하면, 오류가 발생할 수 있는 모든 경우를 컴파일러가 걸러낼 수 있으므로 코드를 간결하면서도 안전하게 만들 수 있다.

흔히 사용하는 enum 타입

다시 enum의 강력함에 대한 주제로 돌아와서, 흔히 사용하는 두 가지 enum 타입을 알아보자. 너무나 자주 사용되는 나머지 러스트 표준 라이브러리는 이를 기본으로 제공한다.

Option⟨T⟩

첫 번째 enum 타입은 Option이다. 이 타입은 특정 타입의 값이 있을 수도 있고(Some(T)), 없을 수도 있음(None)을 나타낸다. **값이 없을 수도 있는 경우는 반드시 Option으로 표현한다.** 예전 방식처럼 센티널 값sentinel value(예: `-1`, `nullptr` 등)으로 표현하면 안 된다.

여기서 한 가지 고려할 점이 있다. 컬렉션collection을 다룰 때, 원소가 없는 경우와 컬렉션이 없는 경우가 같은 의미인지 결정해야 한다. 대부분의 상황에서는 두 경우를 구분할 필요가 없어서 (예를 들어 `Vec<Thing>`을 사용해) 컬렉션 자체가 없다는 것을 원소가 0개인 것으로 표현해도 된다.

하지만 이런 두 경우를 `Option<Vec<Thing>>`으로 구분해야 할 상황은 드물지만 분명히 있다. 예를 들어 암호화 시스템에서 '페이로드가 별도로 전송되는 경우(https://oreil.ly/vuLlo)'와 '빈 페이로드가 제공되는 경우'를 구분해야 한다(SQL의 열에 대한 NULL 마커 사용 여부[8]를 둘러싼 논쟁과 관련 있다).

그렇다면 값이 없을 수 있는 `String`은 어떻게 표현하는 것이 가장 좋을까? 값이 없음을 나타내는 용도로 `""`와 `None` 중에서 어느 것이 더 적합할까? 둘 다 좋지만 `Option<String>`이 값이 없을 수 있다는 가능성을 보다 명확하게 드러낼 수 있다.

Result⟨T, E⟩

두 번째 enum 타입은 오류 처리에서 흔히 사용되는 `Result`다. 호출한 함수가 실패할 경우, 그 실패를 어떻게 전달해야 할까? 이전에는 특수 센티널 값(예: 리눅스Linux 시스템 콜의 `-errno`)이나 글로벌 변수(예: POSIX 시스템의 `errno`)를 사용했다. 최근에는 다중 반환값 또는 튜플 반환값을 지원하는 언어(예: 고 언어)의 경우, `(result, error)` 쌍을 반환하는 관례를 따른다. 여기서는 `error`가 '0'이 아니라면 `result`에 '0'에 해당하는 적절한 값이 들어간다고 가정한다.

바로 이런 경우에 러스트의 `enum`을 사용하면 된다. **실패할 수 있는 연산 결과는 항상 Result<T, E>로 인코딩한다.** 여기서 T 타입은 `Ok` 배리언트에 성공 결과를 담고, E 타입은 `Err` 배리언트에 실패했을 때의 세부 오류 정보를 담는다.

이처럼 표준 타입을 사용하면 설계 의도를 명확히 드러낼 수 있다. 또한 표준 변환(아이템 3)과 오류 처리(아이템 4)를 사용할 수 있으므로 ? 연산자로 오류 처리를 간소화할 수 있다.

---

8 https://ko.wikipedia.org/wiki/Null_(SQL)

아이템 2: 공통 동작은 타입 시스템으로 표현하라

아이템 1에서는 러스트의 타입 시스템으로 데이터 구조를 표현하는 방법을 설명했다. 이번에는 러스트의 타입 시스템으로 동작을 표현하는 방법을 알아보자.

아이템 2에서 설명하는 메커니즘은 다른 언어와 비슷하므로 여러분도 익숙할 것이다.

- **함수**function: 코드 블록에 이름을 붙이고 매개변수 목록을 받게 만든 범용 메커니즘이다.
- **메서드**method: 특정 데이터 구조의 인스턴스에 속한 함수로서, 객체 지향 프로그래밍 패러다임의 등장으로 여러 프로그래밍 언어에서 쉽게 볼 수 있다.
- **함수 포인터**function pointer: 다른 코드를 간접 참조 방식으로 호출하게 해주는 메커니즘으로, C++와 고 언어를 비롯한 대부분의 C 계열의 언어에서 제공된다.
- **클로저**closure: 본래 리스프Lisp 계열 언어에서 널리 사용되던 개념인데, 최근 C++(버전 11 이후)와 자바(버전 8 이후)를 비롯한 주요 프로그래밍 언어에서도 제공된다.
- **트레이트**trait: 동일한 대상에 적용될 수 있는 관련 기능의 묶음이다. 다른 언어에도 트레이트와 비슷한 개념이 있다. 예를 들어 C++의 추상 클래스, 고와 자바의 인터페이스 등이 있다.

물론 각 메커니즘마다 러스트만의 특징이 있다. 이번 아이템에서 하나씩 자세히 알아보자.

앞서 나열한 메커니즘 중에서도 특히 트레이트가 제일 중요하다. 러스트 컴파일러와 표준 라이브러리에서 제공하는 동작을 표현하는 데 가장 많이 사용되기 때문이다. 트레이트의 설계와 구현에 대한 조언은 2장에서 본격적으로 제시하지만, 워낙 널리 사용되기 때문에 이번 장에서도 몇 차례 언급한다.

함수와 메서드

다른 프로그래밍 언어와 마찬가지로 러스트도 **함수**를 제공한다. 함수는 특정한 코드 묶음을 재사용할 수 있도록 이름을 붙이고, 매개변수 목록을 통해 그 코드에 필요한 입력을 전달한다. 다른 정적 타입 언어처럼 반환값과 매개변수 타입을 명시적으로 지정해야 한다.

```
/// `x`를 `y`로 나눈 결과를 반환한다.
fn div(x: f64, y: f64) -> f64 {
    if y == 0.0 {
```

```
        // 함수를 종료하고 값을 반환한다.
        return f64::NAN;
    }
    // 함수 본문의 마지막에 나오는 표현식은 자동으로 반환된다.
    x / y
}

/// 반환값을 받기 위해서가 아니라, 사이드 이펙트(side effect)를 발생시키려고 호출한다.
/// 반환값을 `-> ()`로도 표현할 수 있다.
fn show(x: f64) {
    println!("x = {x}");
}
```

특정 데이터 구조와 밀접하게 엮여 있는 함수를 **메서드**라고 한다. 메서드가 속하는 데이터 구조는 self로 표현하며 메서드 동작은 그 구조체 안의 항목에 대해 적용되고, 메서드 코드는 impl 데이터 구조 블록에 정의한다. 러스트의 메서드는 다른 언어처럼 객체 지향 방식으로 관련 데이터와 코드를 함께 캡슐화encapsulation하지만, 러스트의 **enum**(아이템 1)이 가진 특유의 범용성에 의해 struct 타입뿐만 아니라 enum 타입에도 메서드를 정의할 수 있다.

```
enum Shape {
    Rectangle { width: f64, height: f64 },
    Circle { radius: f64 },
}

impl Shape {
    pub fn area(&self) -> f64 {
        match self {
            Shape::Rectangle { width, height } => width * height,
            Shape::Circle { radius } => std::f64::consts::PI * radius * radius,
        }
    }
}
```

메서드 이름은 동작을 구분하는 레이블 역할을 하고, 메서드 시그니처signature는 입력과 출력에 대한 타입 정보를 제공한다. 메서드는 첫 번째 입력으로 다음과 같이 다양한 형태의 self를 받는데, 이를 통해 메서드가 데이터 구조에 수행하는 작업의 성격을 나타낸다.

- &self 매개변수는 데이터 구조의 내용을 읽을 수는 있지만 수정할 수는 없음을 나타낸다.
- &mut self 매개변수는 메서드가 데이터 구조의 내용을 수정할 수 있음을 나타낸다.
- self 매개변수는 이 메서드가 데이터 구조를 소비[9]한다는 것을 나타낸다.

함수 포인터

앞 절에서 특정한 코드 블록에 이름을 붙이고 매개변수 목록을 전달하는 방법을 설명했다. 그런데 함수를 호출할 때마다 실행되는 코드는 항상 일정하다. 달라지는 것은 함수가 다루는 데이터뿐이다. 이것만으로도 다양한 시나리오를 표현할 수 있지만, 만약 런타임에 실행될 코드도 달라져야 한다면 어떻게 해야 할까?

가장 간단한 방법은 **함수 포인터**function pointer를 사용하는 것이다. 함수 포인터란, 특정 코드(함수)를 가리키는 포인터로서 타입은 함수의 시그니처로 정의된다.

```
fn sum(x: i32, y: i32) -> i32 {
    x + y
}
// `fn` 타입으로 명시적 강제 변환(coercion)해야 한다.
let op: fn(i32, i32) -> i32 = sum;
```

함수 포인터의 타입은 컴파일 타임에 확인할 수 있으므로, 프로그램이 실행될 시점에는 포인터의 크기에 맞는 값만 오게 된다. 이런 크기 값 말고는 함수 포인터에 연계된 다른 데이터는 없기 때문에 다음과 같이 값으로 취급할 수 있다.

```
// `fn` 타입은 `Copy`를 구현한다.
let op1 = op;
let op2 = op;
// `fn` 타입은 `Eq`를 구현한다.
assert!(op1 == op2);
// `fn`은 {:p} 서식 지정자가 사용하는 `std::fmt::Pointer`를 구현한다.
println!("op = {:p}", op);
// 출력 예: "op = 0x101e9aeb0"
```

---

[9] 옮긴이_ 이 책에서 '소비(consume)'란 어떤 항목이 소유권과 함께 이동한다는 것을 뜻한다(이동 의미론(move semantics) 적용).

여기서 fn 타입으로 강제 변환해야 한다는 점에 주의하자. 함수 이름만으로는 자동으로 fn 타입이 되지 않기 때문이다.

> **오류가 발생하는 코드**
>
> ```
> let op1 = sum;
> let op2 = sum;
> // op1과 op2는 둘 다 사용자 코드에서 이름을 지정할 수 없는 타입이다.
> // 이러한 내부 타입은 `Eq`를 구현하지 않는다.
> assert!(op1 == op2);
> ```

```
error[E0369]: binary operation `==` cannot be applied to type
              `fn(i32, i32) -> i32 {main::sum}`
   --> src/main.rs:102:17
    |
102 |         assert!(op1 == op2);
    |                 --- ^^ --- fn(i32, i32) -> i32 {main::sum}
    |                 |
    |                 fn(i32, i32) -> i32 {main::sum}
    |
help: use parentheses to call these
    |
102 |         assert!(op1(/* i32 */, /* i32 */) == op2(/* i32 */, /* i32 */));
    |                    ++++++++++++++++++++++      ++++++++++++++++++++++
```

컴파일러 오류 메시지를 보면, 타입이 `fn(i32, i32) -> i32 {main::sum}`과 같이, 컴파일러 내부에서만 사용하는 (즉, 사용자 코드에서 작성할 수 없는) 타입으로 되어 있고, 함수와 그 함수의 시그니처를 식별하는 데 사용된다. 다시 말해, sum의 타입은 최적화를 위해 함수의 시그니처와 위치를 모두 인코딩한다. 이런 타입은 fn 타입으로 강제 변환(아이템 5)될 수 있다.

클로저

원시bare 함수 포인터만으로 할 수 있는 일에는 한계가 있다. 매개변수를 통해 명시적으로 지정한 값만 호출된 함수의 입력값으로 전달할 수 있기 때문이다. 예를 들어 다음과 같이 슬라이스slice에 담긴 모든 원소를 수정하는 작업을 함수 포인터로 구현하는 경우를 생각해 보자.

```rust
// 실전에서는 `반복자(Iterator)` 메서드로 구현하는 것이 바람직하다.
pub fn modify_all(data: &mut [u32], mutator: fn(u32) -> u32) {
    for value in data {
        *value = mutator(*value);
    }
}
```

이렇게 해도 슬라이스 원소를 간단히 수정하는 정도의 작업은 할 수 있다.

```rust
fn add2(v: u32) -> u32 {
    v + 2
}
let mut data = vec![1, 2, 3];
modify_all(&mut data, add2);
assert_eq!(data, vec![3, 4, 5]);
```

하지만 외부 상태를 기반으로 수정해야 할 때, 그 상태를 함수 포인터로 전달할 방법이 없다.

> **오류가 발생하는 코드**
>
> ```rust
> let amount_to_add = 3;
> fn add_n(v: u32) -> u32 {
>     v + amount_to_add
> }
> let mut data = vec![1, 2, 3];
> modify_all(&mut data, add_n);
> assert_eq!(data, vec![3, 4, 5]);
> ```

```
error[E0434]: can't capture dynamic environment in a fn item
  --> src/main.rs:125:13
   |
125|         v + amount_to_add
   |             ^^^^^^^^^^^^^
   |
   = help: use the `|| { ... }` closure form instead
```

오류 메시지에 나온 것처럼 이럴 때는 **클로저**closure를 사용해야 한다. 클로저란 함수 정의의 본문(람다 표현식lambda expression)과 같은 코드 블록으로서 다음과 같은 차이가 있다.

- 표현식의 일부로 만들 수 있어서 이름을 붙일 필요가 없다.
- 입력 매개변수는 |param1, param2|와 같이 파이프(|)로 묶는다(매개변수 타입은 대부분 컴파일러가 자동으로 추론할 수 있다).
- 주변 환경을 캡처capture[10]할 수 있다.

```
let amount_to_add = 3;
let add_n = |y| {
    // 클로저에서 `amount_to_add`를 캡처한다.
    y + amount_to_add
};
let z = add_n(5);
assert_eq!(z, 8);
```

캡처의 작동 방식을 간단히 표현하면 다음 코드와 같다. 우선 컴파일러는 람다 표현식에서 언급하는 환경을 구성하는 모든 부분에 대해 일회용 내부 타입을 생성한다. 그러고 나서 클로저가 생성되는 시점에 앞서 만들어 둔 일회용 타입의 인스턴스를 생성해 환경값을 보관한다. 그러다 클로저가 호출되면 해당 인스턴스를 컨텍스트에 추가해서 사용한다.

```
let amount_to_add = 3;
// 환경을 캡처하는 클로저를 *간단히* 표현하면 다음과 같다.
struct InternalContext<'a> {
    // 캡처한 변수에 대한 레퍼런스
    amount_to_add: &'a u32,
}
impl<'a> InternalContext<'a> {
    fn internal_op(&self, y: u32) -> u32 {
        // 람다 표현식의 본문
        y + *self.amount_to_add
    }
}
let add_n = InternalContext {
    amount_to_add: &amount_to_add,
};
let z = add_n.internal_op(5);
assert_eq!(z, 8);
```

---

[10] 옮긴이_ 클로저가 속한 스코프에 있는 변수를 클로저 안에서 사용할 수 있도록, 클로저 생성 시점에 그 변수를 저장하는 것이다.

여기서 개념적인 컨텍스트[notional context][11]에 저장된 값은 이 예제 코드처럼 레퍼런스(아이템 8)인 경우가 많지만, 환경에 있는 것에 대한 가변 레퍼런스[mutable reference]이거나, 입력 매개변수 앞에 move 키워드를 사용해 환경에서 이동된 값일 수 있다.

다시 modify_all 예제로 돌아가 보자. 여기서 함수 포인터를 받는 자리에 그냥 클로저를 전달하면 안 된다.

```
error[E0308]: mismatched types
   --> src/main.rs:199:31
    |
199 |         modify_all(&mut data, |y| y + amount_to_add);
    |         ----------             ^^^^^^^^^^^^^^^^^^^^^ expected fn pointer,
    |         |                                            found closure
    |         |
    |         arguments to this function are incorrect
    |
    = note: expected fn pointer `fn(u32) -> u32`
                  found closure `[closure@src/main.rs:199:31: 199:34]`
note: closures can only be coerced to `fn` types if they do not capture any
      variables
   --> src/main.rs:199:39
    |
199 |         modify_all(&mut data, |y| y + amount_to_add);
    |                                       ^^^^^^^^^^^^^ `amount_to_add`
    |                                                     captured here
note: function defined here
   --> src/main.rs:60:12
    |
60  |     pub fn modify_all(data: &mut [u32], mutator: fn(u32) -> u32) {
    |            ^^^^^^^^^^                   ----------------------
```

클로저를 받게 하려면 Fn* 트레이트 인스턴스를 받도록 수정해야 한다.

```
pub fn modify_all<F>(data: &mut [u32], mut mutator: F)
where
    F: FnMut(u32) -> u32,
{
    for value in data {
```

---

[11] 옮긴이_ 클로저가 생성될 시점의 주변 환경이다.

```
        *value = mutator(*value);
    }
}
```

러스트에서 제공하는 Fn* 트레이트는 다음과 같이 세 가지가 있는데, 환경 캡처 관련 동작이 약간 다르다.

FnOnce

한 번만 호출할 수 있는 클로저를 표현한다. move를 통해 환경의 일부를 클로저의 컨텍스트로 이동시킨 후, 클로저 본문이 실행될 때 가져왔던 환경값을 다시 밖으로 이동시켜버리면, 클로저 본문 안에는 move로 이동시킬 원본 소스 항목에 대한 복사본이 더 이상 없기 때문에 단 한 번만 이동시킬 수 있다. 따라서 클로저도 단 한 번만 호출 가능하다.

FnMut

여러 번 반복 호출할 수 있고, 환경에 있는 값들을 가변형(mutable)으로 대여하기 때문에 환경을 수정할 수 있는 클로저를 표현한다.

Fn

여러 번 반복 호출할 수 있고, 값을 환경에서 불변형(immutable)으로만 빌려오는 클로저를 표현한다.

컴파일러는 코드에 나온 람다 표현식을 모두 적절한 Fn* 트레이트로 자동으로 구현해 준다. 단, Fn* 트레이트를 직접 구현할 수는 없다(이 점은 C++의 operator() 오버로드와 다르다).[12]

앞서 설명하던 클로저의 작동 원리로 다시 돌아가서, 컴파일러가 어떤 트레이트로 구현해 줄지는 캡처된 환경 컨텍스트에 다음 요소가 있는지 여부에 어느 정도 영향을 받는다.

FnOnce

이동된 값이 있을 때

---

[12] 이 책을 집필하는 시점인 2024년의 안정 버전 러스트에서는 직접 구현할 수 없지만, 실험 버전 기능인 unboxed_closures와 fn_traits를 통해 나중에 달라질 수 있다.

FnMut

값에 대한 가변 레퍼런스(&mut T)가 있을 때

Fn

값에 대한 일반^{normal} (불변) 레퍼런스(&T)가 있을 때

이 중에서 두 번째와 세 번째 트레이트는 각각 첫 번째와 두 번째 트레이트를 트레이트 바운드^{trait bound}로 갖는다. 클로저를 사용하는 대상을 생각해 보면 당연한 말이다.

- (FnOnce를 받도록 지정해서) 단 한 번만 호출될 클로저를 받는 자리에, 반복 호출 가능한 클로저 (FnMut)를 전달해도 문제없다.
- (FnMut를 받도록 지정해서) 환경을 수정할 수 있고 반복 호출도 가능한 클로저를 받는 자리에, 환경을 수정하지 않는 클로저(Fn)를 전달해도 문제없다.

원시 함수 포인터 타입인 fn 역시 개념상 이 목록의 마지막 항목에 해당한다. (unsafe로 지정하지 않은) fn 타입은 모두 환경으로부터 아무것도 빌려오지 않기 때문에 자동으로 Fn* 트레이트로 구현된다.

결론적으로 클로저를 받는 코드를 작성할 때는 가장 범용적인 Fn* 트레이트를 사용해 호출자의 자유도를 극대화하는 것이 좋다. 예를 들어 단 한 번만 사용되는 클로저에 대해서는 FnOnce를 받게 한다. 같은 논리로 **원시 함수 포인터(fn)보다는 Fn* 트레이트 바운드를 사용하는 것이 좋다.**

트레이트

Fn* 트레이트가 원시 함수 포인터보다는 유연하지만 단일 함수 동작만 표현할 수 있고 그것도 함수 시그니처로만 가능하다.

그런데 이런 점은 동작을 러스트의 타입 시스템으로 표현하는 메커니즘인 **트레이트**^{trait}의 특성이다. 트레이트는 내부 항목을 외부에서 사용할 수 있게 공개하는 데 관련된 함수들의 집합을 정의한다. 이때 함수는 (반드시 그런 것은 아니지만) 대부분 self 또는 그 변형을 첫 번째 인수로 받는 **메서드**^{method}로 정의한다.

트레이트를 구성하는 함수마다 이름을 붙일 수 있다. 이런 이름은 컴파일러가 시그니처가 같은 함수를 서로 구별하는 레이블로 활용할 수 있을 뿐만 아니라, 무엇보다도 프로그래머가 함수의 의도를 파악할 수 있게 한다.

러스트의 트레이트는 자바나 고 언어의 인터페이스interface와 C++의 추상 클래스abstract class(데이터 멤버 없이 가상 메서드로만 구성된 클래스)와 비슷하다. 트레이트를 구현할 때는 반드시 트레이트에 정의된 모든 함수를 구현해야 한다. 단, 아이템 13에서 설명한 것처럼 트레이트 정의에 기본 구현이 포함될 수도 있다. 또한 트레이트 구현에서 사용될 데이터도 함께 제공할 수 있다. 다시 말해, 객체 지향 스타일로 코드와 데이터를 하나로 캡슐화한 공통 추상화를 제공할 수 있다.

구조체를 받아서 그 안에 정의된 함수를 호출하는 코드는 특정한 타입에 대해서만 작동할 수밖에 없다. 같은 동작이 여러 타입에 구현되어 있다면, 특정한 구조체에 속한 함수로 만들기보다는, 공통 동작을 캡슐화하는 트레이트를 정의해서 트레이트의 함수를 사용하는 방식으로 작성하면 코드가 훨씬 유연해진다.

따라서 다음과 같이 다른 객체 지향 언어에서 흔히 볼 수 있는 조언을 할 수 있다.[13] 향후 유연성이 필요할 것 같다면, **구체적인 타입보다는 트레이트 타입을 받게 만들어라.**

간혹 어떤 동작을 타입 시스템으로 구분하고 싶은데 트레이트 정의의 함수 시그니처로는 표현할 수 없는 경우가 있다. 예를 들어 컬렉션을 정렬하는 Sort 트레이트 코드를 들여다보면, 비교 결과가 같은 요소의 상대적 순서를 정렬 전과 후에 똑같이 유지하는 안정적stable 정렬로 구현돼 있지만, sort 메서드의 인수만 보고 이 사실을 알 수는 없다.

이러한 특성도 **마커 트레이트**marker trait를 사용해 타입 시스템으로 표현하면 좋다.

```
pub trait Sort {
    /// 내용을 순서에 맞게 정렬한다.
    fn sort(&mut self);
}

/// [`Sort`]가 안정적으로 정렬된다고 알려 주는 마커 트레이트
pub trait StableSort: Sort {}
```

---

[13] 예를 들어 조슈아 블로크의 『이펙티브 자바』(인사이트, 2018)를 보면, 아이템 64번에서 '객체는 인터페이스를 사용해 참조하라'고 조언한다.

마커 트레이트에는 정의된 함수가 없지만 이 트레이트를 구현한다고 선언해 두면 유용하다. 이는 마치 구현하는 측에서 '내 구현은 안정적으로 정렬됨을 엄숙히 선언합니다'라고 보장하는 것과 같다. 그러면 안정적인 정렬이 필요한 코드에서 `StableSort` 트레이트 바운드를 지정함으로써, 이러한 불변성을 유지하는 신뢰 관계를 형성할 수 있다. 따라서 **트레이트 함수 시그니처로 표현할 수 없는 동작은 마커 트레이트로 구분하라.**

트레이트를 통해 동작을 러스트의 타입 시스템 안에 캡슐화했다면, 다음과 같이 두 가지 방식으로 활용할 수 있다.

- **트레이트 바운드:** 제네릭 데이터 타입이나 함수로 전달할 수 있는 타입을 컴파일 타임에 제한한다.
- **트레이트 객체:** 함수에 전달하거나 함수에 저장할 수 있는 타입을 런타임에 제한한다.

이제부터 이 두 가지 방식을 하나씩 살펴본다. 아이템 12에서는 두 가지 방식의 장단점에 대해 자세히 설명한다.

트레이트 바운드

트레이트 바운드^{trait bound}는 타입 T를 매개변수로 받도록 정의한 제네릭 코드에서, 타입 T가 특정 트레이트를 구현하는 경우에만 받을 수 있게 제한한다. 제네릭 코드에 트레이트 바운드가 지정돼 있다면 그 제네릭 구현은 지정된 트레이트에 정의된 함수를 사용할 수 있다. 컴파일 검사를 문제없이 통과한 타입이라면, 지정된 트레이트에 정의된 함수가 반드시 존재한다고 컴파일러가 보장하기 때문이다. 따라서 이러한 검사는 제네릭이 **단형화**^{monomorphize}되는 컴파일 타임에 수행된다. 여기서 단형화란 임의의 타입 T에 대해 처리하도록 정의된 제네릭 코드가 특정한 타입(`SomeType`)을 처리하도록 변환되는 것을 말한다(C++에서는 이를 템플릿 인스턴스화^{template instantiation}라고 부른다).

이처럼 대상 타입인 T에 주어지는 제약 조건이 트레이트 바운드를 통해 명시적으로 표현된다. 즉, 주어진 트레이트 바운드를 충족하는 타입에 대해서만 트레이트를 구현할 수 있다. C++에서는 `template<typename T>`에 적용된 T 타입에 대한 제약 조건이 암묵적으로 표현되는 점에서 대조적이다.[14] C++ 템플릿 코드 역시 컴파일 시점에 참조된 모든 함수가 존재해야 문제

---

14 C++20부터 추가된 콘셉트(concept)를 통해 템플릿 타입에 대한 제약 조건을 명시적으로 지정할 수 있지만, 이에 대한 검사는 여전히 템플릿을 선언할 때가 아니라 인스턴스화할 때 수행된다.

없이 컴파일된다는 점은 같지만, 순전히 함수 이름과 시그니처만 보고 검사한다. 이러한 **덕 타이핑**duck typing 방식은 혼란을 야기할 수 있다. 가령, `t.pop()`을 사용하는 C++ 템플릿은 `Stack`의 T 타입 매개변수에 대해 컴파일될 수도 있고, `Balloon`의 T 타입 매개변수에 대해 컴파일될 수도 있는데, 이는 바람직한 동작이 아니다.

명시적인 트레이트 바운드가 필요하다는 말은 제네릭 중 상당수가 트레이트 바운드를 사용한다는 뜻이기도 하다. 관점을 바꿔서 `struct Thing<T>`에서 T에 트레이트 바운드가 지정되지 않은 경우에 할 수 있는 것들을 생각해 보면 그 이유를 알 수 있다. 트레이트 바운드가 없으면 `Thing`은 모든 타입(T)에 적용되는 연산만 수행할 수 있다(실질적으로 값을 이동하거나 드롭하는 작업만 할 수 있다). 제네릭 컨테이너, 컬렉션, 스마트 포인터 정도는 이처럼 트레이트 바운드 없이 정의할 수 있겠지만, 그렇게 되면 기본 연산 외에는 할 수 있는 것이 많지 않다. 결국 T 타입을 사용하려면 트레이트 바운드가 필요하다.

```rust
pub fn dump_sorted<T>(mut collection: T)
where
    T: Sort + IntoIterator,
    T::Item: std::fmt::Debug,
{
    // 다음 줄을 위해서는 `T: Sort`라는 트레이트 바운드를 붙여야 한다.
    collection.sort();
    // 다음 줄을 위해서는 `T: IntoIterator`라는 트레이트 바운드를 붙여야 한다.
    for item in collection {
        // 다음 줄을 위해서는 `T::Item : Debug`라는 트레이트 바운드를 붙여야 한다.
        println!("{:?}", item);
    }
}
```

정리하면 **제네릭에서 사용하는 타입에 대한 조건은 트레이트 바운드로 표현하라**. 다행히 따르기 쉬운 조언이다. 이렇게 지정한 조건을 따르지 않으면 컴파일 오류가 발생하기 때문이다.

트레이트 객체

트레이트 객체trait object 역시 트레이트를 통해 원하는 동작을 타입 시스템 안에 캡슐화하는 방법을 제공한다는 점은 같지만, 다양한 트레이트 구현 중에서 하나를 선택하는 시점이 컴파일 타임이 아닌 런타임이라는 점이 다르다. 이런 **동적 디스패치**dynamic dispatch 속성은 C++의 가상 함수와 비슷하다. 러스트에서 내부적으로 `vtable`을 이용한다는 점도 C++와 거의 비슷하다.

이런 동적인 특성 때문에 트레이트 객체를 레퍼런스(예: `&dyn Trait`)나 포인터(예: `Box<dyn Trait>`) 등을 통해 간접적으로 처리해야 한다. 컴파일 시점에는 트레이트를 구현하는 객체의 크기를 알 수 없기 때문이다(거대한 `struct`일 수도 있고, 조그만 `enum`일 수도 있다). 따라서 원시 트레이트 객체를 할당하는 데 필요한 공간 크기를 정확히 알 방법이 없다.

객체의 크기를 정확히 모른다는 말은 트레이트 객체로 사용되는 트레이트가 `Self` 타입을 반환하는 함수를 가질 수 없거나, 메서드가 호출되는 객체인 수신자receiver 말고는 `Self`를 사용하는 인수를 가질 수 없다는 뜻이기도 하다. 그 이유는 트레이트 객체를 사용하도록 사전에 컴파일된 코드는 `Self`가 얼마나 큰지 전혀 알 수 없기 때문이다.

`fn some_fn<T>(t:T)`와 같은 제네릭 함수를 가진 트레이트는 존재할 수 있는 모든 T 타입에 대해 구현할 수 있는 함수가 무한하다. 트레이트 바운드로 사용할 거라면 그래도 괜찮다. 호출될 가능성이 있는 제네릭 함수가 무한히 많더라도, 컴파일 타임에 실제로 호출되는 제네릭 함수는 유한하기 때문이다. 하지만 트레이트 객체는 그렇지 않다. 컴파일 타임에 코드를 생성할 때, 런타임에 올 수 있는 모든 T를 처리할 수 있게 만들어야 하기 때문이다.

`Self`와 제네릭 함수를 사용할 수 없다는 제약 사항을 묶어서 **객체 안전성**object safety이라고 한다. 객체 안전성을 만족하는 트레이트만 트레이트 객체로 사용할 수 있다.

아이템 3: 명시적인 match 표현식보다 Option과 Result 변환을 사용하라

아이템 1에서 `enum`의 장점에 대해 자세히 살펴보면서 `match` 표현식에서 프로그래머가 모든 경우의 수를 따져봐야 한다고 설명했다. 또한 러스트 표준 라이브러리에서 기본으로 제공할 정도로 자주 사용되는 다음 두 가지 `enum`도 소개했다.

- `Option<T>`: T 타입 값이 있거나 없을 수 있음을 표현한다.
- `Result<T, E>`: 연산에 성공하면 T 타입 값을 반환하고, 실패하면 E 타입 오류를 반환한다.

이번 아이템에서는 이 두 가지 `enum`에 대해서 명시적인 `match` 표현식으로 작성하기보다는, 표준 라이브러리에서 이 두 가지 타입에 대해 제공하는 다양한 변환 메서드를 사용하는 것이 바람직한 경우를 알아본다. 이러한 변환 메서드를 사용하면 더욱 간결하고 의도가 분명히 드러나는 관용적인 코드를 작성할 수 있다(참고로 변환 메서드 내부적으로는 `match` 표현식으로 구현되는 경우가 많다).

명시적인 `match`가 바람직하지 않은 첫 번째 경우는 값이 있을 때만 중요하고, 값이 없거나 오류가 발생할 때는 무시해도 되는 경우다.

```rust
struct S {
    field: Option<i32>,
}

let s = S { field: Some(42) };
match &s.field {
    Some(i) => println!("field is {i}"),
    None => {}
}
```

이럴 때는 `if let` 표현식을 사용하면 한 줄로 짧아질 뿐만 아니라, 의도가 더욱 분명하게 드러난다.

```rust
if let Some(i) = &s.field {
    println!("field is {i}");
}
```

하지만 대부분은 `else` 갈래도 함께 작성해야 한다. 이 갈래에서는 값이 없거나(`Option::None`) 오류가 발생한 경우(`Result::Err(e)`)를 주로 처리한다. 이처럼 실패 경로를 잘 처리하도록 소프트웨어를 설계하기란 쉽지 않을 뿐만 아니라, 아무리 구문 지원이 잘 되더라도 설계가 복잡해질 수밖에 없다. 특히 연산에 실패한 경우를 처리할 방법을 결정하다 보면 더욱 그렇다.

때로는 타조처럼 모래 속에 머리를 파묻고 실패에 아무런 대처도 하지 않는 것이 바람직할 수 있다. 러스트에서는 `Result enum`의 두 배리언트를 모두 처리하도록 코드를 작성해야 하기 때문에 오류 갈래를 완전히 무시할 수는 없지만, 치명적인 실패인지만 판단하고 넘어갈 수 있다. 실패한 경우에 `panic!`을 실행하면 프로그램이 중단되겠지만, 멈추지 않고 실행된 나머지 코드는 실패 갈래에 해당하지 않고 정상적으로 수행됐다고 간주할 수 있다. 이런 동작을 다음과 같이 명시적인 match 구문으로 작성하면 쓸데없이 코드가 장황해진다.

```
let result = std::fs::File::open("/etc/passwd");
let f = match result {
    Ok(f) => f,
    Err(_e) => panic!("Failed to open /etc/passwd!"),
};
// 여기서부터는 `f`가 올바른 `std::fs::File`이라고 간주한다.
```

Option과 Result는 둘 다 내부 값을 추출하되 값이 없으면 panic!을 실행하는 메서드인 unwrap과 expect를 제공한다. expect를 사용하면 실패한 경우에 출력할 오류 메시지를 별도로 정의할 수 있지만, 어느 것을 사용하더라도 코드를 짧고 간결하게 작성할 수 있다. 가령 다음과 같이 오류 처리를 .unwrap()으로 대체할 수 있다(짧더라도 어쨌든 오류 처리는 있다).

```
let f = std::fs::File::open("/etc/passwd").unwrap();
```

이렇게 지정된 헬퍼 함수가 실행되는 과정에서 여전히 panic!이 발생할 수 있다는 점에 주의해야 한다. 이런 함수를 사용하는 것은 곧 panic!(아이템 18)을 지정하는 것과 같다.

그런데 오류 처리에 관련된 판단을 다른 곳으로 넘기는 것이 바람직한 경우가 많다. 특히 사용될 환경을 미리 알 수 없는 라이브러리를 만들 때 그렇다. 오류를 넘겨 받은 쪽에서 쉽게 처리할 수 있게 만들려면 **Option보다는 Result로 표현하는 것이 좋다.** 설사 오류 타입끼리 변환할 일이 많더라도 말이다(아이템 4).

여기서 한 가지 의문이 들 수 있다. 무엇을 오류로 봐야 할까? 앞선 코드의 경우, 당연히 파일을 열지 못하는 것이 오류다. 이런 오류에 대한 정보를 자세히(예를 들어 해당 파일이 없거나, 접근 권한이 없기 때문이라고) 알려 주면, 이를 처리하는 사용자가 후속 작업을 결정하는 데 도움 된다. 반면에 슬라이스가 비어 있을 때 first()를 실행해서 첫 번째 원소를 가져오지 못한 경우는 오류라고 보기 힘들다. 이럴 때는 반환 타입을 표준 라이브러리에서 제공하는 Option으로 표현한다. 두 가지 타입 중 어느 것을 선택할지는 주어진 상황에 맞게 판단해야 하지만, 오류에 유용한 정보를 전달할 수 있다면 가급적 Result를 사용한다.

또한 Result에는 #[must_use] 속성이 지정돼 있어서 라이브러리 사용자를 올바른 방향으로 유도할 수 있다. 가령, 반환된 Result를 무시하도록 코드를 작성하면 컴파일러는 다음과 같은 경고 메시지를 출력한다.

```
warning: unused `Result` that must be used
  --> src/main.rs:63:5
   |
63 |     f.set_len(0); // Truncate the file
   |     ^^^^^^^^^^^^
   |
   = note: this `Result` may be an `Err` variant, which should be handled
   = note: `#[warn(unused_must_use)]` on by default
help: use `let _ = ...` to ignore the resulting value
   |
63 |     let _ = f.set_len(0); // Truncate the file
   |     +++++++
```

명시적인 match로 작성하면 오류를 호출자에 전달하는 오류 전파^{error propagation}는 가능하겠지만, 고 언어스러운[15] 보일러플레이트^{boilerplate} 코드가 많아진다.

```rust
pub fn find_user(username: &str) -> Result<UserId, std::io::Error> {
    let f = match std::fs::File::open("/etc/passwd") {
        Ok(f) => f,
        Err(e) => return Err(From::from(e)),
    };
    // ...
}
```

러스트의 **물음표 연산자**(?)를 사용하면 이런 보일러플레이트 코드를 확 줄일 수 있다. 물음표 연산자는 Err 갈래를 표현하는 편의 구문^{syntactic sugar}으로, 오류 타입 변환이 필요하다면 수행하고, return Err(...) 표현식을 구성하는 작업을 문자 하나로 표현한다.

```rust
pub fn find_user(username: &str) -> Result<UserId, std::io::Error> {
    let f = std::fs::File::open("/etc/passwd")?;
    // ...
}
```

러스트를 처음 접하는 사람들은 이 물음표 구문이 어색할 수 있다. 물음표가 눈에 잘 띄지 않

---

[15] https://blog.golang.org/errors-are-values

고, 코드 동작도 명확히 드러나지 않기 때문이다. 하지만 문자 하나만 적어도 타입 시스템이 작동하면서 각각의 타입으로 표현된 모든 경우를 검사하도록 보장하기 때문에(아이템 1), 프로그래머는 핵심 경로에만 집중할 수 있다.

더구나 메서드 호출처럼 보이지만 #[inline]으로 표시된 제네릭 함수로 되어 있어서 직접 작성한 코드와 동일한 기계어로 컴파일되어 오버헤드가 발생하지 않는다.

지금까지 본 두 가지 사실을 감안하면 **명시적인 match 표현식보다는 Option이나 Result 변환을 사용하라**고 조언할 수 있다.

앞선 예에서 나온 오류 타입은 모두 일정했다. 다시 말해 내부 메서드와 외부 메서드 모두 오류를 std::io::Error로 표현했다. 하지만 실전에서는 이런 경우가 거의 없다. 가령, 한 함수 안에서 다양한 작업을 수행하기 위해 호출한 여러 하위 라이브러리로부터 반환된 다양한 오류를 그 함수 안에서 처리해야 할 수도 있다.

오류 매핑에 대한 전반적인 내용은 아이템 4에서 살펴보기로 하고, 여기서는 다음과 같이 오류를 수동으로 매핑할 때의 주의 사항만 간단히 짚고 넘어간다.

```rust
pub fn find_user(username: &str) -> Result<UserId, String> {
    let f = match std::fs::File::open("/etc/passwd") {
        Ok(f) => f,
        Err(e) => {
            return Err(format!("Failed to open password file: {:?}", e))
        }
    };
    // ...
}
```

이렇게 작성하기보다는 다음과 같이 .map_err() 변환을 이용하면 좀 더 간결하고 관용적으로 표현할 수 있다.

```rust
pub fn find_user(username: &str) -> Result<UserId, String> {
    let f = std::fs::File::open("/etc/passwd")
        .map_err(|e| format!("Failed to open password file: {:?}", e))?;
    // ...
}
```

더 좋은 방법은 아예 이렇게 할 일이 없게 만드는 것이다. 즉, 표준 트레이트인 From 구현을 이용해(아이템 10) 내부 오류 타입에서 외부 오류 타입을 생성할 수 있다면, .map_err()를 호출하지 않아도 컴파일러가 자동으로 변환해 준다.

이런 변환 기법은 다양한 상황에 적용하도록 일반화할 수 있다. 여기서 물음표 연산자는 강력하지만 광범위한 도구다. 단순히 물음표 연산자를 사용하기만 하지 말고 Option과 Result 타입에서 제공하는 다양한 변환 메서드를 이용해 물음표 연산자를 적용하기 좋게 만들어서 사용하는 것이 좋다.

표준 라이브러리는 다양한 변환 메서드를 제공한다. [그림 1-1]은 관련 타입(짙은 색 박스)끼리 변환해 주는 메서드 중에서도 가장 많이 사용되는 것들을(옅은 색 박스) 보여 주고 있다. 별표(*)가 달린 메서드는 아이템 18에서 설명할 panic!을 실행할 수 있는 메서드다.

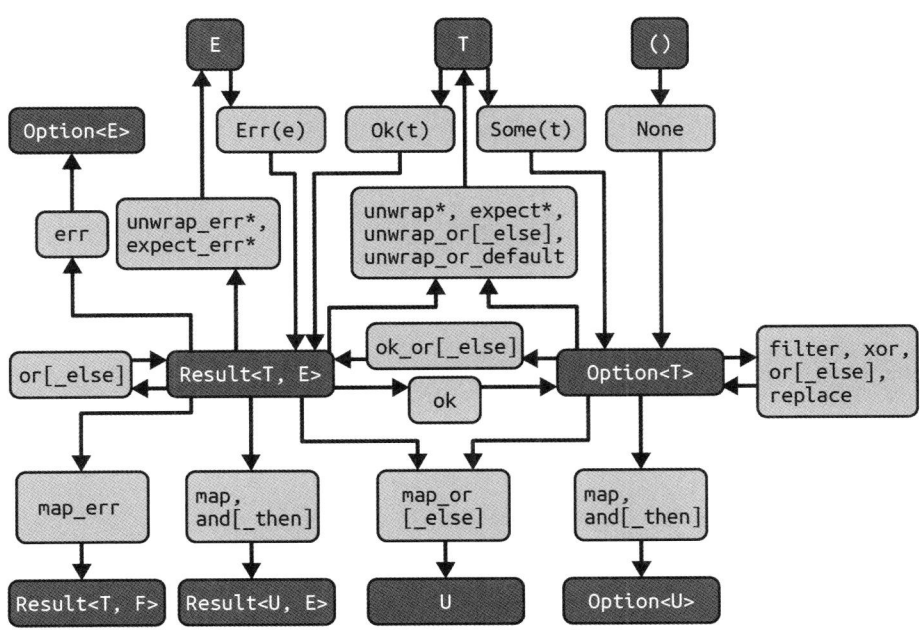

그림 1-1 Option과 Result 변환[16]

---

[16] 이 다이어그램의 온라인 버전(https://oreil.ly/effective_rust_transforms)에서는 각 상자를 클릭하면 상세 문서로 이동한다.

이 그림에는 표현되지 않았지만, 레퍼런스를 사용하지 않는 경우도 많다. 예를 들어 다음과 같이 일부 데이터를 Option 타입으로 저장하는 구조체를 생각해 보자.

```
struct InputData {
    payload: Option<Vec<u8>>,
}
```

다음과 같이 주어진 페이로드를 (&[u8]) -> Vec<u8> 시그니처를 통해 암호화 함수로 전달하는 메서드를 이 구조체에 구현할 때, 다음과 같이 단순히 레퍼런스를 구하면 오류가 발생한다.

오류가 발생하는 코드
```
impl InputData {
    pub fn encrypted(&self) -> Vec<u8> {
        encrypt(&self.payload.unwrap_or(vec![]))
    }
}
```

```
error[E0507]: cannot move out of `self.payload` which is behind a shared
              reference
  --> src/main.rs:15:18
   |
15 |        encrypt(&self.payload.unwrap_or(vec![]))
   |                 ^^^^^^^^^^^^ move occurs because `self.payload` has type
   |                              `Option<Vec<u8>>`, which does not implement the
   |                              `Copy` trait
```

이럴 때는 Option에서 제공하는 as_ref() 메서드를 사용해야 한다.[17] 이 메서드는 Option에 대한 레퍼런스(예: &Option<Vec<u8>>)를 레퍼런스에 대한 Option(예: Option<&Vec<u8>>)으로 변환한다.

```
pub fn encrypted(&self) -> Vec<u8> {
    encrypt(self.payload.as_ref().unwrap_or(&vec![]))
}
```

---

[17] 이 메서드는 AsRef 트레이트와 이름만 같을 뿐, 서로 관련은 없다.

기억할 사항

- Option과 Result 변환을 익히고, 가급적 Option보다는 Result를 사용하라. 레퍼런스 관련 변환이 필요하다면 `.as_ref()`를 사용하라.
- Option과 Result에 대해 명시적인 match 연산보다는 Option과 Result 변환을 사용하라.
- 특히 이러한 변환을 사용해 결과 타입을 물음표 연산자를 적용할 수 있는 형태로 바꿔라.

아이템 4: 가급적 관용적인 Error 타입을 사용하라

아이템 3에서는 표준 라이브러리에서 제공하는 Option과 Result 타입의 변환 메서드를 사용해 물음표 연산자 결과 타입을 간결하고 관용적으로 표현하는 방법을 설명했다. 이번에는 지난 아이템에서 설명하지 않았던, Result<T, E>의 두 번째 타입 인수인 E로 전달되는 다양한 오류 타입을 처리하는 최선의 방법을 알아본다.

이 방법은 오류 타입이 다양한 경우에만 적용할 수 있다. 함수에서 발생하는 다양한 오류를 모두 한 가지 타입으로 표현할 수 있다면, 그냥 그 타입으로 반환하면 된다. 반면 오류 타입이 다양하다면 각 타입의 하위 오류 타입 정보의 보존 여부를 결정해야 한다.

Error 트레이트

항상 표준 트레이트(아이템 10)부터 찾아보는 것이 바람직하다. 이번 아이템에서 설명하는 오류 타입 처리와 관련된 표준 트레이트로는 `std::error::Error`가 있다. Result의 E 타입 매개변수가 반드시 Error를 구현하는 타입이어야 하는 것은 아니지만, 그렇게 하면 래퍼^{wrapper}로 적절한 트레이트 바운드를 표현할 수 있기 때문에 Error를 구현하는 것이 일반적인 관례다. 따라서 **오류 타입은 가급적 Error를 구현하는 것이 좋다.**

가장 먼저 Error 타입에 대한 엄격한 요구 사항은 트레이트 바운드에 대한 것뿐이라는 점에 주목해야 한다. 즉, Error를 구현하는 타입이라면 반드시 다음 트레이트도 구현해야 한다.

- **Display 트레이트**: format!에서 {}로 포맷팅된 출력을 할 수 있다.
- **Debug 트레이트:** format!에서 {:?}로 포맷팅된 출력을 할 수 있다.

다시 말해, 사용자와 프로그래머 모두에게 Error 타입을 표시할 수 있어야 한다.

Error 트레이트에서 제공하는 유일한 메서드로 source()가 있다.[18] 이 메서드를 이용하면 Error 타입에서 내부 중첩nested 오류를 외부에 드러낼 수 있다. 이 메서드의 구현은 선택 사항이며, 내부 오류 정보를 사용할 수 없음을 나타내는 None을 반환하는 디폴트 구현(아이템 13)이 제공된다.

마지막으로 no_std 환경(아이템 33)을 위한 코드를 작성할 때는 Error를 구현하지 못할 수 있다는 점에 주의하자. Error 트레이트가 core가 아닌 std에 구현되어 있기 때문이다.[19]

오류 최소화

오류 정보가 중첩될 필요가 없다면 Error 타입 구현은 String 타입만큼 간단해진다. 문자열 타입 변수를 사용하는 것이 더 적합한 극히 드문 경우라고 볼 수 있다. 물론 String을 E 타입 매개변수로 사용할 수 있긴 하지만, 그래도 String보다 구현할 것이 좀 더 있다.

```
pub fn find_user(username: &str) -> Result<UserId, String> {
    let f = std::fs::File::open("/etc/passwd")
        .map_err(|e| format!("Failed to open password file: {:?}", e))?;
    // ...
}
```

String은 Error 트레이트를 구현하지 않는데, 이는 코드의 다른 곳에서 Error 처리하기를 선호하기 때문이다. String에 대해 Error(impl Error for String)를 구현할 수도 없다. Error 트레이트와 Error 타입 둘 다 현재 코드(크레이트crate)가 아닌 표준 라이브러리에 속해 있기 때문이다(이를 **고아 규칙**orphan rule이라고 부른다).

> 오류가 발생하는 코드
>
> `impl std::error::Error for String {}`

---

[18] 폐기되지 않은, 안정적인 유일한 메서드다.
[19] 이 책을 집필하는 시점에 Error가 core로 이전했지만(https://oreil.ly/Il0vv) 아직 러스트 안정 버전에서는 사용할 수 없다.

```
error[E0117]: only traits defined in the current crate can be implemented for
              types defined outside of the crate
  --> src/main.rs:18:5
   |
18 |     impl std::error::Error for String {}
   |     ^^^^^^^^^^^^^^^^^^^^^^^^^^^^^^^^^------
   |     |                                |
   |     |                                `String` is not defined in the current crate
   |     impl doesn't use only types from inside the current crate
   |
   = note: define and implement a trait or new type instead
```

타입 앨리어스^{type alias} 역시 도움 되지 않는다. 타입을 새로 만드는 것이 아니어서 오류 메시지는 그대로다.

> **오류가 발생하는 코드**
>
> ```
> pub type MyError = String;
>
> impl std::error::Error for MyError {}
> ```

```
error[E0117]: only traits defined in the current crate can be implemented for
              types defined outside of the crate
  --> src/main.rs:41:5
   |
41 |     impl std::error::Error for MyError {}
   |     ^^^^^^^^^^^^^^^^^^^^^^^^^^^^^^^^^^------
   |     |                                 |
   |     |                                 `String` is not defined in the current crate
   |     impl doesn't use only types from inside the current crate
   |
   = note: define and implement a trait or new type instead
```

이번에도 역시 컴파일 오류 메시지로부터 해결 방법에 대한 힌트를 얻을 수 있다. `String` 타입을 래핑하는 튜플 구조체를 정의하면(뉴타입 패턴, 아이템 6 참조), `Error` 트레이트를 구현할 수 있다. 단, `Debug`와 `Display`도 구현해야 한다.

```rust
#[derive(Debug)]
pub struct MyError(String);

impl std::fmt::Display for MyError {
    fn fmt(&self, f: &mut std::fmt::Formatter<'_>) -> std::fmt::Result {
        write!(f, "{}", self.0)
    }
}

impl std::error::Error for MyError {}

pub fn find_user(username: &str) -> Result<UserId, MyError> {
    let f = std::fs::File::open("/etc/passwd").map_err(|e| {
        MyError(format!("Failed to open password file: {:?}", e))
    })?;
    // ...
}
```

문자열 값을 MyError 인스턴스로 쉽게 변환하는 From<String> 트레이트를 구현하면 편리하다(아이템 5).

```rust
impl From<String> for MyError {
    fn from(msg: String) -> Self {
        Self(msg)
    }
}
```

컴파일러는 물음표 연산자를 발견하면 대상 오류 반환 타입에 도달하는 데 필요한 From 트레이트 구현을 찾아서 적용한다. 따라서 물음표 연산자를 사용하면 코드를 더욱 간결하게 만들 수 있다.

```rust
pub fn find_user(username: &str) -> Result<UserId, MyError> {
    let f = std::fs::File::open("/etc/passwd")
        .map_err(|e| format!("Failed to open password file: {:?}", e))?;
    // ...
}
```

여기서 오류 경로는 다음과 같은 단계를 거친다.

- File::open은 오류를 std::io::Error 타입으로 반환한다.
- 이렇게 반환된 오류는 format!을 통해 String으로 변환된다. 이때 std::io::Error의 Debug 구현을 사용한다.
- 컴파일러가 물음표 연산자를 발견하면 String에서 MyError 인스턴스로 변환할 수 있는 From 구현을 찾아서 사용한다.

오류 중첩

중첩된 오류의 내용이 상당히 중요해서 잘 보관했다가 호출한 측에 제공해야 하는 경우도 있다.

예를 들어 파일 첫 줄이 너무 길지 않다면 문자열로 반환하는 라이브러리 함수에서 발생할 수 있는 실패 타입은 다음과 같이 (최소한) 세 가지가 있다.

- 파일이 존재하지 않거나 읽기 권한이 없는 경우
- 파일에 담긴 내용 중에 UTF-8로 인코딩되지 않은 부분이 있어서 String으로 변환할 수 없는 경우
- 파일 첫 줄이 너무 긴 경우

아이템 1에서 설명했듯이, 이 모든 경우를 enum을 통해 타입 시스템으로 표현할 수 있다.

```rust
#[derive(Debug)]
pub enum MyError {
    Io(std::io::Error),
    Utf8(std::string::FromUtf8Error),
    General(String),
}
```

앞에 나온 enum 정의를 보면 derive(Debug)가 지정돼 있다. 그런데 Error 트레이트 조건을 충족하려면 Display도 구현해야 한다.

```rust
impl std::fmt::Display for MyError {
    fn fmt(&self, f: &mut std::fmt::Formatter<'_>) -> std::fmt::Result {
        match self {
            MyError::Io(e) => write!(f, "IO error: {}", e),
            MyError::Utf8(e) => write!(f, "UTF-8 error: {}", e),
```

```
            MyError::General(s) => write!(f, "General error: {}", s),
        }
    }
}
```

또한 중첩된 오류에 쉽게 접근할 수 있도록 디폴트 source() 구현을 오버라이드(재정의)[override] 하는 것이 좋다.

```
use std::error::Error;

impl Error for MyError {
    fn source(&self) -> Option<&(dyn Error + 'static)> {
        match self {
            MyError::Io(e) => Some(e),
            MyError::Utf8(e) => Some(e),
            MyError::General(_) => None,
        }
    }
}
```

enum을 사용하면 다양한 오류 클래스에 대한 타입 정보를 모두 보존하면서, 오류 처리 코드도 간결하게 작성할 수 있다.

```
use std::io::BufRead; // `.read_until()`을 사용하기 위해 추가

/// 최대 줄 길이
const MAX_LEN: usize = 1024;

/// 주어진 파일의 첫 줄을 반환한다.
pub fn first_line(filename: &str) -> Result<String, MyError> {
    let file = std::fs::File::open(filename).map_err(MyError::Io)?;
    let mut reader = std::io::BufReader::new(file);

    // (실전에서는 그냥 `reader.read_line()`을 사용해도 된다.)
    let mut buf = vec![];
    let len = reader.read_until(b'\n', &mut buf).map_err(MyError::Io)?;
    let result = String::from_utf8(buf).map_err(MyError::Utf8)?;
    if result.len() > MAX_LEN {
        return Err(MyError::General(format!("Line too long: {}", len)));
    }
```

```
        Ok(result)
    }
```

또한 모든 하위 오류 타입에 대해 **From** 트레이트를 구현하면 좋다(아이템 5).

```
impl From<std::io::Error> for MyError {
    fn from(e: std::io::Error) -> Self {
        Self::Io(e)
    }
}
impl From<std::string::FromUtf8Error> for MyError {
    fn from(e: std::string::FromUtf8Error) -> Self {
        Self::Utf8(e)
    }
}
```

이렇게 하면 트레이트와 구조체가 모두 외부에 있기 때문에 라이브러리 사용자가 **MyError**에서 **From**을 구현할 수 없다는 고아 규칙의 제약에서 벗어날 수 있다.

여기서 더 나아가 **From**을 구현함으로써 코드를 더욱 간결하게 만들 수 있다. 물음표 연산자를 통해 From 변환에 필요한 모든 작업을 자동으로 처리할 수 있어서 .map_err()를 사용할 일이 없기 때문이다.

```
use std::io::BufRead; // `.read_until()`을 사용하기 위해 추가

/// 최대 줄 길이
pub const MAX_LEN: usize = 1024;
/// 주어진 파일의 첫 줄을 반환한다.
pub fn first_line(filename: &str) -> Result<String, MyError> {
    let file = std::fs::File::open(filename)?; // `From<std::io::Error>`
    let mut reader = std::io::BufReader::new(file);
    let mut buf = vec![];
    let len = reader.read_until(b'\n', &mut buf)?; // `From<std::io::Error>`
    let result = String::from_utf8(buf)?; // `From<string::FromUtf8Error>`
    if result.len() > MAX_LEN {
        return Err(MyError::General(format!("Line too long: {}", len)));
    }
    Ok(result)
}
```

모든 오류 타입에 대해 코드를 작성하면 보일러플레이트 코드가 상당히 많아진다. 그래서 derive 매크로(아이템 28)를 이용해 자동화하는 것이 좋다. 하지만 이런 매크로를 직접 구현할 필요 없이 thiserror 크레이트를 사용하면 된다. 이 크레이트는 데이비드 톨네이(David Tolnay)가 제작한 고품질 매크로이며 널리 사용되고 있다. thiserror로 생성한 코드 역시 생성된 API에서 thiserror 타입이 최대한 표시되지 않게 해주기 때문에 아이템 24에서 언급한 문제가 발생하지 않는다.

트레이트 객체

중첩 오류를 처리하는 첫 번째 방법은 일부 문자열 출력만 남기고(format!("{:?}", err)) 나머지 하위 오류 정보를 모두 버리는 것이다. 두 번째 방법은 발생 가능한 하위 오류 타입 정보를 버리지 않고 모두 나열하는 것이다.

그렇다면 이 두 가지 방법을 절충해서 하위 오류 정보는 보존하면서 발생 가능한 오류 타입 정보를 직접 나열할 필요는 없게 하려면 어떻게 해야 할까?

하위 오류 정보를 **트레이트 객체**(trait object)로 인코딩하면 발생 가능한 모든 경우에 대해 enum 배리언트를 작성하지 않아도 되지만, 내부 오류 타입에 대한 세부 정보가 사라진다. 그러면 이 객체를 받는 측에서 Error 트레이트와 그 트레이트 바운드에 정의된 메서드(source(), Display::fmt(), Debug::fmt())에 접근할 수는 있지만, 하위 오류의 원본 정적 타입은 알 수 없게 된다.

의도하지 않은 동작 발생

```
#[derive(Debug)]
pub enum WrappedError {
    Wrapped(Box<dyn Error>),
    General(String),
}

impl std::fmt::Display for WrappedError {
    fn fmt(&self, f: &mut std::fmt::Formatter<'_>) -> std::fmt::Result {
        match self {
            Self::Wrapped(e) => write!(f, "Inner error: {}", e),
            Self::General(s) => write!(f, "{}", s),
```

```
            }
        }
}
```

결과적으로 이렇게 할 수는 있지만 상당히 까다롭다. 그 이유는 트레이트 객체에 대한 안전성 제약(아이템 12) 때문이기도 하고, 타입에 대한 트레이트 구현은 최대 하나만 있어야 한다는 러스트의 **일관성 규칙** 때문이기도 하다.

단순히 생각하면 WrappedError 타입은 다음과 같이 두 가지를 구현할 수 있다.

- **Error 트레이트**: 오류 자체를 표현한다.
- **From<Error> 트레이트**: 하위 오류를 감싸기 쉽다.

즉, WrappedError는 Error를 구현하기 때문에 내부 WrappedError로부터 생성할 수 있는데, 그러면 From에 대한 포괄적 재귀 구현blanket reflexive implementation과 충돌한다.

> **오류가 발생하는 코드**
> ```
> impl Error for WrappedError {}
>
> impl<E: 'static + Error> From<E> for WrappedError {
>     fn from(e: E) -> Self {
>         Self::Wrapped(Box::new(e))
>     }
> }
> ```

```
error[E0119]: conflicting implementations of trait `From<WrappedError>` for
              type `WrappedError`
   --> src/main.rs:279:5
    |
279 |     impl<E: 'static + Error> From<E> for WrappedError {
    |     ^^^^^^^^^^^^^^^^^^^^^^^^^^^^^^^^^^^^^^^^^^^^^^^^^
    |
    = note: conflicting implementation in crate `core`:
            - impl<T> From<T> for T;
```

데이비드 톨네이의 anyhow 크레이트는 Box를 이용한 간접 참조 단계 추가를 통해[20] 이러한

---

[20] https://oreil.ly/aWecz

1장 타입 **55**

문제를 이미 해결했을 뿐만 아니라, 스택 트레이스^{stack trace} 등과 같은 다른 유용한 기능도 추가했다. 그 결과, 오류 처리를 위한 표준 권고안으로 빠르게 자리 잡았다. 여기서 두 번째 조언을 도출할 수 있다. **애플리케이션에서 오류를 처리할 때 anyhow 크레이트를 사용하는 방법도 고려하라.**

라이브러리 대 애플리케이션

앞 절의 마지막 조언에서 '애플리케이션에서 오류를 처리할 때…'라는 조건을 붙였다. 굳이 이렇게 표현한 이유는 라이브러리에서 재사용하기 위해 작성된 코드와 최상위 애플리케이션을 위한 코드를 서로 다르게 취급하는 경우가 많기 때문이다.[21]

라이브러리용으로 작성된 코드는 실행 환경을 미리 알 수 없으므로, 오류 정보를 구체적이고 상세하게 제공해 호출자가 그 정보를 잘 활용할 수 있게 하는 것이 좋다. 따라서 앞서 설명한 중첩 오류에 대해서는 enum 스타일이 더 좋다. 또한 라이브러리의 공개 API에서는 anyhow에 대한 의존성이 없어야 한다(아이템 24).

반면 애플리케이션 코드는 오류를 사용자에게 표시하는 방법에 좀 더 집중한다. 게다가 의존성 그래프(아이템 25)에 있는 모든 라이브러리에서 발생하는 다양한 오류 타입도 모두 처리할 수 있어야 한다. 따라서 anyhow::Error와 같은 동적 오류 타입을 사용하면 애플리케이션 전체에 걸쳐 오류 처리를 더 간단하고 일관성 있게 작성할 수 있다.

기억할 사항

- 표준 Error 트레이트를 사용하면 사용자가 할 일이 거의 없다. 따라서 원하는 오류 타입에 대해 Error 트레이트를 구현하는 것이 좋다.
- 다양한 오류 타입을 다룰 때는 해당 타입을 보존할 필요가 있는지 따져본다.
  - 보존할 필요가 없다면 anyhow를 사용해 애플리케이션 코드에서 하위 오류를 모두 담는다.
  - 보존할 필요가 있다면 enum으로 인코딩해서 변환 기능을 제공한다. 이 과정에서 thiserror를 사용하면 도움 된다.

---

[21] 이 절은 닉 그로넨(Nick Groenen)의 'Rust: Structuring and Handling Errors in 2020(러스트: 2020년 구조화와 오류 처리)' (https://oreil.ly/2K3PH)에서 영감을 받았다.

- 애플리케이션 코드에서 anyhow 크레이트를 사용하면 오류 처리 코드를 간편하고 관용적으로 작성할 수 있다.
- 결정은 여러분의 몫이다. 단, 어떻게 결정하든지 타입 시스템으로 인코딩한다(아이템 1).

아이템 5: 타입 변환을 이해하라

러스트에서 타입 변환은 다음과 같이 세 가지가 있다.

- **수동**: From과 Into 트레이트 구현으로 제공되는 사용자 정의 타입 변환
- **반자동**: as 키워드를 이용한 값 사이의 명시적 캐스트cast
- **자동**: 새로운 타입에 대한 암묵적인 강제 변환coercion

이번 아이템에서는 첫 번째 유형인 수동 타입 변환 위주로 설명한다. 나머지 두 유형은 사용자 정의 타입 변환에 잘 사용하지 않는다. 하지만 몇 가지 예외가 있으므로 이 아이템의 마지막 절에서 사용자 정의 타입에 대해 캐스팅과 강제 변환을 적용하는 방법도 간략히 소개한다.

참고로 다른 프로그래밍 언어와 달리 러스트는 숫자 타입에 대한 자동 변환을 제공하지 않는다. 심지어 정수 타입 사이의 '안전한' 변환도 지원하지 않는다.

> **오류가 발생하는 코드**
>
> ```
> let x: u32 = 2;
> let y: u64 = x;
> ```

```
error[E0308]: mismatched types
  --> src/main.rs:70:18
   |
70 |     let y: u64 = x;
   |            ---   ^ expected `u64`, found `u32`
   |            |
   |            expected due to this
   |
help: you can convert a `u32` to a `u64`
   |
70 |     let y: u64 = x.into();
   |                   +++++++
```

1장 타입 57

사용자 정의 타입 변환

러스트의 다른 기능(아이템 10)과 마찬가지로 사용자 정의 타입 사이의 변환 기능도 표준 트레이트로 캡슐화된다. 좀 더 구체적으로 말하면, 관련 제네릭 트레이트 집합으로 표현한다.

타입 변환 기능을 표현하는 데 관련된 트레이트는 다음과 같은 네 가지가 있다.

- `From<T>` : 이 타입 항목은 T 타입 항목으로부터 구성되며, 항상 변환에 성공한다.
- `TryFrom<T>` : 이 타입 항목은 T 타입 항목으로부터 구성되지만, 변환에 성공하지 못할 수 있다.
- `Into<T>` : 이 타입 항목은 T 타입 항목으로 변환할 수 있으며, 항상 변환에 성공한다.
- `TryInto<T>` : 이 타입 항목은 T 타입 항목으로 변환할 수 있지만, 변환에 성공하지 못할 수도 있다.

`Try...`가 붙은 트레이트와 그렇지 않은 트레이트는 트레이트에 정의된 (유일한) 메서드의 반환 타입에 차이가 있다. 즉, 아이템 1에서 주어진 대상을 타입 시스템으로 표현하는 방법을 설명할 때 본 것처럼, 성공적인 변환이 보장된 결과 대신 `Result`를 반환한다. 또한 `Try...` 트레이트를 정의할 때, 문제가 발생할 경우 생성할 오류 타입 `E`를 정의해야 한다.

따라서 타입 변환에 관련된 첫 번째 조언은 아이템 4에서 설명한 것처럼 '**변환에 실패할 가능성이 있다면 Try... 트레이트로(만) 구현하라**'는 것이다. 다른 대안으로 오류 가능성을 무시하는 방법(예: `.unwrap()`)도 있지만 대부분은 호출한 측에서 선택하게 하는 것이 바람직하므로 신중하게 결정해야 한다.

타입 변환 트레이트는 서로 대칭을 이룬다. `Into<U>`의 `into`를 통해 T 타입에서 U 타입으로 변환할 수 있다면, `From<T>`의 `from`을 통해 T 타입에서 U 타입 항목으로 변환하게 만들 수 있다고 생각할 수 있지 않을까?

실제로 그렇게 할 수도 있다. 여기서 도출할 수 있는 두 번째 조언은 '**From 트레이트로 변환을 구현하라**'는 것이다. 러스트 표준 라이브러리는 시스템이 복잡하게 엉키는 것을 방지하기 위해서 둘 중 하나를 선택해야 했고,[22] 그 결과 `From` 구현에서 `Into`를 자동으로 제공하는 쪽으로 결정했다.

이 두 가지 트레이트 중에서 하나를 자신의 새 제네릭에 대한 트레이트 바운드로 소비하는 경우에는, 이 조언을 반대로 적용해 '**트레이트 바운드에 대해서는 Into 트레이트를 사용하라**'고 조

---

[22] 트레이트 일관성 규칙(trait coherence rule)으로 알려져 있다.

언할 수 있다. 그러면 Into를 직접 구현하는 것과 From만 직접 구현하는 것 모두 트레이트 바운드를 만족하게 된다.

이러한 자동 변환은 From과 Into에 대한 문서에도 강조되어 있는데, 이와 관련해 표준 라이브러리의 포괄적 트레이트 구현blanket trait implementation도 함께 읽어 보면 좋다.[23]

```
impl<T, U> Into<U> for T
where
    U: From<T>,
{
    fn into(self) -> U {
        U::from(self)
    }
}
```

트레이트 명세를 말로 풀어 보면 복잡한 트레이트 바운드를 이해하는 데 도움 된다. 앞의 예에 나온 트레이트를 풀어 쓰면 다음과 같다. 'U가 이미 From<T>를 구현했다면, T 타입에 대해 Into<U>를 구현할 수 있다.'

표준 라이브러리에는 이러한 표준 라이브러리 타입에 대한 변환 트레이트를 다양하게 구현하고 있다. 쉽게 예상할 수 있듯이 변환 대상 타입이 원본 타입의 모든 값을 포괄하는 정수 변환은 From 구현을 제공하고(`From<u32> for u64`), 대상 타입이 원본 타입을 포괄할 수 없는 정수 변환은 TryFrom 구현을 제공한다(`TryFrom<u64> for u32`).

앞서 본 Into 버전 외에도 다양한 포괄적 트레이트 구현을 제공하는데, 대부분 스마트 포인터smart pointer 타입에 대한 것으로, 스마트 포인터가 보유한 원본 타입 인스턴스로부터 스마트 포인터를 자동으로 생성해 준다. 다시 말해 스마트 포인터 매개변수를 받는 제네릭 메서드도 기존 일반 항목으로 호출할 수 있다는 뜻이다. 이에 대한 자세한 내용은 아이템 8에서 설명한다.

TryFrom 트레이트는 이미 반대 방향으로 Into 트레이트를 구현하고 있는 모든 타입에 대해서도 포괄적 구현을 제공한다. 여기에는 앞서 본 것처럼 같은 방향으로 From을 구현하는 모든 타입을 자동으로 포함한다. 즉, T를 U로 실패 불가능infallible 방식으로 변환할 수 있다면, T에서

---

[23] 옮긴이_ 다음 문서를 추천한다.
  – https://doc.rust-lang.org/std/convert/trait.Into.html#implementors
  – https://doc.rust-lang.org/1.80.1/src/core/convert/mod.rs.html#748-750

U로 실패 가능fallible 방식으로도 변환할 수 있다. 이런 변환은 항상 성공하기 때문에 관련 오류 타입을 Infallible이라고 부른다.[24]

From의 제네릭 구현 중에서도 눈에 띄게 특별한 것으로 반사적 구현reflexive implementation이 있다.

```
impl<T> From<T> for T {
    fn from(t: T) -> T {
        t
    }
}
```

이를 풀어 쓰면 'T가 주어지면 T를 받을 수 있다'는 뜻이다. 너무도 당연하게 들리기 때문에, 왜 유용한지 잠시 짚고 넘어가자.

간단한 뉴타입newtype 구조체(struct)(아이템 6)와 이에 대한 연산을 수행하는 함수를 생각해 보자(물론 이런 함수는 메서드로 표현하는 것이 바람직하다).

```
/// IANA가 관리하는 정숫값 범위
#[derive(Clone, Copy, Debug)]
pub struct IanaAllocated(pub u64);

/// 예약된 값인지 표시한다.
pub fn is_iana_reserved(s: IanaAllocated) -> bool {
    s.0 == 0 || s.0 == 65535
}
```

이 함수는 다음과 같이 구조체 인스턴스에 대해 호출할 수 있다.

```
let s = IanaAllocated(1);
println!("{:?} reserved? {}", s, is_iana_reserved(s));
// 출력 결과: "IanaAllocated(1) reserved? false"
```

그런데 이 뉴타입 래퍼에 대해 다음과 같이 From<u64>가 구현돼 있더라도,

```
impl From<u64> for IanaAllocated {
    fn from(v: u64) -> Self {
```

---

24 집필 시점에는 그렇다. 향후 러스트 버전에서 ! 'never' 타입으로 바뀔 가능성이 높다.

```
        Self(v)
    }
}
```

u64 값에 대해 이 함수를 직접 호출할 수 없다.

> **오류가 발생하는 코드**
>
> ```
> if is_iana_reserved(42) {
>     // ...
> }
> ```

```
error[E0308]: mismatched types
  --> src/main.rs:77:25
   |
77 |     if is_iana_reserved(42) {
   |        ---------------- ^^ expected `IanaAllocated`, found integer
   |        |
   |        arguments to this function are incorrect
   |
note: function defined here
  --> src/main.rs:7:8
   |
7  | pub fn is_iana_reserved(s: IanaAllocated) -> bool {
   |        ^^^^^^^^^^^^^^^^ ----------------
help: try wrapping the expression in `IanaAllocated`
   |
77 |     if is_iana_reserved(IanaAllocated(42)) {
   |                         +++++++++++++   +
```

그러나 Into<IanaAllocated>를 만족하는 모든 것을 받아서 명시적으로 변환하는 제네릭 버전이 있다.

```
pub fn is_iana_reserved<T>(s: T) -> bool
where
    T: Into<IanaAllocated>,
{
    let s = s.into();
    s.0 == 0 || s.0 == 65535
}
```

이 제네릭 버전은 다음과 같이 호출할 수 있다.

```
if is_iana_reserved(42) {
    // ...
}
```

이런 트레이트 바운드는 From<T>의 반사적 트레이트 구현이 더 적합하다. 다시 말해 이런 제네릭 함수는 이미 IanaAllocated 인스턴스인 항목을 처리하므로 변환할 필요가 없다.

또한 러스트 코드가 타입끼리 암묵적으로 변환되는 것처럼 보이는 이유와 그 방법도 이 패턴을 통해 알 수 있다. From<T> 구현과 Into<T> 트레이트 바운드를 조합하면 호출한 측에서 마술처럼 변환되는 것처럼 보이면서 실제로는 안전하고 명시적인 변환을 수행하는 코드가 만들어진다. 이 패턴은 레퍼런스 타입과 관련 변환 트레이트가 결합될 때 더욱 강력한 힘을 발휘한다(자세한 내용은 아이템 8에서 다룬다).

캐스트

러스트에서 제공하는 as 키워드를 사용하면 두 타입 사이를 명시적으로 캐스트cast할 수 있다.

as 키워드로 변환할 수 있는 타입은 사실 많지 않다. 사용자 정의 타입 중에서는 C 언어와 비슷한(즉, 연관된 정숫값만으로 구성된) enum뿐이다. 그래도 일반 정수 변환에 대해서는 as를 지원하고 있어서 into() 대신 사용할 수 있다.

```
let x: u32 = 9;
let y = x as u64;
let z: u64 = x.into();
```

as 버전은 손실 변환도 지원한다.[25]

```
let x: u32 = 9;
let y = x as u16;
```

---

[25] 러스트에서 손실 변환을 허용한 것은 실수였던 것 같다. 그래서 이 동작을 제거하자는 논의(https://oreil.ly/TpFKB)가 있었다.

반면 `from/into` 버전은 손실 변환을 지원하지 않는다. 가령 `let y = x as u16;` 대신 `let y: u16 = x.into();`라고 했다면 다음과 같이 오류가 발생한다.

```
error[E0277]: the trait bound `u16: From<u32>` is not satisfied
  --> src/main.rs:136:20
   |
136 |     let y: u16 = x.into();
   |                    ^^^^ the trait `From<u32>` is not implemented for `u16`
   |
   = help: the following other types implement trait `From<T>`:
             <u16 as From<NonZeroU16>>
             <u16 as From<bool>>
             <u16 as From<u8>>
   = note: required for `u32` to implement `Into<u16>`
```

캐스트에 관련된 의미론semantics(예: C와의 호환성)을 정확히 이해하지 못했다면, 일관성과 안전성을 위해 `as` 변환보다는 가급적 `from/into` 변환을 사용하는 것이 좋다. `as` 변환을 사용할 때는 이에 대한 린트lint를 제공하는 클리피Clippy(아이템 29)를 활용하면 도움 된다. 이 린트는 디폴트로 비활성화돼 있다.

강제 변환

앞 절에서 설명한 명시적 `as` 캐스트는 (컴파일러가 알아서 변환해 주는) 암묵적 강제 변환coercion보다 상위 개념이다. 강제 변환을 명시적 `as`로 수행할 수 있지만 그 반대로는 할 수 없다. 특히 앞 절에서 수행한 정수 변환은 강제 변환이 아니므로 항상 `as`가 필요하다.

대부분의 강제 변환은 다음과 같이 포인터와 레퍼런스 타입을 프로그래머에게 합리적이고 편리한 방식으로 변환할 수 있게 해준다.

- 가변mutable 레퍼런스를 불변immutable 레퍼런스로 변환한다. 따라서 `&T`를 받는 함수의 인수로 `&mut T`를 사용할 수 있다.
- 레퍼런스를 원시 포인터로 변환한다. 원시 포인터를 역참조dereference하는 어리석은 경우는 아니므로 `unsafe`는 아니다.
- 아무런 변수도 캡처하지 않는 클로저를 원시 함수 포인터로 변환한다(아이템 2).

- 배열을 슬라이스로 변환한다.
- (구체적인 항목이 구현하는 트레이트에 대해) 구체적인 항목을 트레이트 객체로 변환한다.
- 수명이 '더 짧은' 항목으로 변환한다(아이템 14).[26]

사용자 정의 타입에 의해 동작이 영향을 받을 수 있는 강제 변환은 두 가지뿐이다. 하나는 사용자 정의 타입이 `Deref`나 `DerefMut` 트레이트를 구현하는 경우이고, 다른 하나는 구체적인 항목이 트레이트 객체로 변환되는 경우다.

첫 번째 강제 변환의 경우 사용자 정의 타입이 일종의 스마트 포인터 역할을 한다(아이템 8). 이때 컴파일러는 스마트 포인터 항목에 대한 레퍼런스를 (`Target`이 가리키는) 스마트 포인터가 포함하는 타입의 항목에 대한 레퍼런스로 강제 변환한다.

두 번째 강제 변환은 구체적인 항목을 트레이트 객체로 변환할 때 해당 항목에 대한 **팻 포인터**fat pointer를 생성한다. 그 이유는 해당 항목의 메모리 위치에 대한 포인터뿐만 아니라, 해당 트레이트의 구체적인 타입에 대한 구현을 위한 `vtable`에 대한 포인터도 포함하기 때문이다(아이템 8).

아이템 6: 뉴타입 패턴을 적극 활용하라

아이템 1에서 설명했듯이 튜플 구조체의 필드에 이름을 붙일 수는 없고 번호로 참조해야 한다(예: `self.0`). 이번 아이템에서는 튜플 구조체 중에서도 기존 타입으로 된 항목 하나만을 가지면서 그 타입과 정확히 같은 범위의 값을 갖는 타입을 생성하는 **뉴타입 패턴**newtype pattern을 알아본다. 별도로 이름이 있을 정도로 러스트에서 널리 사용되는 패턴이므로 아이템 6에서 집중적으로 살펴보자.

뉴타입 패턴을 사용하는 가장 간단한 경우는 타입의 기본 동작에 다른 의미를 추가할 때다. 구체적으로 살펴보기 위해 화성으로 위성을 보내는 프로젝트를 생각해 보자.[27] 이 프로젝트는 규모가 크기 때문에, 프로젝트의 각 부분을 여러 그룹으로 나눠서 구축했다. 그중 한 그룹은 로켓 엔진 코드를 담당했다.

---

26 러스트에서는 이러한 변환을 서브타이핑(subtyping)이라고 부르는데, 객체 지향 언어에서 말하는 서브타이핑과는 의미가 상당히 다르다.
27 좀 더 구체적으로 표현하면 화성 기후 궤도선이다.

```rust
/// 추진기를 발사하고, 생성된 임펄스(impulse)를
/// 파운드힘(pound-force) 초 단위로 반환한다.
pub fn thruster_impulse(direction: Direction) -> f64 {
    // ...
    return 42.0;
}
```

한편 다른 그룹은 관성 유도 시스템을 처리했다.

```rust
/// 임펄스에 대한 궤적 모델을 업데이트한다. 단위는 뉴턴(newton) 초다.
pub fn update_trajectory(force: f64) {
    // ...
}
```

마지막에는 이렇게 나눠서 작업한 부분을 하나로 합쳐야 한다.

```rust
let thruster_force: f64 = thruster_impulse(direction);
let new_direction = update_trajectory(thruster_force);
```

그런데 뭔가 이상하다.[28] 러스트에서 제공하는 타입 앨리어스 기능을 사용하면 각 그룹마다 각자의 의도를 명확하게 밝힐 수 있다.

```rust
/// 힘 단위
pub type PoundForceSeconds = f64;

/// 추진기를 발사하고, 생성된 임펄스를 반환한다.
pub fn thruster_impulse(direction: Direction) -> PoundForceSeconds {
    // ...
    return 42.0;
}
/// 힘 단위
pub type NewtonSeconds = f64;

/// 임펄스에 대한 궤적 모델을 업데이트한다.
pub fn update_trajectory(force: NewtonSeconds) {
    // ...
}
```

---

[28] 실패 원인에 대한 자세한 내용은 위키백과의 화성 기후 궤도선(https://ko.wikipedia.org/wiki/화성_기후_궤도선)을 참조하자.

타입 앨리어스는 사실 문서화에 불과하다. 이전 버전의 문서 주석보다 강력한 힌트를 제공하긴 하지만, NewtonSeconds 값을 받는 곳에 PoundForceSeconds 값을 사용하는 것을 막을 방법이 없다.

```
let thruster_force: PoundForceSeconds = thruster_impulse(direction);
let new_direction = update_trajectory(thruster_force);
```

여전히 뭔가 이상하다. 이럴 때는 뉴타입 패턴을 적용하면 좋다.

```
/// 힘 단위
pub struct PoundForceSeconds(pub f64);

/// 추진기를 발사하고, 생성된 임펄스를 반환한다.
pub fn thruster_impulse(direction: Direction) -> PoundForceSeconds {
    // ...
    return PoundForceSeconds(42.0);
}
/// 힘 단위
pub struct NewtonSeconds(pub f64);

/// 임펄스에 대한 궤적 모델을 업데이트한다.
pub fn update_trajectory(force: NewtonSeconds) {
    // ...
}
```

뉴타입은 말 그대로 새로운 타입이다. 그래서 타입이 일치하지 않으면 컴파일 오류가 발생한다. 이 예처럼 NewtonSeconds 값을 받는 곳에 PoundForceSeconds 값을 전달하면 오류가 발생한다.

> **오류가 발생하는 코드**
> ```
> let thruster_force: PoundForceSeconds = thruster_impulse(direction);
> let new_direction = update_trajectory(thruster_force);
> ```

```
error[E0308]: mismatched types
  --> src/main.rs:76:43
   |
76 |     let new_direction = update_trajectory(thruster_force);
```

```
    |                                 ------------------  ^^^^^^^^^^^^^^ expected
    |                                 |                 `NewtonSeconds`, found `PoundForceSeconds`
    |                                 |
    |                                 arguments to this function are incorrect
    |
note: function defined here
  --> src/main.rs:66:8
    |
 66 |  pub fn update_trajectory(force: NewtonSeconds) {
    |         ^^^^^^^^^^^^^^^^^ --------------------
help: call `Into::into` on this expression to convert `PoundForceSeconds` into
      `NewtonSeconds`
    |
 76 |      let new_direction = update_trajectory(thruster_force.into());
    |                                                          +++++++
```

아이템 5에서 설명한 것처럼 표준 From 트레이트 구현을 추가해 보자.

```
impl From<PoundForceSeconds> for NewtonSeconds {
    fn from(val: PoundForceSeconds) -> NewtonSeconds {
        NewtonSeconds(4.448222 * val.0)
    }
}
```

그러면 자동 생성된 .into()를 사용해서 적합한 단위와 타입으로 변환할 수 있다.

```
let thruster_force: PoundForceSeconds = thruster_impulse(direction);
let new_direction = update_trajectory(thruster_force.into());
```

타입에 '단위'의 의미를 추가하기 위해 뉴타입 패턴을 적용하면 인수를 불[boolean] 타입으로만 표현할 때보다 의미의 모호함을 줄일 수 있다. 예를 들어 아이템 1에서 본 예제에 다음과 같이 뉴타입 패턴을 적용하면 인수의 의미가 더욱 분명해진다.

```
struct DoubleSided(pub bool);

struct ColorOutput(pub bool);

fn print_page(sides: DoubleSided, color: ColorOutput) {
    // ...
```

```
    }
    print_page(DoubleSided(true), ColorOutput(false));
```

크기 효율성이나 바이너리 호환성이 중요하다면, #[repr(transparent)] 속성을 사용해 뉴타입 메모리를 내부 타입과 똑같이 표현할 수 있다.

지금까지 아이템 1에서 본 간단한 예에 대해 뉴타입을 적용해 봤다. 즉, 의미를 타입 시스템으로 인코딩해 컴파일러가 처리할 수 있게 만들었다.

트레이트의 고아 규칙 우회하기

러스트의 고아 규칙과 관련하여 뉴타입 패턴을 적용하는 경우가 많지만 그 과정이 좀 복잡하다. 간단히 설명하면, 다음 조건 중 하나를 충족할 때만 타입에 대한 트레이트를 크레이트가 구현할 수 있다.

- 크레이트에서 트레이트를 정의했다.
- 크레이트에서 타입을 정의했다.

예를 들어 다음과 같이 외부 타입에 대해 외부 트레이트를 구현한다.

오류가 발생하는 코드
```
use std::fmt;

impl fmt::Display for rand::rngs::StdRng {
    fn fmt(&self, f: &mut fmt::Formatter<'_>) -> Result<(), fmt::Error> {
        write!(f, "<StdRng instance>")
    }
}
```

그러면 다음과 같이 컴파일러 오류가 발생한다(그리고 다시 뉴타입으로 돌아가라고 한다).

```
error[E0117]: only traits defined in the current crate can be implemented for
              types defined outside of the crate
  --> src/main.rs:146:1
   |
```

```
146 | impl fmt::Display for rand::rngs::StdRng {
    | ^^^^^^^^^^^^^^^^^^^^^^^-------------------
    | |                      |
    | |                      `StdRng` is not defined in the current crate
    | impl doesn't use only types from inside the current crate
    |
    = note: define and implement a trait or new type instead
```

이렇게 제한하는 이유는 모호해질 위험이 있기 때문이다. 의존성 그래프(아이템 25)에서 서로 다른 두 크레이트 모두 (예를 들어) `impl fmt::Display for rand::rngs::StdRng`를 구현하면, 컴파일러/링커는 둘 중 어느 것을 선택할지 알 수 없다.

그러면 곤란한 상황에 빠질 수 있다. 예를 들면 다른 크레이트에 있는 타입이 포함된 데이터를 직렬화할 때, 고아 규칙에 의해 `impl serde::Serialize for somecrate::SomeType`을 구현할 수 없게 된다.[29]

이와 달리 뉴타입 패턴은 현재 크레이트 안에 새로운 타입을 정의하기 때문에, 고아 규칙의 두 번째 부분이 적용된다. 따라서 외부 트레이트를 구현할 수 있다.

```
struct MyRng(rand::rngs::StdRng);

impl fmt::Display for MyRng {
    fn fmt(&self, f: &mut fmt::Formatter<'_>) -> Result<(), fmt::Error> {
        write!(f, "<MyRng instance>")
    }
}
```

뉴타입의 한계

뉴타입 패턴은 단위 변환 방지와 고아 규칙 우회라는 두 가지 문제를 해결하지만, 뉴타입과 관련된 모든 연산을 내부 타입으로 전달해야 하는 불편함이 있다.

가장 쉬운 문제부터 보면 코드 전체에서 `thing` 대신 `thing.0`를 사용해야 하는데, 이런 부분은

---

[29] 이를 도와주는 메커니즘이 serde에 포함될 정도로 아주 흔한 문제다.

컴파일러가 알려 주기 때문에 간단히 해결할 수 있다. 그보다 더 큰 문제는 내부 타입에 대한 트레이트 구현이 사라진다는 것이다. 뉴타입은 말그대로 새로운 타입이므로 기존 내부 구현이 적용되지 않는다.

파생 가능한^{derivable} 트레이트를 뉴타입으로 선언하면 수많은 derive 구문으로 뒤덮인다.

```
#[derive(Debug, Copy, Clone, Eq, PartialEq, Ord, PartialOrd)]
pub struct NewType(InnerType);
```

그런데 좀 더 정교한 트레이트에서 내부 타입에 대한 구현을 복구하려면 이를 포워딩^{forwarding}하기 위한 보일러플레이트 코드가 필요하다. 예를 들면 다음과 같다.

```
use std::fmt;
impl fmt::Display for NewType {
    fn fmt(&self, f: &mut fmt::Formatter<'_>) -> Result<(), fmt::Error> {
        self.0.fmt(f)
    }
}
```

아이템 7: 복잡한 타입에는 빌더를 적용하라

이번에는 복잡한 데이터 구조체의 인스턴스를 쉽게 생성할 수 있도록 빌더^{builder} 타입을 함께 지정하는 빌더 패턴을 알아본다.

러스트에서 구조체의 인스턴스를 생성하려면 필드를 모두 채워야 한다. 이처럼 초기화되지 않은 값이 존재할 수 없기 때문에 코드 안전성을 보장할 수 있어서 좋지만, 보일러플레이트 코드가 많이 생기는 단점이 있다.

예를 들어 러스트에서는 옵션 필드를 모두 **None**으로 지정해야 한다.

```
/// E164 포맷의 전화번호
#[derive(Debug, Clone)]
pub struct PhoneNumberE164(pub String);
```

```rust
#[derive(Debug, Default)]
pub struct Details {
    pub given_name: String,
    pub preferred_name: Option<String>,
    pub middle_name: Option<String>,
    pub family_name: String,
    pub mobile_phone: Option<PhoneNumberE164>,
}

// ...

let dizzy = Details {
    given_name: "Dizzy".to_owned(),
    preferred_name: None,
    middle_name: None,
    family_name: "Mixer".to_owned(),
    mobile_phone: None,
};
```

이런 보일러플레이트 코드 때문에, 나중에 구조체에 필드를 새로 추가할 때마다 해당 구조체의 인스턴스를 생성하는 모든 코드를 수정해야 한다.

이럴 때는 아이템 10에서 설명하는 Default 트레이트를 활용하면 보일러플레이트를 크게 줄일 수 있다.

```rust
let dizzy = Details {
    given_name: "Dizzy".to_owned(),
    family_name: "Mixer".to_owned(),
    ..Default::default()
};
```

Default를 사용하면 필드를 새로 추가할 때 코드를 수정할 일도 줄어든다. 단, 새로 추가할 필드가 Default를 구현하는 타입이어야 한다.

이 문제는 다음과 같이 일반화할 수 있다. 모든 필드가 Default 트레이트를 구현하는 타입으로 구성된 경우에만 자동으로 구현된다. 그러지 않은 필드가 하나라도 있으면 derive(파생) 단계에서 오류가 발생한다.

> **오류가 발생하는 코드**

```rust
#[derive(Debug, Default)]
pub struct Details {
    pub given_name: String,
    pub preferred_name: Option<String>,
    pub middle_name: Option<String>,
    pub family_name: String,
    pub mobile_phone: Option<PhoneNumberE164>,
    pub date_of_birth: time::Date,
    pub last_seen: Option<time::OffsetDateTime>,
}
```

```
error[E0277]: the trait bound `Date: Default` is not satisfied
  --> src/main.rs:48:9
   |
41 |     #[derive(Debug, Default)]
   |                     ------- in this derive macro expansion
...
48 |         pub date_of_birth: time::Date,
   |         ^^^^^^^^^^^^^^^^^^^^^^^^^^^^^ the trait `Default` is not
   |                                       implemented for `Date`
   |
   = note: this error originates in the derive macro `Default`
```

이 코드에서 `time::Date`에 대해 `Default`를 구현할 수 없는 이유는 고아 규칙 때문이다. 설사 `Default`를 구현할 수 있더라도 그리 도움 되지 않는다. 생년월일에 대한 기본값은 거의 대부분 잘못된 값이기 때문이다.

`Default`가 없다면 다음과 같이 모든 필드를 일일이 채워줘야 한다.

```rust
let bob = Details {
    given_name: "Robert".to_owned(),
    preferred_name: Some("Bob".to_owned()),
    middle_name: Some("the".to_owned()),
    family_name: "Builder".to_owned(),
    mobile_phone: None,
    date_of_birth: time::Date::from_calendar_date(
        1998,
        time::Month::November,
        28,
```

```
        )
        .unwrap(),
        last_seen: None,
};
```

복잡한 데이터 구조에 대해 빌더 패턴을 구현하면 이런 수고를 줄일 수 있다.

가장 간단한 형태의 빌더 패턴은 항목 구성에 필요한 정보를 저장할 구조체를 별도로 두는 것이다. 여기서는 예제를 간단히 구성하기 위해 다음과 같이 곧바로 인스턴스를 생성해서 빌더 안에 저장했다.

```
pub struct DetailsBuilder(Details);

impl DetailsBuilder {
    /// [`Details`] 객체 만들기 시작
    pub fn new(
        given_name: &str,
        family_name: &str,
        date_of_birth: time::Date,
    ) -> Self {
        DetailsBuilder(Details {
            given_name: given_name.to_owned(),
            preferred_name: None,
            middle_name: None,
            family_name: family_name.to_owned(),
            mobile_phone: None,
            date_of_birth,
            last_seen: None,
        })
    }
}
```

이렇게 하면 초기 항목의 필드를 채우는 헬퍼 메서드를 빌더 타입에 제공할 수 있다. 이런 헬퍼 메서드는 각자 self를 소비하지만, 실행 결과로 새로운 Self를 생성하기 때문에 여러 생성 메서드를 체인처럼 연결할 수 있다.

```
    /// 원하는 이름을 설정한다.
    pub fn preferred_name(mut self, preferred_name: &str) -> Self {
        self.0.preferred_name = Some(preferred_name.to_owned());
```

```
        self
    }

    /// 원하는 가운데 이름(미들 네임)을 설정한다.
    pub fn middle_name(mut self, middle_name: &str) -> Self {
        self.0.middle_name = Some(middle_name.to_owned());
        self
    }
```

이렇게 헬퍼 메서드로 만드는 것이 간단한 세터^{setter}보다 훨씬 유용하다.

```
    /// `last_seen` 필드를 현재 날짜/시각에 맞게 업데이트한다.
    pub fn just_seen(mut self) -> Self {
        self.0.last_seen = Some(time::OffsetDateTime::now_utc());
        self
    }
```

이 빌더에서 마지막으로 호출될 메서드는 이 빌더를 소비해서 만든 항목을 반환한다.

```
    /// 빌더 객체를 소비해서 완성된 [`Details`] 객체를 반환한다.
    pub fn build(self) -> Details {
        self.0
    }
```

이렇게 하면 빌더를 사용하는 클라이언트가 더 편리하게 작업할 수 있다.

```
let also_bob = DetailsBuilder::new(
    "Robert",
    "Builder",
    time::Date::from_calendar_date(1998, time::Month::November, 28)
        .unwrap(),
)
.middle_name("the")
.preferred_name("Bob")
.just_seen()
.build();
```

그런데 빌더를 이렇게 구현하면 (이전 객체를 없애고 새로 생성하는) 소비 방식으로 동작하기 때문에 몇 가지 문제가 발생할 수 있다. 첫 번째 문제는 빌드 프로세스 단계를 따로 분리할 수 없다는 것이다.

> **오류가 발생하는 코드**
>
> ```
> let builder = DetailsBuilder::new(
>     "Robert",
>     "Builder",
>     time::Date::from_calendar_date(1998, time::Month::November, 28)
>         .unwrap(),
> );
> if informal {
>     builder.preferred_name("Bob");
> }
> let bob = builder.build();
> ```

```
error[E0382]: use of moved value: `builder`
   --> src/main.rs:256:15
    |
247 |     let builder = DetailsBuilder::new(
    |         ------- move occurs because `builder` has type `DetailsBuilder`,
    |                 which does not implement the `Copy` trait
...
254 |         builder.preferred_name("Bob");
    |         ------------------------- `builder` moved due to this method
    |                                    call
255 |     } 256 |     let bob = builder.build();
    |                           ^^^^^^^ value used here after move
    |
note: `DetailsBuilder::preferred_name` takes ownership of the receiver `self`,
      which moves `builder`
   --> src/main.rs:60:35
    |
27  |     pub fn preferred_name(mut self, preferred_name: &str) -> Self {
    |                                ^^^^
```

이 문제는 다음과 같이 소비했던 빌더를 같은 변수에 다시 할당하는 방식으로 해결할 수 있다.

```
let mut builder = DetailsBuilder::new(
    "Robert",
    "Builder",
    time::Date::from_calendar_date(1998, time::Month::November, 28)
        .unwrap(),
```

```
    );
    if informal {
        builder = builder.preferred_name("Bob");
    }
    let bob = builder.build();
```

모두 소비하는 속성 때문에 발생하는 두 번째 문제는 항목을 단 하나만 만들 수 있다는 것이다. 여러 인스턴스를 만들려면 동일한 빌더에 대해 `build()`를 여러 번 호출해야 하는데, 그러면 당연히 다음과 같은 컴파일 오류가 발생한다.

> **오류가 발생하는 코드**
> ```
> let smithy = DetailsBuilder::new(
>     "Agent",
>     "Smith",
>     time::Date::from_calendar_date(1999, time::Month::June, 11).unwrap(),
> );
> let clones = vec![smithy.build(), smithy.build(), smithy.build()];
> ```

```
error[E0382]: use of moved value: `smithy`
  --> src/main.rs:159:39
   |
154|     let smithy = DetailsBuilder::new(
   |         ------ move occurs because `smithy` has type `base::DetailsBuilder`,
   |                which does not implement the `Copy` trait
...
159|     let clones = vec![smithy.build(), smithy.build(), smithy.build()];
   |                       ------          ^^^^^^ value used here after move
   |                       |
   |                       `smithy` moved due to this method call
```

또 다른 방법으로 빌더의 메서드에서 `&mut self`를 받아서 `&mut Self`를 반환하는 방법도 있다.

```
/// `last_seen` 필드를 현재 날짜/시각에 맞게 업데이트한다.
pub fn just_seen(&mut self) -> &mut Self {
    self.0.last_seen = Some(time::OffsetDateTime::now_utc());
    self
}
```

그러면 자기 자신을 대입하는 빌드 단계를 따로 두지 않아도 된다.

```rust
let mut builder = DetailsBuilder::new(
    "Robert",
    "Builder",
    time::Date::from_calendar_date(1998, time::Month::November, 28)
        .unwrap(),
);
if informal {
    builder.preferred_name("Bob"); // `builder = ...` 없어도 됨
}
let bob = builder.build();
```

하지만 이렇게 하면 빌더의 세터 메서드를 호출하는 방식으로 빌더를 체인처럼 연결할 수 없다.

오류가 발생하는 코드

```rust
let builder = DetailsBuilder::new(
    "Robert",
    "Builder",
    time::Date::from_calendar_date(1998, time::Month::November, 28)
        .unwrap(),
)
.middle_name("the")
.just_seen();
let bob = builder.build();
```

```
error[E0716]: temporary value dropped while borrowed
   --> src/main.rs:265:19
    |
265 |         let builder = DetailsBuilder::new(
    |  _____^
266 | |         "Robert",
267 | |         "Builder",
268 | |         time::Date::from_calendar_date(1998, time::Month::November, 28)
269 | |             .unwrap(),
270 | |     )
    | |_____^ creates a temporary value which is freed while still in use
271 |         .middle_name("the")
272 |         .just_seen();
    |                     - temporary value is freed at the end of this statement
273 |         let bob = builder.build();
    |                   --------------- borrow later used here
```

```
      |
      = note: consider using a `let` binding to create a longer lived value
```

여기 나온 컴파일 오류 메시지에서 볼 수 있듯이, let으로 빌더 항목에 이름을 지정하면 문제를 해결할 수 있다.

```
let mut builder = DetailsBuilder::new(
    "Robert",
    "Builder",
    time::Date::from_calendar_date(1998, time::Month::November, 28)
        .unwrap(),
);
builder.middle_name("the").just_seen();
if informal {
    builder.preferred_name("Bob");
}
let bob = builder.build();
```

이런 가변 빌더를 사용해 여러 항목을 만들 수도 있다. build() 메서드의 시그니처에서 self를 소비하면 안 되므로 다음과 같이 작성해야 한다.

```
/// 완성된 [`Details`] 객체를 구성한다.
pub fn build(&self) -> Details {
    // ...
}
```

이렇게 build() 메서드를 반복 호출할 수 있게 구현하면, 호출할 때마다 항목을 새로 만들어야 한다. 내부 항목이 Clone을 구현한다면 이를 쉽게 처리할 수 있다. 빌더에 템플릿을 두고 빌드할 때마다 clone()을 호출하면 된다. 하지만 내부 항목이 Clone을 구현하지 않는다면, build()를 호출할 때마다 내부 항목의 인스턴스를 수동으로 만들 수 있도록 상태 정보를 충분히 가지고 있어야 한다.

어떤 스타일로 빌더 패턴을 구현하더라도 보일러플레이트 코드는 빌더에만 존재하고, 내부 타입을 사용하는 다른 곳에는 발생하지 않게 된다.

매크로(아이템 28)를 사용하면 나머지 보일러플레이트 코드도 줄일 수 있지만, 그렇게 하기 전에 먼저 원하는 기능을 제공하는 크레이트(예: `derive_builder`)가 나와 있는지부터 확인해야 한다. 물론 그로 인해 발생하는 의존성을 감당해야 한다(아이템 25).

아이템 8: 레퍼런스와 포인터 타입에 익숙해져라

프로그래밍에서 흔히 말하는 **레퍼런스(참조)**^{reference}란 어떤 데이터 구조를 직접 소유한 변수를 사용하지 않고 그 데이터 구조에 간접적으로 접근하는 수단이다. 레퍼런스는 대체로 포인터^{pointer}로 구현한다. 포인터는 데이터 구조의 메모리 주소를 값으로 갖는다.

최신 CPU는 대부분 포인터에 몇 가지 제약 조건을 적용한다. 가령 메모리 주소는 가상 또는 실제 메모리 범위 안에 있어야 하고, 정렬^{align}돼야 한다. 예를 들어 4바이트 정숫값에 접근하려면 주소가 4의 배수여야 한다.

그런데 고수준 프로그래밍 언어는 포인터에 대한 정보를 타입 시스템으로 인코딩하는 경향이 있다. 러스트를 비롯한 C 기반 언어에서 제공하는 포인터는 자신이 가리키는 메모리 주소 지점에 나올 수 있는 데이터 구조의 타입 정보도 담고 있다. 따라서 포인터를 통해 주소가 가리키는 메모리 공간에 담긴 내용뿐만 아니라, 그다음 지점에 담긴 내용도 해석할 수 있다.

이런 기본적인 포인터 정보(예상 메모리 위치와 데이터 구조 레이아웃)를 러스트에서는 **원시 포인터**^{raw pointer}라고 표현한다. 하지만 안전한 러스트 코드라면 원시 포인터를 사용하지 않고, 안전 보장과 제약 조건이 강화된 포인터와 레퍼런스를 사용한다. 아이템 8에서는 이러한 레퍼런스와 포인터 타입을 설명하고, 원시 포인터에 대해서는 `unsafe` 코드에 대해 설명하는 아이템 16에서 자세히 살펴본다.

러스트의 레퍼런스

러스트에서 가장 널리 사용되는 포인터 타입은 **레퍼런스**^{reference}로 T라는 타입에 대해 &T로 표기한다. 내부적으로는 포인터 값이지만, 레퍼런스로 표현한 부분에 대해 컴파일러는 다양한 규칙의 준수 여부를 검사한다. 즉, 해당 T 타입에 대해 올바르고 정확하게 정렬된 인스턴스를 가리키며, 수명^{lifetime}(아이템 14)이 사용 기간보다 길고, 대여 검사 규칙^{borrow checking rule}(아이템 15)을 준수하는지 확인한다. 러스트에서 말하는 레퍼런스에는 항상 이러한 제약 조건이 더 붙기 때문에 포인터라고 잘 표현하지 않는다.

러스트에서 레퍼런스가 반드시 올바르고, 정확하게 정렬된 항목을 가리켜야 한다는 제약 조건은 C++의 레퍼런스 타입과 같다. 그러나 C++에는 수명이란 개념이 없기 때문에 댕글링 레퍼런스dangling reference라는 위험에 빠질 수 있다.[30]

의도하지 않은 동작 발생

```
// C++
const int& dangle() {
  int x = 32; // 스택에 저장되며, 나중에 덮어쓴다.
  return x; // 스택 변수에 대한 레퍼런스를 반환한다.
}
```

다음 코드는 앞선 코드와 의미는 같지만, 러스트의 대여 검사borrow check와 수명 검사lifetime check를 통과하지 못해서 컴파일 오류가 발생한다.

오류가 발생하는 코드

```
fn dangle() -> &'static i64 {
    let x: i64 = 32; // 스택에 저장된다.
    &x
}
```

```
error[E0515]: cannot return reference to local variable `x`
  --> src/main.rs:477:5
   |
477|        &x
   |        ^^ returns a reference to data owned by the current function
```

러스트의 레퍼런스 타입(&T)은 레퍼런스가 가리키는 내부 항목에 대해 읽기만 할 수 있다(이 점은 C++의 const T&와 거의 같다). 대상 항목을 수정할 수 있는 가변 레퍼런스mutable reference는 &mut T로 표현하며, 이것 역시 아이템 15에서 설명하는 대여 검사 규칙이 적용된다. 이처럼 표기법 차이만 봐도 레퍼런스를 바라보는 러스트와 C++의 관점이 다른 것을 알 수 있다.

---

30 물론 최신 컴파일러라면 이러한 위험을 경고한다.

- 러스트에서는 읽기 전용이 디폴트고, 쓰기 가능 타입은 별도로(mut) 표시한다.
- C++에서는 쓰기 가능이 디폴트고, 읽기 전용 타입은 별도로(const) 표시한다.

러스트 컴파일러는 레퍼런스를 사용하는 부분을 기계어로 변환할 때 포인터로 표현한다. 이때 포인터의 크기는 64비트 플랫폼을 기준으로 8바이트다(이번 아이템 8에서는 이 크기로 가정한다). 예를 들어 다음과 같이 로컬 변수 한 쌍과 각각에 대한 레퍼런스가 있다.

```
pub struct Point {
    pub x: u32,
    pub y: u32,
}

let pt = Point { x: 1, y: 2 };
let x = 0u64;
let ref_x = &x;
let ref_pt = &pt;
```

이 변수들이 스택에 배치된 모습은 [그림 1-2]와 같다.

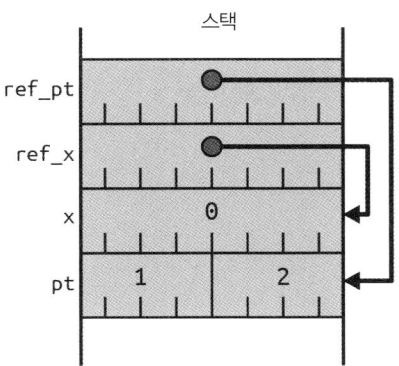

그림 1-2 로컬 변수에 대한 포인터가 스택에 배치된 모습

러스트의 레퍼런스는 스택stack이나 힙heap에 있는 항목을 참조할 수 있다. 러스트는 기본적으로 항목을 스택에 할당하지만, C++의 `std::unique_ptr<T>`와 거의 동일한 `Box<T>` 포인터 타입을 사용하면 힙에 할당해서 현재 블록을 벗어나도 계속 존재할 수 있다. `Box<T>`는 내부적으로 8바이트 포인터 값에 불과하다.

```
    let box_pt = Box::new(Point { x: 10, y: 20 });
```

이를 그림으로 표현하면 [그림 1-3]과 같다.

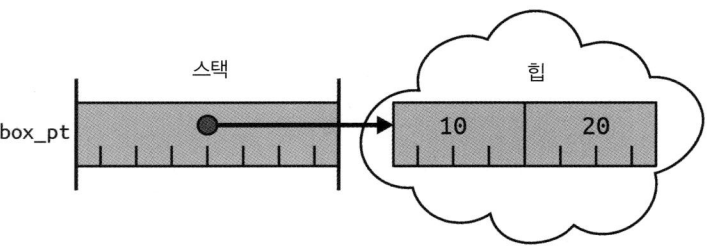

그림 1-3 힙에 있는 구조체를 가리키는 Box 타입 포인터

포인터 트레이트

다음 코드처럼 레퍼런스 타입 인수(&Point)를 받도록 정의된 메서드는 &Box<Point>도 받을 수 있다.

```
fn show(pt: &Point) {
    println!("({}, {})", pt.x, pt.y);
}
show(ref_pt);
show(&box_pt);
```

```
(1, 2)
(10, 20)
```

이렇게 할 수 있는 이유는 Target = T인 Deref 트레이트가 Box<T>에 구현돼 있기 때문이다. 어떤 타입에 대해 Deref 트레이트를 구현하면 그 안에 있는 deref() 메서드를 사용해 Target 타입 레퍼런스를 생성할 수 있다. 또한 DerefMut 트레이트는 Target 타입에 대한 가변 레퍼런스를 생성한다(나머지는 Deref와 같다).

Deref/DerefMut 트레이트는 좀 특별하다. 러스트 컴파일러는 이 트레이트를 구현하는 타입을 처리할 때 특별한 동작을 수행하기 때문이다. 가령 컴파일러가 역참조 표현식^{dereference expression}(예: *x)을 발견하면, 역참조 대상의 수정 가능 여부에 따라 적절한 구현을 찾아서 적용해 준다. 이러한 Deref 강제 변환 덕분에 다양한 스마트 포인터 타입을 일반 레퍼런스처럼 작동하게 만들 수 있다. Deref 강제 변환은 (아이템 5에서 설명했던) 암묵적 타입 변환을 허용하는 몇 안 되는 메커니즘 중 하나다.

여기서 Deref 트레이트가 대상 타입에 대한 제네릭(Deref<Target>)이 될 수 없는 이유도 참고로 알아 둘 필요가 있다. 만약 제네릭이 될 수 있었다면 ConfusedPtr라는 타입이 있을 때, Deref<TypeA>와 Deref<TypeB> 둘 다 구현할 수 있게 돼서, 컴파일러는 *x과 같은 표현식에 대해 한 가지 고유 타입으로 추론할 수 없다. 그래서 대상 타입은 Target이라는 연관 타입으로 인코딩되는 것이다.

이러한 점은 또 다른 표준 포인터 트레이트인 AsRef와 AsMut 트레이트와는 대조적이다. 이 두 가지 트레이트에 대해 컴파일러가 특별한 동작을 수행하지는 않지만, 트레이트에서 제공하는 함수(as_ref()와 as_mut())를 명시적으로 호출해서 레퍼런스나 가변 레퍼런스로 변환할 수 있다. 이러한 변환의 대상 타입은 타입 매개변수(예: AsRef<Point>)로 인코딩되므로 컨테이너 타입 하나로 여러 대상을 지원할 수 있다.

예를 들어 표준 타입인 String은 Target = str에 대해 Deref 트레이트를 구현하므로 &my_string과 같은 표현식을 &str 타입으로 강제 변환할 수 있다. 그런데 이 타입은 다음과 같은 기능도 구현한다.

- AsRef<[u8]>: 바이트 슬라이스인 &[u8]로 변환할 수 있다.
- AsRef<OsStr>: OS 문자열로 변환할 수 있다.
- AsRef<Path>: 파일 시스템 경로로 변환할 수 있다.
- AsRef<str>: Deref처럼 문자열 슬라이스 &str로 변환할 수 있다.

팻 포인터 타입

러스트에는 기본적인 포인터 동작뿐만 아니라, 포인터가 가리키는 대상에 대한 추가 정보도 제공하는 팻 포인터^{fat pointer} 타입을 제공한다. 기본으로 제공하는 팻 포인터로는 슬라이스와 트레이트 객체가 있다.

슬라이스

첫 번째 팻 포인터 타입인 **슬라이스**slice는 연속된 값 집합을 표현하며, 소유권이 없는 단순 포인터에 길이 필드가 추가되어 크기가 단순 포인터의 두 배가 된다(64비트 플랫폼의 경우, 16바이트). 슬라이스 타입은 [T]에 대한 레퍼런스인 &[T]로 표기하는데, T 타입 값이 연속적으로 모여 있음을 나타내는 개념 타입notional type이다.

이런 개념 타입([T])은 인스턴스화할 수 없는 대신, 이를 구현한 두 컨테이너가 제공된다. 첫 번째 컨테이너는 연달아 저장된 값의 묶음인 배열array로, 크기는 컴파일 타임에 정해진다. 즉, 다섯 개의 값으로 만든 배열은 항상 다섯 개의 값만 가진다. 따라서 슬라이스는 배열의 부분 집합이라고 볼 수 있다(그림 1-4).

```
let array: [u64; 5] = [0, 1, 2, 3, 4];
let slice = &array[1..3];
```

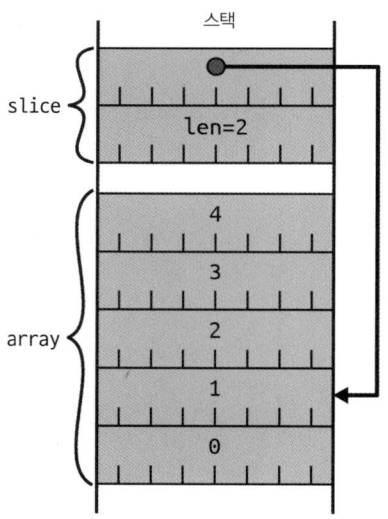

그림 1-4 스택 배열을 가리키는 스택 슬라이스

두 번째 컨테이너는 Vec<T>다. 벡터는 배열과 마찬가지로 값이 연달아 저장되지만, Vec에 담긴 값의 개수가 push(value) 등을 이용해 증가하거나, pop() 등을 이용해 감소할 수 있다는 점이 다르다.

Vec을 구성하는 내용은 크기가 달라질 수 있는 힙에 저장되지만, 항상 연달아 저장되기 때문에 [그림 1-5]처럼 벡터의 일부분을 참조하는 슬라이스를 만들 수 있다.

```
let mut vector = Vec::<u64>::with_capacity(8);
for i in 0..5 {
    vector.push(i);
}
let vslice = &vector[1..3];
```

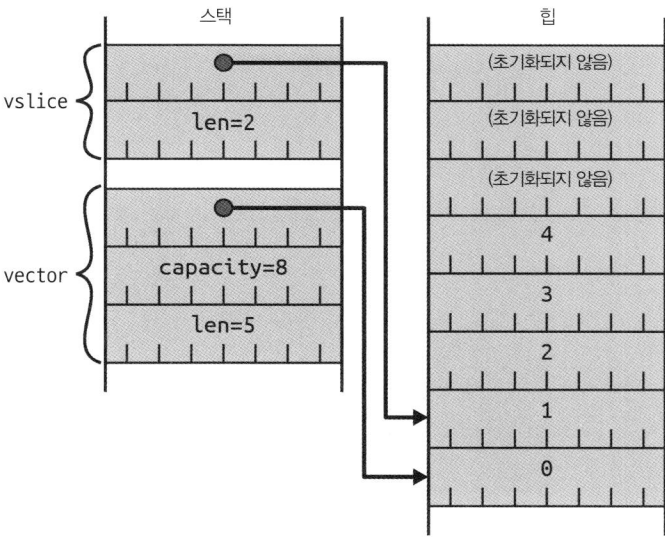

그림 1-5 힙에 있는 Vec의 내용을 가리키는 스택 슬라이스

여기 나온 &vector[1..3]이라는 표현식은 내부적으로 많은 일이 일어나는데, 각 구성 요소를 다음과 같이 나눠서 살펴보자.

- 1..3 부분은 범위 표현식(range expression)으로 컴파일러는 이 부분을 Range<usize> 타입 인스턴스로 변환한다. 이 범위에 하한은 포함되고 상한은 포함되지 않는다.
- Range 타입은 SliceIndex<T> 트레이트를 구현하며, 임의의 T 타입 슬라이스에 대한 인덱싱 작업을 표현한다. 따라서 Output 타입은 [T]가 된다.

- vector[ ] 부분은 인덱싱 표현식이다. 컴파일러는 이 표현식을 역참조가 붙은 vector에 대해 Index 트레이트의 index 메서드를 호출하는 문장(예: *vector.index( ))으로 변환한다.[31]
- 따라서 vector[1..3]은 Vec<T>의 Index<I> 구현을 호출하는데, 여기서 I는 SliceIndex<[u64]>의 인스턴스여야 한다. 이렇게 할 수 있는 이유는 u64를 비롯한 어떠한 T에 대해서도 SliceIndex<[T]>가 Range<usize>에 구현돼 있기 때문이다.
- &vector[1..3]은 역참조를 취소하므로, 이 표현식의 최종 타입은 &[u64]가 된다.

트레이트 객체

두 번째 팻 포인터 타입은 특정 트레이트를 구현하는 항목에 대한 레퍼런스인 **트레이트 객체**[trait object]다. 트레이트 객체는 대상 항목에 대한 단순 포인터와 해당 타입의 vtable에 대한 내부 포인터로 구성되므로 크기는 64비트 플랫폼 기준으로 16바이트다. 트레이트의 타입 구현에 대한 **vtable**은 각 메서드 구현에 대한 함수 포인터를 갖고 있어서 런타임에 동적으로 호출할 수 있다(아이템 12).[32]

예를 들어 다음과 같이 간단히 정의된 트레이트를 보자.

```
trait Calculate {
    fn add(&self, l: u64, r: u64) -> u64;
    fn mul(&self, l: u64, r: u64) -> u64;
}
```

다음과 같은 구조체에서 이 트레이트를 구현하면, Calculate 트레이트를 &dyn Trait 타입 트레이트 객체로 변환할 수 있다.

```
struct Modulo(pub u64);

impl Calculate for Modulo {
    fn add(&self, l: u64, r: u64) -> u64 {
        (l + r) % self.0
    }
    fn mul(&self, l: u64, r: u64) -> u64 {
        (l * r) % self.0
```

---

31 이 트레이트의 가변 표현식 버전인 IndexMut가 있다.

32 상당히 단순하게 표현했는데, 전체 vtable에는 타입의 정렬과 크기 정보뿐만 아니라, drop() 함수 포인터도 있어서 내부 객체를 안전하게 제거할 수 있다.

```
        }
    }

    let mod3 = Modulo(3);
```

여기서 dyn 키워드는 동적으로 호출됨(동적 디스패치dynamic dispatch)을 나타낸다.

```
// 동적으로 호출되게 만드는 명시적 타입이 필요하다.
let tobj: &dyn Calculate = &mod3;
let result = tobj.add(2, 2);
assert_eq!(result, 1);
```

이때 메모리 레이아웃은 [그림 1-6]과 같다.

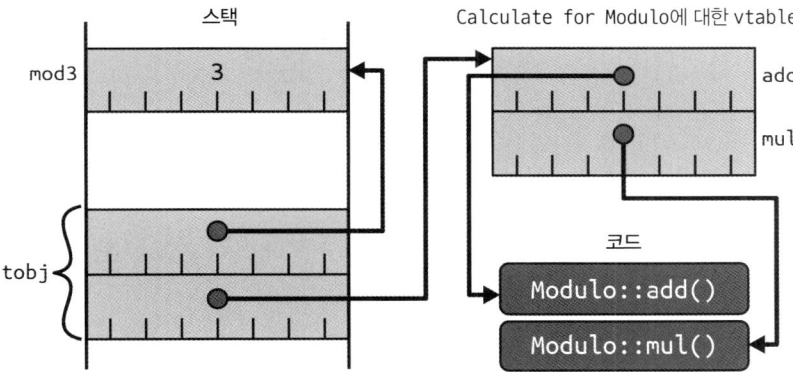

그림 1-6 구체적인 항목과 vtable에 대한 포인터로 구성된 트레이트 객체

트레이트 객체를 보유한 코드는 vtable의 함수 포인터를 통해 트레이트 메서드를 호출할 수 있는데, 대상 항목에 대한 포인터를 &self 매개변수로 전달하면 된다(자세한 사항은 아이템 12 참조).

그밖의 포인터 트레이트

앞서 '포인터 트레이트' 절에서 레퍼런스로 쉽게 변환할 수 있는 타입을 다룰 때 사용되는 두 가지 트레이트 쌍(Deref/DerefMut, AsRef/AsMut)에 대해 살펴봤다. 그런데 포인터류의 타입을 다룰 때 사용되는 표준 트레이트는 이것 말고 몇 가지가 더 있다. 그중 어떤 것은 표준 라이브러리에서 제공하고, 또 어떤 것은 사용자가 정의한다.

그중에서도 가장 간단한 트레이트로 출력용 포인터 값의 형식을 지정하는 Pointer가 있다. 이 트레이트는 저수준 디버깅에 유용하며, 컴파일러는 {:p}라는 서식 지정자를 발견하면 자동으로 이 트레이트를 찾는다.

더 흥미로운 것은 Borrow와 BorrowMut 트레이트다. 둘 다 메서드를 하나만 갖는다(Borrow는 borrow를, BorrowMut는 borrow_mut를 갖는다). 두 메서드의 시그니처는 AsRef/AsMut 트레이트 메서드와 같다.

두 트레이트의 주된 용도 차이는 표준 라이브러리가 제공하는 포괄적 구현^{blanket implementation}을 통해 확인할 수 있다. 주어진 러스트 레퍼런스 &T에 대해 AsRef와 Borrow 모두에 대한 포괄적 구현이 있고, 마찬가지로 가변 레퍼런스인 &mut T에 대해 AsMut와 BorrowMut 모두에 대한 포괄적 구현이 있다.

그러나 Borrow에는 레퍼런스가 아닌 타입에 대한 포괄적 구현(impl<T> Borrow<T> for T) 도 있다.

즉, Borrow 트레이트를 받는 메서드는 T에 대한 레퍼런스뿐만 아니라, T 타입 인스턴스도 똑같이 처리할 수 있다.

```
fn add_four<T: std::borrow::Borrow<i32>>(v: T) -> i32 {
    v.borrow() + 4
}
assert_eq!(add_four(&2), 6);
assert_eq!(add_four(2), 6);
```

표준 라이브러리의 컨테이너 타입은 Borrow를 좀 더 현실적으로 사용한다. 예를 들어 HashMap ::get은 항목을 값이나 레퍼런스 중 원하는 것으로 쉽게 검색할 수 있는 용도로 Borrow를 사용한다.

ToOwned 트레이트는 Borrow 트레이트에 to_owned() 메서드를 추가한 것이다. 이 메서드는 기존 타입으로 된 소유 항목^{owned item}을 새로 생성한다. 이 트레이트는 Clone 트레이트를 일반화한 것이다. Clone은 러스트 레퍼런스(&T)를 요구하는 반면 ToOwned는 Borrow를 구현하는 것들을 다룬다.

이렇게 하면 레퍼런스와 이동 항목moved item을 통합된 방식으로 다양하게 처리할 수 있다.

- 특정 타입에 대한 레퍼런스를 처리하는 함수가 Borrow를 받을 수 있어서, 레퍼런스뿐만 아니라 이동 항목에 대해서도 호출할 수 있다.
- 특정 타입으로 된 소유 항목에 대해 작동하는 함수는 ToOwned를 받을 수 있어서, 이동 항목뿐만 아니라 항목에 대한 레퍼런스로도 호출할 수 있다. 이 함수에 전달된 모든 레퍼런스는 로컬에서 소유 항목으로 복제된다.

포인터 타입은 아니지만, 이와 같은 상황을 처리하는 또 다른 방법을 제공하는 Cow 타입도 가볍게 살펴보자. Cow는 대여 데이터에 대한 레퍼런스나 소유 데이터를 가질 수 있는 enum이다. Cow란 이름이 좀 특이한데, 'clone-on-write'의 줄임말로 수정이 필요한 시점까지 입력은 대여 데이터로 유지되지만, 데이터를 변경해야 하는 시점에는 소유 데이터의 복제본이 된다.

스마트 포인터 타입

러스트 표준 라이브러리는 표준 라이브러리 트레이트를 통해서 포인터처럼 작동하는 타입을 다양하게 제공한다. 이러한 스마트 포인터smart pointer 타입은 각각 특정한 의미와 보장을 제공하는데, 잘 조합해서 사용하면 포인터 동작을 세밀하게 제어할 수 있다는 장점이 있지만, Rc<RefCell<Vec<T>>>와 같이 결과 타입이 굉장히 복잡해질 수 있다는 단점이 있다.

첫 번째 스마트 포인터 타입으로 Rc<T>가 있다. 이 타입은 항목에 대한 레퍼런스 카운트(참조 횟수)reference count를 제공하는 포인터다(C++의 std::shared_ptr<T>와 비슷하다). Rc<T>는 포인터와 관련된 모든 트레이트를 구현하기 때문에 여러 가지 면에서 Box<T>와 유사하게 작동한다.

이 스마트 포인터는 동일한 항목을 다양한 방식으로 접근하는 데이터 구조에는 유용하지만, '항목 소유자는 단 하나'라는 소유권에 관한 러스트의 핵심 규칙에는 어긋난다. 이 규칙을 완화하면 누수 현상leak이 발생할 수 있다. 항목 A가 항목 B에 대한 Rc 포인터를 가지고 있고, 항목

B가 A에 대한 Rc 포인터를 가지고 있다면, 이 쌍이 절대 드롭될 수 없다.[33] 다시 말해 순환 데이터 구조를 지원하려면 Rc가 필요하지만, 그로 인해 데이터 구조에 순환이 발생한다는 단점이 생긴다.

이와 관련된 Weak<T> 타입을 사용하면 이러한 누수 위험을 어느 정도 줄일 수 있다. Weak<T>는 내부 항목에 대한 비소유 레퍼런스non-owning reference를 보유하는 타입으로 C++의 std::weak_ptr<T>와 비슷하다. 약한 레퍼런스를 갖고 있다고 해서 강한 레퍼런스가 모두 제거될 때 내부 항목이 드롭되는 것을 막을 수는 없다. 따라서 Weak<T>를 사용하려면 Rc<T>로 업그레이드해야 하는데, 그럴 수 없는 경우가 발생할 수 있다.

Rc는 내부적으로 현재 참조된 항목과 레퍼런스 카운트 한 쌍으로 구성되며, 모두 힙에 저장된다(그림 1-7).

```
use std::rc::Rc;
let rc1: Rc<u64> = Rc::new(42);
let rc2 = rc1.clone();
let wk = Rc::downgrade(&rc1);
```

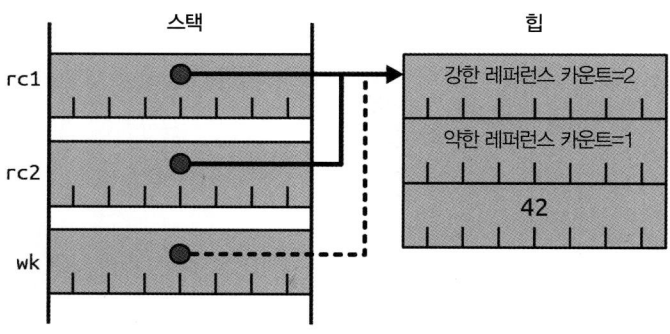

그림 1-7 동일한 힙 항목을 참조하는 Rc와 Weak 포인터

강한 레퍼런스 카운트가 0이 되면 내부 항목이 드롭되지만, 참조 정보가 담긴 내부 구조체는 약한 레퍼런스 카운트도 0이 돼야 제거된다.

---

[33] 이는 러스트의 메모리 안전 보장에 영향을 미치지 않는다. 항목에 접근할 수 없을 뿐, 여전히 안전하다.

Rc만으로도 특정 항목을 다양한 방법으로 접근할 수 있지만, get_mut를 이용해 해당 항목을 수정하려면 그 항목에 접근하는 다른 방법이 없어야만 가능하다. 다시 말해 특정 항목에 대해 다른 Rc나 Weak 레퍼런스가 없을 때만 수정할 수 있다. 실제로 이렇게 하기란 어려우므로 Rc는 주로 RefCell과 함께 사용한다.

또 다른 스마트 포인터 타입인 RefCell<T>를 사용하면, 항목을 소유하거나, 항목에 대한 유일한 가변 레퍼런스를 보유한 코드만 해당 항목을 변경할 수 있다는 규칙(아이템 15)을 살짝 피할 수 있다. 이런 내부 가변성interior mutability에 의해 유연성이 크게 높아진다. 가령 메서드 시그니처에서 &self만 받더라도 내부를 변경하는 트레이트를 구현할 수 있다. 하지만 이에 따른 대가도 따른다. [그림 1-8]에 나온 것처럼 현재 대여를 추적하기 위한 isize가 늘어나 저장 공간이 증가할 뿐만 아니라, 정상 대여 검사 시점도 컴파일 타임에서 런타임으로 변경된다.

```
use std::cell::RefCell;
let rc: RefCell<u64> = RefCell::new(42);
let b1 = rc.borrow();
let b2 = rc.borrow();
```

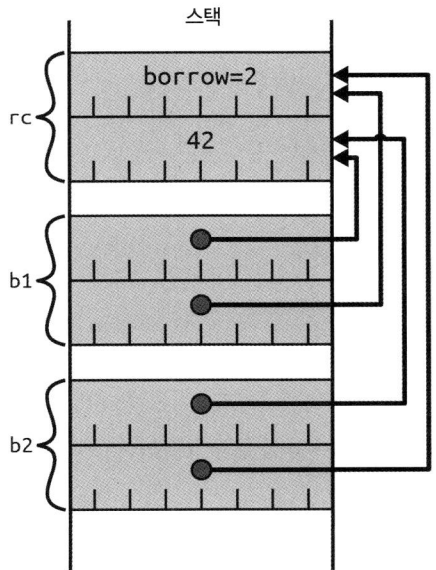

그림 1-8 RefCell 컨테이너를 참조하는 Ref 대여

이러한 검사의 런타임 특성으로 인해 `RefCell` 사용자는 두 가지 옵션 중 하나를 선택해야 하는데, 어느 쪽도 유쾌하지 않다.

- 대여 연산이 얼마든지 실패할 수 있음을 인정하고 `try_borrow()[_mut]`에서 반환하는 `Result` 값을 처리한다.
- 오류가 없다고 추정되는 대여 메서드인 `borrow()`나 `borrow_mut()`를 사용하고, 대여 규칙에 어긋날 경우에 런타임에 `panic!`이 발생할 위험을 감수한다(아이템 18).

두 경우 모두 검사가 런타임에 수행된다는 것은 `RefCell` 자체가 표준 포인터 트레이트를 구현하지 않는다는 것을 의미한다. 대신 `RefCell`의 접근 연산(`borrow()`나 `borrow_mut()` 등)은 표준 포인터 트레이트를 구현하는 `Ref<T>`나 `RefMut<T>` 스마트 포인터 타입을 반환한다.

내부 타입 T가 `Copy` 트레이트(아이템 10)를 구현해서 빠른 비트 단위 복사로 올바른 항목을 생성하게 만들면, `Cell` 타입을 통해 더 적은 오버헤드로 내부를 변경할 수 있다. `get(&self)` 메서드는 현잿값을 복사해서 반환하고 `set(&self, val)` 메서드는 새로 주어진 값을 복사해서 저장한다. 내부적으로 Rc와 `RefCell` 구현 모두 `Cell` 타입을 사용하는데, `&mut self` 없이도 변경할 수 있는 공유 카운터를 추적하는 데 사용된다.

지금까지 설명한 스마트 포인터 타입은 싱글 스레드^{single thread} 환경에만 적합하다. 이 타입은 내부에 대한 동시 접근이 발생하지 않는다는 가정하에 구현된 것이다. 만약 멀티 스레드^{multi thread} 환경에서 사용하려면 동기화를 지원하는 스마트 포인터가 필요하다.

`Rc<T>`의 스레드 안전^{thread safety} 버전인 `Arc<T>`는, 아토믹 카운터^{atomic counter}를 사용해 레퍼런스 카운트를 정확하게 유지한다. Rc와 마찬가지로 Arc도 다양한 포인터 관련 트레이트를 모두 구현한다.

하지만 `Arc` 자체만으로는 내부 항목을 수정할 수 없다. 이는 내부 항목에 대해 가변 접근이든 불변 접근이든 스레드 하나만 접근하게 보장하는 `Mutex` 타입으로 구현된다. `RefCell`과 마찬가지로 `Mutex` 자체는 어떠한 포인터 트레이트를 구현하지 않지만, `lock()` 연산은 포인터 트레이트를 구현하는 타입. 즉 `Deref[Mut]`를 구현하는 `MutexGuard` 값을 반환한다.

쓰기 접근보다 읽기 접근이 더 많을 것 같다면 `RwLock` 타입이 적합하다. 이 타입은 내부 항목에 대해 병렬 읽기 접근을 허용한다. 단, 쓰기 접근이 하나도 없어야 한다.

어느 경우에 해당하든지 멀티 스레드 코드에서는 러스트의 대여와 스레딩 규칙에 따라서 이러한 동기화 컨테이너를 사용해야 한다. 하지만 이런 컨테이너는 공유 상태 동시성 관련 문제 중 일부만 막아준다(아이템 17).

컴파일 오류가 발생할 때 제시된 해결책을 보고 판단하는 전략을 따를 수도 있지만, 다양한 스마트 포인터의 동작을 정확히 이해하는 것이 시간을 절약하고 시행착오를 줄이는 방법이다. 『러스트 프로그래밍 공식 가이드』(제이펍, 2019)의 초판본에 나온 말장난 섞인 예를 인용하면 다음과 같다.

- Rc<RefCell<Vec<T>>>는 공유 소유권(Rc)을 가진 벡터(Vec)를 보유하는데, 이 벡터는 전체 벡터만 변경할 수 있고 개별 항목을 수정할 수는 없다.
- Rc<Vec<RefCell<T>>> 역시 공유 소유권을 가진 벡터를 보유하지만, 벡터 안에 담긴 개별 항목 단위로 변경할 수 있다.

이런 동작은 관련 타입을 통해 명확히 드러난다.

아이템 9: 명시적 루프보다 반복자 변환으로 표현하라

루프는 초기의 단순한 형태에서 시작해, 점점 더 사용하기 편하고 고차원적으로 표현할 수 있도록 발전해 왔다. C 언어의 전신인[34] B 언어는 `while (condition) { ... }`만 제공했지만, C 언어부터 등장한 `for` 루프 덕분에 우리가 자주 사용하는 배열 인덱스 기반 반복문을 더욱 쉽게 작성할 수 있게 됐다.

```
// C 코드
int i;
for (i = 0; i < len; i++) {
  Item item = collection[i];
  // 본문
}
```

여기서 더 나아가 C++에서는 초기 버전부터 `for` 문 안에 루프 변수 선언문을 포함할 수 있게 하여 편의성을 높이고 스코프scope를 명확히 표현할 수 있도록 했다(이 기능은 C99 버전부터 C

---

[34] https://oreil.ly/0eial

언어에서도 채택됐다).

```
// C++98 코드
for (int i = 0; i < len; i++) {
  Item item = collection[i];
  // ...
}
```

대다수의 현대 프로그래밍 언어에서는 루프 개념을 더욱 추상화해 컨테이너에서 다음 항목으로 이동하는 것이 루프의 핵심 기능으로 자리 잡게 됐다. 특정 항목에 도달하는 데 필요한 기능(예: `index++`나 `++it`)은 대부분 핵심과 관련 적은 기술적 세부 사항에 해당한다. 이러한 인식을 토대로 다음 두 가지 핵심 개념이 탄생했다.

반복자

반복자iterator는 컨테이너에 담긴 항목을 모두 탐색할 때까지 다음번 항목을 반복적으로 꺼내주는 것이 주목적인 타입이다.[35]

for-each 루프

컨테이너에 담긴 모든 항목에 대해 반복하는 동작을 간결하게 표현한 루프 표현식이다. 루프 변수를 특정 항목에 도달하는 데 필요한 세부 정보가 아닌, 컨테이너의 항목에 바인딩binding한다.

이러한 개념 덕분에 루프 코드가 더욱 간결해졌을 뿐만 아니라, 무엇보다도 의도가 더욱 명확하게 드러난다.

```
// C++11 코드
for (Item& item : collection) {
  // ...
}
```

이렇게 등장한 개념이 너무나 강력한 나머지, 이 개념을 지원하지 않던 언어에도 빠르게 도입

---

[35] 사실 이 반복자를 좀 더 일반화할 수 있다. 끝날 때까지 다음 항목을 내보낸다는 아이디어를 컨테이너에만 한정시킬 필요는 없다.

됐다. 자바 1.5와 C++11부터 for-each 루프가 추가됐다.

러스트는 반복자와 for-each 스타일 루프를 제공하는 데 그치지 않고 한 단계 더 추상화된, 전체 루프를 **반복자 변환**iterator transform (반복자 어댑터iterator adaptor라고도 부른다)으로 표현하는 기능도 제공한다. 아이템 3에서 Option과 Result에 대해 설명했던 것처럼 이번 아이템에서는 명시적 루프explicit loop 대신 반복자 변환을 사용하는 방법을 소개하고, 언제 사용하면 좋은지에 대한 기준도 제시한다. 특히 반복자 변환은 명시적 루프보다 훨씬 효율적이다. 컴파일러가 수행할 경계 검사를 생략할 수 있기 때문이다.

이번 아이템을 읽고 나면, C 언어 스타일의 명시적 루프로 작성하기보다는 함수형 언어 스타일로 작성하는 것이 더 자연스럽게 느껴질 것이다. 다음은 벡터의 원소 중 첫 번째 짝수부터 다섯 번째 짝수까지의 제곱 합을 구하는 코드를 명시적 루프로 작성한 것이다.

```rust
let values: Vec<u64> = vec![1, 1, 2, 3, 5 /* ... */];

let mut even_sum_squares = 0;
let mut even_count = 0;
for i in 0..values.len() {
    if values[i] % 2 != 0 {
        continue;
    }
    even_sum_squares += values[i] * values[i];
    even_count += 1;
    if even_count == 5 {
        break;
    }
}
```

이 루프를 함수형 언어 스타일로 작성하면 다음과 같다.

```rust
let even_sum_squares: u64 = values
    .iter()
    .filter(|x| *x % 2 == 0)
    .take(5)
    .map(|x| x * x)
    .sum();
```

이러한 반복자 변환 표현식은 다음과 같이 크게 세 부분으로 구성된다.

- 초기 원본 반복자source iterator로 러스트의 반복자 트레이트 중 하나를 구현하는 타입의 인스턴스에서 시작함
- 일련의 반복자 변환 과정
- 중간 반복 결과들을 합쳐서 최종 결괏값을 만드는 최종 소비자 메서드

이 중 첫 번째와 두 번째 부분은 루프 본문에 있던 기능을 실질적으로 `for` 표현식으로 옮기는 역할을 하고, 마지막 부분에 의해 `for` 문이 아예 필요 없게 된다.

반복자 트레이트

코어 트레이트인 `Iterator`는 `None`이 나올 때까지 `Some` 항목을 반환하는 `next` 메서드 하나만으로 구성된 굉장히 간단한 인터페이스를 제공한다. 이 메서드에서 반환한 항목의 타입은 `Iterator` 트레이트에 연계된 `Item` 타입으로 지정된다.

원소에 대한 반복을 지원하는 (그래서 다른 언어에서 반복 가능iterable이라고 부르는) 컬렉션은 `IntoIterator` 트레이트를 구현한다. 이 트레이트에서 제공하는 `into_iter` 메서드는 `Self`를 소비해서 `Iterator`를 반환한다. 컴파일러는 다음과 같은 형태의 표현식에 이 트레이트를 자동으로 적용한다.

```
for item in collection {
    // 본문
}
```

실질적으로 다음과 같은 코드로 변환한다.

```
let mut iter = collection.into_iter();
loop {
    let item: Thing = match iter.next() {
        Some(item) => item,
        None => break,
    };
    // 본문
}
```

이보다 간결하고 관용적으로 표현하면 다음과 같다.

```rust
let mut iter = collection.into_iter();
while let Some(item) = iter.next() {
    // 본문
}
```

좀 더 부드럽게 실행할 수 있도록 모든 `Iterator`에 대해 `self`만 반환하도록 구현된 `Into Iterator`도 제공한다. 결국 `Iterator`를 `Iterator`로 변환하는 것이니 당연히 쉽다.

다음과 같이 작성한 첫 번째 버전은 생성한 컬렉션을 모두 사용하는 소비 반복자^{consuming iterator}다.

```rust
let collection = vec![Thing(0), Thing(1), Thing(2), Thing(3)];
for item in collection {
    println!("Consumed item {item:?}");
}
```

반복이 끝난 컬렉션을 사용하려고 하면 다음과 같이 컴파일 오류가 발생한다.

```rust
println!("Collection = {collection:?}");
```

```
error[E0382]: borrow of moved value: `collection`
  --> src/main.rs:171:28
   |
163 |    let collection = vec![Thing(0), Thing(1), Thing(2), Thing(3)];
   |        ---------- move occurs because `collection` has type `Vec<Thing>`,
   |                   which does not implement the `Copy` trait
164 |    for item in collection {
   |                ---------- `collection` moved due to this implicit call to
   |                           `.into_iter()`
...
171 |    println!("Collection = {collection:?}");
   |                            ^^^^^^^^^^^^ value borrowed here after move
   |
note: `into_iter` takes ownership of the receiver `self`, which moves
      `collection`
```

이렇게 모두 소비하는 동작all-consuming behavior은 이해하기는 쉽지만 바람직하지 않은 경우가 많다. 그래서 반복한 항목에 대해 대여borrow와 같은 동작이 필요하다.

이러한 동작을 명확히 하기 위해 예제는 Copy(아이템 10)를 구현하지 않은 Thing 타입을 사용한다. Copy를 구현하면 소유권 문제(아이템 15)가 숨겨지기 때문이다. 컴파일러가 알아서 모든 곳에 복사본을 생성한다.

```
// 일부러 `Copy`를 구현하지 않음
#[derive(Clone, Debug, Eq, PartialEq)]
struct Thing(u64);

let collection = vec![Thing(0), Thing(1), Thing(2), Thing(3)];
```

반복 대상 컬렉션 앞에 &를 붙인다.

```
for item in &collection {
    println!("{}", item.0);
}
println!("collection still around {collection:?}");
```

그러면 러스트 컴파일러는 &Collection 타입에 대한 IntoIterator 구현을 찾는다. 제대로 설계된 컬렉션 타입이라면 이 구현을 제공할 것이다. 구현에서 여전히 Self를 소비하겠지만, 이제부터 Self 타입은 Collection이 아닌 &Collection이 되고, Item 타입도 Thing이 아닌 레퍼런스 타입인 &Thing이 된다.

이렇게 하면 반복하고 나서도 컬렉션이 본래 상태 그대로 유지된다. 위 코드를 좀 더 풀어 쓰면 다음과 같다.

```
let mut iter = (&collection).into_iter();
while let Some(item) = iter.next() {
    println!("{}", item.0);
}
```

가변 레퍼런스에 대해서도 반복할 필요가 있다면,[36] `for item in &mut collection`에 대해서도 이와 비슷한 패턴을 적용할 수 있다. 즉, 컴파일러는 `&mut Collection`에 대한 `Into Iterator` 구현을 찾아서 사용하며, 이때 `Item` 타입은 `&mut Thing`이 된다.

표준 컨테이너는 관례적으로 내부 항목의 레퍼런스에 대한 반복자를 반환하는 `iter()` 메서드를 제공한다. 또한 방금 설명한 것처럼 가변 레퍼런스가 필요한 경우를 위해 `iter_mut()` 메서드도 제공한다. 이러한 메서드는 `for` 루프에서 사용해도 되지만, 반복자 변환을 시작할 때 사용하면 훨씬 좋다. 예를 들어 다음과 같이 작성한 문장이 있다.

```
let result: u64 = (&collection).into_iter().map(|thing| thing.0).sum();
```

이는 다음과 같이 표현할 수 있다.

```
let result: u64 = collection.iter().map(|thing| thing.0).sum();
```

반복자 변환

`Iterator` 트레이트는 필수 메서드인 `next`를 비롯해 다양한 반복자 변환을 수행하는 메서드에 대한 디폴트 구현도 제공한다(아이템 13).

다음과 같은 변환은 반복 프로세스 전체에 적용된다.

- `take(n)`: 반복자가 최대 n개 항목만 반환하도록 제한한다.
- `skip(n)`: 반복자의 첫 n개 원소를 건너뛴다.
- `step_by(n)`: 매 n번째 항목만 반환하도록 반복자를 변환한다.
- `chain(other)`: 한 반복자가 끝나면 이어서 다른 반복자가 진행되도록 두 반복자를 연결한다.
- `cycle()`: 끝이 있는 반복자를 무한 반복하게 변환한다. 마지막에 다다르면 다시 처음부터 시작한다. 이를 위해 반복자에서 `Clone`을 제공해야 한다.

---

[36] 항목을 변경하면 컨테이너 내부에 대해 보장된 속성이 깨지는 경우에는 이렇게 할 수 없다. 예를 들어 HashMap의 항목을 변경하면 그에 대한 Hash 값이 바뀌면서 HashMap의 내부 데이터 구조가 무효화될 수 있다.

- **rev()**: 반복 방향을 바꾼다. 해당 반복자는 반드시 DoubleEndedIterator 트레이트를 구현해야 한다. 이 트레이트에는 필수 메서드인 next_back이 정의되어 있다.

다음 변환은 Iterator를 구성하는 Item의 속성에 영향을 준다.

- **map(|item| {...})**: 클로저를 반복 적용하는 방식으로 각 항목을 순차적으로 변환한다. 가장 일반적인 버전으로 뒤에 나오는 메서드 중 상당수는 편의를 위해 map을 변형한 것이며, 같은 기능을 map으로도 구현할 수 있다.
- **cloned()**: 원본 반복자에 있는 모든 항목을 복제한다. &Item 레퍼런스에 대해 반복하는 반복자에서 특히 유용하다. 당연히 내부 Item 타입이 Clone을 구현해야 한다.
- **copied()**: 원본 반복자에 있는 모든 항목을 복사한다. &Item 레퍼런스에 대해 반복하는 반복자에서 특히 유용하다. 당연히 내부 Item 타입이 Copy를 구현해야 하지만, 그럴 경우 cloned()보다 빠를 가능성이 높다.
- **enumerate()**: 항목에 대한 반복자를 (usize, Item) 쌍에 대한 반복자로 변환하며, 항목에 대한 인덱스를 반복자에 제공한다.
- **zip(it)**: 현재 반복자를 두 번째 반복자와 결합해서 항목 쌍을 반환한다. 이때 항목 쌍의 원소는 각각 두 원본 반복자로부터 가져오며, 둘 중 짧은 쪽이 끝날 때까지 반복한다.

Iterator에서 반환하는 Item에 대해 필터링하는 변환도 제공한다.

- **filter(|item| {...})**: 각 항목의 레퍼런스에 bool 값을 반환하는 클로저를 적용해서 특정한 항목만 걸러낸다.
- **take_while()**: 프레디케이트(predicate)를 기반으로 반복자의 초기 범위를 반환한다. skip_while과 정반대다.
- **skip_while()**: 프레디케이트를 기반으로 반복자의 최종 범위를 반환한다. take_while과 정반대다.

flatten() 메서드는 반복자로 구성된 반복자를 처리해서 그 결과를 펼친다. 이것만으로는 그다지 유용해 보이지 않지만, Option과 Result가 모두 반복자처럼 작동한다는 점과 결합하면 훨씬 유용하다. 이 둘은 None, Err(e)인 경우에는 0개의 항목을, Some(v), Ok(v)인 경우에는 1개의 항목을 생성한다. 다시 말해 Option/Result 값에 대한 스트림을 flatten하면 올바른 값만 추출하고 나머지는 무시하는 동작을 간단히 구현할 수 있다.

정리하면, 이런 메서드는 반복자 변환을 통해 대부분의 상황에 적합한 원소 시퀀스를 정확히 생성한다.

반복자 소비자

앞의 두 절에서는 반복자를 구하는 방법과 정확하게 반복하도록 적절히 변환하는 방법을 설명했다. 이처럼 타깃이 명확한 반복문은 명시적인 **for-each** 루프로도 작성할 수 있다.

```
let mut even_sum_squares = 0;
for value in values.iter().filter(|x| *x % 2 == 0).take(5) {
    even_sum_squares += value * value;
}
```

하지만 방대한 `Iterator` 메서드 모음[37]을 보면 상당수가 메서드 호출 하나로 소비하는 반복문을 수행할 수 있어서 명시적인 **for** 루프가 필요 없다.

그중에서도 가장 범용적인 메서드는 `Iterator`에서 생성된 각 항목에 대해 클로저를 실행하는 `for_each(|item| {...})`이다. 이 메서드는 명시적인 **for** 루프로 할 수 있는 작업의 대부분을 처리할 수 있지만(할 수 없는 작업은 이후 절에서 설명한다), 이러한 범용성으로 인해 사용법이 좀 어색한 면도 있다. 클로저에서 뭔가를 내보내려면 외부 상태에 대한 가변 레퍼런스를 사용해야 하기 때문이다.

```
let mut even_sum_squares = 0;
values
    .iter()
    .filter(|x| *x % 2 == 0)
    .take(5)
    .for_each(|value| {
        // 다른 상태에 대한 가변 레퍼런스가 클로저에 있어야 한다.
        even_sum_squares += value * value;
    });
```

for 루프의 본문이 자주 사용하는 패턴과 일치한다면, 각 패턴에 대해 구체적으로 정의된 반복자-소비 메서드(iterator-consuming method)를 사용하자. 그러면 코드를 더 명확하고, 짧고, 관용적으로 작성할 수 있다.

이러한 패턴 중에서 다음과 같이 컬렉션으로부터 단일값을 도출하는 메서드도 있다.

---

[37] https://doc.rust-lang.org/std/iter/trait.Iterator.html

- `sum()`: 컬렉션에 담긴 숫잣값(정수 또는 실수)을 모두 더한다.
- `product()`: 컬렉션에 담긴 숫잣값을 모두 곱한다.
- `min()`: 항목의 `Ord` 구현을 기준으로 컬렉션의 최솟값을 구한다(아이템 10).
- `max()`: 항목의 `Ord` 구현을 기준으로 컬렉션의 최댓값을 구한다(아이템 10).
- `min_by(f)`: 사용자가 지정한 비교 함수 `f`를 기준으로 컬렉션의 최솟값을 찾는다.
- `max_by(f)`: 사용자가 지정한 비교 함수 `f`를 기준으로 컬렉션의 최댓값을 찾는다.
- `reduce(f)`: 각 단계마다 지금까지 누적된 값과 현재 항목을 받는 클로저를 실행해 `Item` 타입의 누적값을 구한다. 앞에 나온 메서드를 모두 포괄하는 보다 일반화된 연산이다.
- `fold(f)`: 각 단계마다 지금까지 누적된 값과 현재 항목을 받는 클로저를 실행해 `Iterator::Item` 타입뿐만 아니라 임의의 타입에 대한 누적값을 구한다. 이 메서드는 `reduce`를 일반화한 것이다.
- `scan(init, f)`: 각 단계마다 일부 내부 상태와 현재 항목에 대한 가변 레퍼런스를 받는 클로저를 실행해 임의 타입의 누적값을 구한다. 이 메서드는 `reduce`를 약간 다르게 일반화한 것이다.

컬렉션에서 단일값을 선택하는 메서드도 있다.

- `find(p)`: 주어진 프레디케이트를 첫 번째로 만족하는 항목을 찾는다.
- `position(p)`: 주어진 프레디케이트를 첫 번째로 만족하는 항목을 찾아서 그 인덱스를 반환한다.
- `nth(n)`: 반복자의 n번째 원소가 있다면 반환한다.

컬렉션에 담긴 모든 항목을 검사하는 메서드도 있다. 두 메서드는 반례가 발견되는 즉시 반복을 중단한다.

- `any(p)`: 주어진 프레디케이트를 `true`로 만드는 항목이 컬렉션에 있는지 검사한다.
- `all(p)`: 주어진 프레디케이트가 컬렉션의 모든 항목에 대해 `true`인지 검사한다.

각 항목에 적용된 클로저가 실패할 가능성을 허용하는 메서드도 있다. 클로저가 어떤 항목에 대해 실패하면 반복을 종료하고, 첫 번째로 실패할 때의 결과를 연산 전체에 대한 결과로 반환한다.

- `try_for_each(f)`: `for_each`와 비슷하지만 클로저가 실패할 수 있다.
- `try_fold(f)`: `fold`와 비슷하지만 클로저가 실패할 수 있다.
- `try_find(f)`: `find`와 비슷하지만 클로저가 실패할 수 있다.

마지막으로 반복문에서 탐색했던 모든 항목을 새로운 컬렉션에 누적하는 메서드도 있다. 그중에서 가장 중요한 메서드는 collect()로, FromIterator 트레이트를 구현하는 모든 컬렉션 타입의 인스턴스를 새로 만드는 데 사용한다.

FromIterator 트레이트는 Vec, HashMap, BTreeSet 등과 같은 모든 표준 라이브러리 컬렉션 타입에 대해 구현되어 있다. 그런데 이처럼 모든 곳에 구현돼 있는 만큼 타입을 명시해야 하는 경우가 많다. 그러지 않으면 컴파일러로서는 (예를 들어) Vec<i32>와 HashSet<i32> 중에서 어느 것을 가리키는지 알 수 없기 때문이다.

```
use std::collections::HashSet;

// 짝수 컬렉션을 만든다. 이때 타입을 반드시 명시해야 한다.
// 두 타입 모두 표현식이 동일하기 때문이다.
let myvec: Vec<i32> = (0..10).into_iter().filter(|x| x % 2 == 0).collect();
let h: HashSet<i32> = (0..10).into_iter().filter(|x| x % 2 == 0).collect();
```

이 예제를 통해 범위 표현식을 이용해 반복 대상이 될 데이터의 초깃값을 생성하는 방법도 볼 수 있다.

이보다는 덜 알려져 있지만 다음과 같은 컬렉션 생성 메서드도 있다.

- unzip(): 항목이 쌍으로 구성된 반복자를 컬렉션 두 개로 나눈다.
- partition(p): 항목에 프레디케이트를 적용한 결과를 토대로 반복자를 컬렉션 두 개로 나눈다.

지금까지 다양한 Iterator 메서드를 살펴봤지만, 러스트에서 제공하는 메서드의 일부에 불과하다. 보다 자세한 내용은 반복자 문서[38]를 참조하거나, 『프로그래밍 러스트』(제이펍, 2023)의 15장을 읽어 보면 굉장히 다양한 메서드를 만날 수 있다.

이처럼 다양하게 제공되는 반복자 변환을 활용하면 코드를 보다 관용적이고 간결하며 의도가 분명히 드러나게 작성할 수 있다.

루프를 반복자 변환으로 표현하면 코드 효율을 높일 수 있다. 러스트는 안전을 위해 벡터와 슬라이스와 같은 인접한 컨테이너에 접근할 때 경계 검사를 수행한다. 컬렉션에서 허용하는 범위를 벗어난 값에 접근하면 panic!이 발생한다. 컨테이너 값(예: values[i])에 접근하는 예전

---

[38] https://doc.rust-lang.org/std/iter/trait.Iterator.html

스타일의 루프에 대해서도 런타임 검사를 할 수 있지만, 값을 차례로 생성하는 반복자는 본질적으로 범위 안에 있다.

그런데 이런 예전 스타일의 루프도 반복자 변환 코드처럼 경계 검사가 적용되지 않을 수 있다. 러스트 컴파일러와 최적화 도구는 슬라이스에 접근하는 코드 주변을 분석해서 경계 검사를 생략해도 안전한지 판단하는 기능이 매우 뛰어나다. 보다 자세한 내용은 세르게이 "슈내츨" 다비도프Sergey "Shnatsel" Davidoff의 2023년 글 'How to avoid bounds checks in Rust (without unsafe!)'[39]를 참고하기 바란다.

Result 값으로 컬렉션 만들기

앞 절에서는 collect()를 이용해 반복자로부터 컬렉션을 만드는 방법을 살펴봤다. 그런데 collect()에는 Result 값을 처리하는 데 특히 유용한 기능이 있다.

예를 들어 다음과 같이 i64 값으로 구성된 벡터를 바이트(u8) 타입으로 변환할 때, 모든 원소가 범위를 벗어나지 않는다고 가정한다.

> 의도하지 않은 동작 발생

```
// 2021 버전부터는 `TryFrom`이 프렐류드(prelude)에 있어서
// 다음과 같이 `use` 문을 적지 않아도 된다.
use std::convert::TryFrom;

let inputs: Vec<i64> = vec![0, 1, 2, 3, 4];
let result: Vec<u8> = inputs
    .into_iter()
    .map(|v| <u8>::try_from(v).unwrap())
    .collect();
```

이렇게 문제없이 실행되는 도중에 다음과 같이 예상치 못한 입력이 들어오면 런타임 오류가 발생한다.

```
let inputs: Vec<i64> = vec![0, 1, 2, 3, 4, 512];
```

---

[39] https://oreil.ly/impAX

```
thread 'main' panicked at 'called `Result::unwrap()` on an `Err` value:
TryFromIntError(())', iterators/src/main.rs:266:36
note: run with `RUST_BACKTRACE=1` environment variable to display a backtrace
```

아이템 3에서 한 조언에 따르면, Result 타입은 그대로 두고 물음표 연산자를 사용해 실패를 모두 호출한 측에서 처리하게 만들어야 한다. Result를 반환하도록 수정하는 단순한 방법은 실질적으로 도움 되지 않는다.

```
let result: Vec<Result<u8, _>> =
    inputs.into_iter().map(|v| <u8>::try_from(v)).collect();
// 그다음 어떻게 해야 할까? 반복해서 결과를 추출하고
// 오류를 감지하는 작업은 여전히 필요하다.
```

한편 Result를 담은 Vec이 아닌, Vec을 담은 Result를 만드는 버전의 collect()도 있다.

이 버전을 사용하려면 터보피시^{turbofish}(::<Result<Vec<_>, _>>)가 필요하다.

```
let result: Vec<u8> = inputs
    .into_iter()
    .map(|v| <u8>::try_from(v))
    .collect::<Result<Vec<_>, _>>()?;
```

여기에 물음표 연산자를 붙이면 다음과 같은 유용한 동작을 수행할 수 있다.

- 반복하다가 오룻값이 발생하면 그 값을 호출자에 전달하고 반복을 중단한다.
- 오류가 발생하지 않으면 현재 코드에서 올바른 타입의 값으로 구성된 컬렉션을 적절히 처리한다.

루프 변환

이번 아이템은 명시적 루프를 최대한 반복자 변환으로 바꾸도록 여러분을 설득하기 위해 집필했다. 반복자 변환에 익숙하지 않아서 힘들어하는 프로그래머를 위해 반복자 변환 코드를 작성하는 과정을 단계별로 하나씩 살펴보자.

먼저 다음과 같이 벡터에 담긴 짝수 중에서 첫 번째부터 다섯 번째까지 항목에 대한 제곱 합을 구하는 연산을 C 스타일의 명시적 루프로 작성한 코드에서 시작한다.

```
let mut even_sum_squares = 0;
let mut even_count = 0;
for i in 0..values.len() {
    if values[i] % 2 != 0 {
        continue;
    }
    even_sum_squares += values[i] * values[i];
    even_count += 1;
    if even_count == 5 {
        break;
    }
}
```

가장 먼저 할 일은 for-each 루프에서 벡터 인덱싱 대신 반복자를 직접 사용하도록 변경하는 것이다.

```
let mut even_sum_squares = 0;
let mut even_count = 0;
for value in values.iter() {
    if value % 2 != 0 {
        continue;
    }
    even_sum_squares += value * value;
    even_count += 1;
    if even_count == 5 {
        break;
    }
}
```

여기서 continue로 항목을 건너뛰게 만드는 갈래를 다음과 같이 filter()를 사용해 좀 더 자연스럽게 바꾼다.

```
let mut even_sum_squares = 0;
let mut even_count = 0;
for value in values.iter().filter(|x| *x % 2 == 0) {
    even_sum_squares += value * value;
    even_count += 1;
    if even_count == 5 {
        break;
```

        }
    }

다음으로 짝수 아이템 5개를 찾으면 루프를 일찍 종료시키는 break 구문은 take(5)로 바꾼다.

```
let mut even_sum_squares = 0;
for value in values.iter().filter(|x| *x % 2 == 0).take(5) {
    even_sum_squares += value * value;
}
```

루프는 매번 value * value 조합에 대해서만 반복하므로 map()으로 표현하기에 적합하다.

```
let mut even_sum_squares = 0;
for val_sqr in values.iter().filter(|x| *x % 2 == 0).take(5).map(|x| x * x)
{
    even_sum_squares += val_sqr;
}
```

루프로 작성됐던 코드를 이렇게 리팩터링하고 나면 마지막 단계를 sum() 메서드로 표현하기에 딱 맞게 된다.

```
let even_sum_squares: u64 = values
    .iter()
    .filter(|x| *x % 2 == 0)
    .take(5)
    .map(|x| x * x)
    .sum();
```

명시적 루프가 더 좋은 경우

아이템 9에서는 반복자 변환이 간결성과 명확성 측면에서 훨씬 유리하다고 강조했다. 그렇다면 반복자 변환이 적절하지 않거나 관용적이지 않은 경우는 언제일까?

- 루프 본문이 길거나 담고 있는 기능이 많다면, 클로저로 압축하기보다는 그냥 명시적 루프로 표현하는 것이 좋다.
- 루프 본문에 주변 함수를 조기에 종료시키는 오류 조건이 포함된 경우에는 대부분 명시적 루프로 표현하는 것이 가장 좋다. 이럴 때 try_..() 메서드로 표현해서 좋은 점은 크지 않다. Result 값들의 컬렉션을 컬렉션의 Result로 변환하는 collect()의 기능을 활용하면 오류 조건을 여전히 물음표 연산자로 처리할 수 있는 경우가 많다.
- 성능이 중요하다면 클로저를 포함하는 반복자 변환이 명시적 코드로 작성한 것만큼이나 빠르도록 최적화해야 한다. 하지만 코어 루프의 성능이 그 정도로 중요하다면 다양하게 표현해서 측정한 결과를 토대로 적절히 튜닝한다.
    - 측정값이 반드시 실제 성능을 반영해야 한다(아이템 30). 컴파일러의 최적화 도구는 테스트 데이터에 대해 지나치게 낙관적인 결과를 제공할 수 있다.
    - 갓볼트 컴파일러 탐색기(Godbolt compiler explorer)[40]는 컴파일러가 출력하는 내용을 탐색하는 데 굉장히 뛰어난 도구다.

가장 중요한 것은 변환이 어색하거나 억지스럽다면 반복자 변환으로 바꾸지 않아야 한다. 기본적으로 취향의 문제에 해당하지만, 함수형 언어 스타일에 익숙해지고 나면 취향이 바뀔 수도 있다는 점도 감안해야 한다.

---

[40] https://rust.godbolt.org

CHAPTER 2

트레이트

러스트 타입 시스템의 또 다른 핵심은 트레이트[trait]를 이용해 서로 다른 타입 사이의 공통 동작을 인코딩하는 것이다. 러스트의 트레이트는 다른 언어의 인터페이스[interface]와 거의 같지만 **제네릭**[generic](아이템 12)과 연계되어 런타임 오버헤드 없이 재사용할 수 있다.

이 장에서는 컴파일러를 비롯한 러스트 툴체인에서 제공하는 여러 가지 표준 트레이트를 살펴보고, 원하는 동작을 트레이트로 인코딩해서 사용하는 방법에 대해 조언한다.

아이템 10: 표준 트레이트를 잘 익혀둬라

러스트는 타입 시스템의 동작을 세밀하게 표현하도록 제공하는 표준 트레이트를 통해 타입 시스템의 핵심 동작을 타입 시스템 자체에 인코딩한다(아이템 2).

C++에 익숙한 프로그래머라면 복사 생성자[copy-constructor], 소멸자[destructor], 동등 연산자[equality operator]와 대입 연산자[assignment operator] 등과 상당히 비슷하다고 느낄 것이다.

C++와 마찬가지로 사용자 정의 타입을 구현할 때 이런 표준 트레이트를 활용하면 좋다. 그러면 사용자 정의 타입에 있어야 할 연산이 없을 때 그 연산이 속한 트레이트를 러스트 컴파일러가 알아내 오류 메시지를 구체적으로 출력할 수 있다.

제공하는 트레이트가 너무 많아서 구현하기가 상당히 부담스러울 수 있다. 하지만 자주 사용하는 트레이트라면 대부분 derive 매크로를 지정하는 것만으로도 자동으로 구현된다. derive 매크로는 해당 타입에 대한 트레이트에 반드시 필요한 코드(예: struct에서 Eq에 대한 필드끼리 비교)를 생성한다. 이 기능을 활용하려면 사용자 정의 타입의 구성 요소도 해당 트레이트를 구현해야 한다. 이렇게 자동으로 생성된 구현만으로도 충분한 경우가 대부분이지만, 간혹 예외가 있다. 이와 관련해서는 다음 절에서 트레이트를 종류별로 살펴보며 자세히 설명한다.

타입을 정의할 때 derive 매크로를 사용하는 방법은 다음과 같다.

```
#[derive(Clone, Copy, Debug, PartialEq, Eq, PartialOrd, Ord, Hash)]
enum MyBooleanOption {
    Off,
    On,
}
```

그러면 여기서 지정한 여덟 가지 트레이트에 대한 구현 코드가 자동으로 생성된다.

이처럼 동작을 구체적으로 지정하는 방식이 처음에는 어색하겠지만, 표준 트레이트 중에서도 가장 많이 사용하는 여덟 가지 트레이트만큼은 잘 익혀두는 것이 좋다. 그러면 나중에 타입 정의만 보고도 어떤 동작을 할 수 있는지 금방 파악할 수 있다.

자주 사용하는 표준 트레이트

표준 트레이트 중에서도 가장 많이 사용되는 트레이트를 알아보자. 각 트레이트를 한 줄로 요약하면 다음과 같다.

- **Clone**: 요청 시 자기 자신에 대한 복제본을 생성한다. 구체적인 복제 동작은 사용자가 정의할 수 있다.
- **Copy**: (사용자 정의 코드를 별도로 구현하지 않고) 컴파일러가 메모리 영역을 비트 단위로 복사한다면 그 결과로 나오는 새 항목은 항상 유효하다.
- **Default**: 적절한 기본값을 가진 인스턴스를 새로 만들 수 있다.
- **PartialEq**: 이 타입으로 된 항목은 부분 동치 관계partial equivalence relation가 성립한다. 즉, 임의의 두 항목끼리 항상 비교할 수는 있지만, 동치 관계(x==x)는 성립하지 않을 수 있다.

- **Eq**: 이 타입으로 된 항목은 동치 관계가 성립한다. 즉, 임의의 두 항목끼리 항상 비교할 수 있을 뿐만 아니라, 항상 동치 관계(x==x)가 성립한다.
- **PartialOrd**: 이 타입으로 된 항목 중 일부를 비교해서 순서대로 나열할 수 있다.
- **Ord**: 이 타입으로 된 모든 항목을 비교해서 순서대로 나열할 수 있다.
- **Hash**: 이 타입으로 된 항목은 요청 시 그 내용에 대한 안정적인 해시stable hash를 생성할 수 있다.
- **Debug**: 이 타입으로 된 항목은 프로그래머에게 출력될 수 있다.
- **Display**: 이 타입으로 된 항목은 사용자에게 출력될 수 있다.

여기에 나온 트레이트는 (Debug와 중복되는 Display를 제외하면) 모두 사용자 정의 타입에 대한 derive에 지정할 수 있다. 물론 직접 구현하거나 아예 구현하지 않는 것이 바람직한 경우도 있다.

그럼 방금 나열한 트레이트에 대해 하나씩 자세히 알아보자.

Clone

`Clone` 트레이트는 `clone()` 메서드를 호출해 주어진 항목에 대한 복제본을 생성할 수 있음을 나타낸다. C++의 복사 생성자와 비슷하지만 좀 더 명시적이다. 즉, 컴파일러가 이 메서드를 알아서 호출해 주지 않는다(이에 대해서는 다음 절에서 설명한다).

모든 필드 항목이 `Clone`을 구현하고 있다면 해당 타입에 대해 `Clone`을 derive 지정해 자동 생성할 수 있다. 묶음 타입에 대해 `derive`를 적용할 때는 그 타입을 구성하는 멤버(필드)마다 재귀적으로 복제하는 방식으로 전체 타입을 복제한다. 이 동작 역시 C++의 디폴트 복사 생성자default copy-constructor와 비슷하다. 이러한 특성으로 인해 `Clone` 트레이트를 적용하려면 `#[derive(Clone)]`을 추가해서 명시적으로 활성화(옵트인opt-in)시켜야 한다. 반대로 C++에서는 디폴트로 활성화된 상태라서 `MyType(const MyType&) = delete;`와 같이 명시적으로 비활성화시키는 옵트아웃opt-out 방식이다.

`Clone`은 너무나 자주 사용하고 유용한 나머지, 오히려 `Clone`을 구현하면 안 되거나 구현할 수 없거나 디폴트 derive 구현이 부적절한 경우가 특이할 정도다.

- 특정 리소스에 대해 고유한 접근을 구현하거나(예: RAII 유형, 아이템 11 참조), 복사를 막아야 할 특별한 이유가 있다면(예: 암호화 키를 담은 항목) `Clone`을 구현하면 안 된다.

- 타입의 구성 요소 중에서 Clone할 수 없는 것이 하나라도 있으면 Clone을 구현할 수 없다. 예를 들면 다음과 같다.
  - 가변 레퍼런스 타입(&mut T) 필드일 경우다. 대여 검사기(아이템 15)는 가변 레퍼런스를 한 번에 하나만 허용하기 때문이다.
  - 고유 접근을 구현하는 MutexGuard나 스레드 안전을 위해 복사를 제한하는 Mutex와 같은 범주에 속하는 표준 라이브러리 타입일 경우다.
- (재귀적인) 필드 단위 복사로 캡처되지 않는 것이 있거나, 항목의 수명과 관련해 기록 관리가 추가된 경우에는 Clone을 수동으로 구현해야 한다. 예를 들어 메트릭metric을 위해 런타임에 존재하는 항목의 수를 정확히 집계하려면 Clone을 수동으로 구현해야 한다.

Copy

Copy 트레이트 선언문은 다음과 같이 단순하다.

```
pub trait Copy: Clone { }
```

이 트레이트는 메서드가 없는 마커 트레이트다(아이템 2). 마커 트레이트는 타입 시스템에 직접 표현되지 않는, 타입에 대한 제약 조건을 나타내는 용도로 사용된다.

Copy의 경우 항목을 담은 메모리를 비트 단위로 복사한 것이 올바른 새 항목이 된다는 제약 조건을 나타낸다. 사실상 해당 타입이 'POD(단순 데이터 구조)plain old data'임을 나타내는 마커다.

이런 특성 때문에 Clone 트레이트 바운드와 헷갈릴 수 있다. Copy 타입은 Clone을 구현해야 하지만, Copy 타입 인스턴스를 복사할 때는 clone() 메서드가 호출되지 않는다. 컴파일러는 사용자 정의 코드의 개입 없이 새 항목을 만든다.

사용자 정의 마커 트레이트(아이템 2)와 반대로, Copy는 컴파일러에 특별한 의미가 있다(std::marker에 속한 다른 마커 트레이트도 마찬가지다). 트레이트 바운드에 사용할 수 있을 뿐만 아니라, 이동 의미론move semantics에서 복사 의미론copy semantics으로 전환한다.

대입 연산자에 이동 의미론을 적용하면 우변에서 준 것을 좌변이 가져가게 된다.

오류가 발생하는 코드

```
#[derive(Debug, Clone)]
struct KeyId(u32);

let k = KeyId(42);
let k2 = k; // 값이 k에서 k2로 이동한다.
println!("k = {k:?}");
```

```
error[E0382]: borrow of moved value: `k`
  --> src/main.rs:60:23
   |
58 |         let k = KeyId(42);
   |             - move occurs because `k` has type `main::KeyId`, which does
   |               not implement the `Copy` trait
59 |         let k2 = k; // value moves out of k into k2
   |                  - value moved here
60 |         println!("k = {k:?}");
   |                       ^^^^^ value borrowed here after move
   |
   = note: this error originates in the macro `$crate::format_args_nl`
help: consider cloning the value if the performance cost is acceptable
   |
59 |         let k2 = k.clone(); // value moves out of k into k2
   |                   ++++++++
```

대입 연산자에 복사 의미론을 적용하면 소유권이 이전되지 않아 원본 항목이 그대로 유지된다.

```
#[derive(Debug, Clone, Copy)]
struct KeyId(u32);

let k = KeyId(42);
let k2 = k; // k의 값이 k2로 비트 단위로 복사된다.
println!("k = {k:?}");
```

이 때문에 Copy 트레이트를 가장 주의해야 한다. 대입 동작을 근본적으로 바꿔버리기 때문이다. 여기에는 메서드가 호출될 때 매개변수를 처리하는 방식도 포함된다.

이것 역시 C++의 복사 생성자와 비슷하지만, 중요한 차이가 있다. 러스트에서는 컴파일러에서 사용자 정의 코드를 자동으로 호출하게 만들 방법이 없다. 명시적으로 .clone()을 호출하거나, 사용자 정의가 아닌 비트 단위 복사여야 한다.

Copy에는 Clone 트레이트 바운드가 지정돼 있기 때문에 Copy할 수 있는 항목은 모두 .clone()을 호출할 수도 있다. 하지만 이렇게 복제하는 것은 그리 바람직하지 않다. 트레이트 메서드를 호출하는 것보다 비트 단위 복사가 무조건 빠르기 때문이다. .clone()을 호출하면, 클리피(아이템 29)는 다음과 같이 경고한다.

> **의도하지 않은 동작 발생**
>
> let k3 = k.clone();

```
warning: using `clone` on type `KeyId` which implements the `Copy` trait
  --> src/main.rs:79:14
   |
79 |     let k3 = k.clone();
   |              ^^^^^^^^^ help: try removing the `clone` call: `k`
   |
```

Copy 역시 Clone처럼 구현하면 안 되는 경우를 알아 둘 필요가 있다.

- 당연한 말이지만 비트 단위 복사로 항목이 올바르게 생성되지 않는 경우에 Copy를 구현하면 안 된다. derive로 Clone을 자동으로 구현하기보다는 수동으로 구현하는 것이 바람직할 가능성이 높다.
- 큰 타입에 Copy를 구현하는 것은 바람직하지 않을 수 있다. Copy는 기본적으로 비트 단위 복사가 올바르다고 가정한다. 하지만 여기에는 복사가 빠르다는 전제가 깔려 있다. 복사가 빠르지 않다면 Copy를 생략하자. 그러면 의도하지 않게 복사가 느려지는 것을 막을 수 있다.
- 타입의 구성 요소 중 일부를 Copy할 수 없다면 Copy를 구현할 수 없다.
- 타입의 모든 구성 요소를 Copy할 수 있다면 derive로 Copy를 자동으로 구현하는 것이 대체로 낫다. 컴파일러에서 제공하는 missing_copy_implementations 린트를 통해 이런 부분을 찾아낼 수 있다(이 린트는 디폴트로 꺼져 있다).

Default

Default 트레이트는 default() 메서드를 통해 디폴트 생성자^{default constructor}를 정의한다. 이 트레이트는 사용자 정의 타입에 대해 derive로 자동 구현할 수 있다. 물론 서브타입 역시 모두 Default를 구현해야 한다. 그렇지 않으면 Default 트레이트를 수동으로 구현해야 한다.

C++와 달리 러스트에서는 디폴트 생성자를 명시적으로 요청하지 않으면 컴파일러가 자동으로 만들지 않는다.

`Default` 트레이트는 `enum` 타입에 대해서도 `derive`를 적용할 수 있다. 이때 `#[default]` 어트리뷰트를 통해 디폴트 배리언트를 컴파일러에 알려야 한다.

```
#[derive(Default)]
enum IceCreamFlavor {
    Chocolate,
    Strawberry,
    #[default]
    Vanilla,
}
```

`Default` 트레이트의 가장 유용한 점은 구조체 업데이트 구문^{struct update syntax}에서 활용할 수 있다는 것이다. 이 구문을 이용하면 구조체를 초기화할 때, 초깃값을 명시적으로 지정하지 않은 필드를 기존 인스턴스에서 복사하거나 이동한 값으로 초기화할 수 있다. 값을 복사하거나 이동해 올 대상은 초기화 구문의 마지막 `..` 뒤에 적으면 되는데, `Default` 트레이트는 이런 용도로 딱 맞다.

```
#[derive(Default)]
struct Color {
    red: u8,
    green: u8,
    blue: u8,
    alpha: u8,
}

let c = Color {
    red: 128,
    ..Default::default()
};
```

이렇게 하면 수많은 필드 중에서 일부만 기본값이 아닌 값으로 초기화하는 작업을 훨씬 쉽게 처리할 수 있다. 이 경우에는 빌더 패턴(아이템 7)도 적합하다.

PartialEq와 Eq

동치 관계를 나타내는 동등 트레이트^{equality trait}인 `PartialEq`와 `Eq`를 이용하면 사용자 정의 타입에 동등 연산^{equality}을 정의할 수 있다. 이 트레이트가 정의돼 있으면 컴파일러는 C++의 `operator==`처럼 동등(`==`) 검사에 활용하기 때문에 특히 중요하다. `derive`로 자동 생성되는 코드는 필드 단위로 비교하는 동등 검사를 재귀적으로 수행하도록 구현돼 있다.

`Eq`는 `PartialEq`에 반사성^{reflexivity} 가정만 추가한 마커 트레이트다. `Eq`를 지원하는 타입 T는 모두 임의의 `x: T`에 대해 `x == x`가 참임을 보장해야 한다.

그렇다면 `x == x`가 성립하지 않을 수 있는지 궁금할 것이다. 굳이 이런 보장이 필요한 배경에는 부동 소수점 수^{floating point number}가 있다.[1] 특히 '숫자가 아님'을 의미하는 특수한 값인 NaN(러스트의 `f32::NAN`/`f64::NAN`)과 관련 있다. 부동 소수점 규격에 따르면 NaN은 자신을 포함한 어떠한 것도 NaN과 동등할 수 없다. 그래서 `PartialEq` 트레이트가 나오게 된 것이다.

부동 소수점 수와 전혀 관련 없는 사용자 정의 타입도 `PartialEq`를 구현할 때 반드시 `Eq`도 구현해야 한다. 이 타입을 `HashMap`과 `Hash` 트레이트의 키로 사용하려면 `Eq` 트레이트로 완전 동등성을 구현해야 한다.

내부 캐시나 성능 최적화 등에 관련된 필드와 같이 개체를 구분하는 데 영향을 주지 않는 필드를 가진 타입은 `PartialEq`를 수동으로 구현해야 한다. 이렇게 직접 구현한 부분은 `Eq`에서도 그대로 사용된다. `Eq`는 자체 메서드가 없는 마커 트레이트이기 때문이다.

PartialOrd와 Ord

순서 관계를 나타내는 비교 트레이트^{comparison trait}인 `PartialOrd`와 `Ord`를 이용하면 두 항목을 비교해 `Less`, `Greater`, `Equal` 중 하나가 반환된다. 이 트레이트를 구현하기 위해서는 각각에 대응되는 동등 트레이트를 구현해야 한다. 즉, `PartialOrd`에 대해서는 `PartialEq`를, `Ord`에 대해서는 `Eq`를 구현해야 하며 서로 일관성을 유지해야 한다. 특히 직접 구현할 때 이 점에 주의해야 한다.

동등 트레이트와 마찬가지로 비교 트레이트 역시 컴파일러가 비교 연산(`<`, `>`, `<=`, `>=`)을 수행

---

[1] 물론, 부동 소수점끼리 동등 여부를 비교할 때는 항상 위험이 따른다. 반올림 결과가 처음 생각한 숫자와 비트 단위로 동일하다고 보장할 수 없기 때문이다.

하는 데 자동으로 사용하기 때문에 특히 중요하다.

derive에 의해 생성된 디폴트 구현은 필드(또는 enum 배리언트)가 정의된 순서대로 사전식으로 비교한다. 이 동작이 맞지 않다면 해당 트레이트를 직접 구현하거나 필드 순서를 조정해야 한다.

이론적인 이유로 만들어진 PartialEq와 달리 PartialOrd 트레이트는 실질적인 의미가 있다. 예를 들어 컬렉션 사이의 부분 집합 관계를 표현하는 데 사용할 수 있다.[2] {1, 2}는 {1, 2, 4}의 부분 집합이지만 {1, 3}은 {2, 4}의 부분 집합은 아니며, 그 반대도 마찬가지다.

하지만 PartialOrd만으로도 원하는 동작을 정확하게 모델링하는 경우라도 **Ord 없이 PartialOrd만 구현하면 의외의 결과를 초래할 수 있으므로 주의해야 한다.** 이는 동작을 타입 시스템으로 인코딩하라는 조언(아이템 2)에 어긋나는 드문 경우다.

> **의도하지 않은 동작 발생**
>
> ```
> // `f32`로부터 `PartialOrd` 동작을 상속한다.
> #[derive(PartialOrd, PartialEq)]
> struct Oddity(f32);
>
> // NaN을 가진 입력값은 예상하지 못한 결과를 초래할 가능성이 높다.
> let x = Oddity(f32::NAN);
> let y = Oddity(f32::NAN);
>
> // 자신과 비교하면 항상 참일 것 같지만, 그렇지 않을 수도 있다.
> if x <= x {
>     println!("This line doesn't get executed!");
> }
>
> // 비교 갈래를 빠짐없이 커버하도록 코드를 작성하기는 쉽지 않다.
> // `Ord`를 구현한 타입에 대해서는
> // 두 번째와 세 번째 갈래를 하나로 합칠 수 있다.
> if x <= y {
>     println!("y is bigger"); // 여기에 도달하지 않는다.
> } else if y < x {
>     println!("x is bigger"); // 여기에 도달하지 않는다.
> } else {
>     println!("Neither is bigger");
> }
> ```

---

2 좀 더 일반화된 표현으로 모든 격자(lattice) 구조(https://ko.wikipedia.org/wiki/격자_(순서론))에는 항상 부분 순서가 존재한다.

Hash

Hash 트레이트는 해시 값 하나를 생성하는 데 사용된다. 이때 서로 다른 항목의 해시 값이 서로 같을 확률이 낮아야 한다. 해시 값은 HashMap이나 HashSet과 같은 해시 버킷 기반 데이터 구조의 핵심 요소로 사용된다. 따라서 이런 데이터 구조에서 키로 사용할 값의 타입은 Hash(와 Eq)를 구현해야 한다.

반대로 말하면 Eq를 기준으로 '동일한' 항목은 항상 해시 값도 같아야 한다. Eq를 기준으로 x == y가 성립한다면, hash(x) == hash(y)도 반드시 성립해야 한다. Eq를 직접 구현한 경우, 이 조건을 만족시키기 위해 Hash도 직접 구현해야 할지 확인해야 한다.

Debug와 Display

Debug와 Display 트레이트를 이용하면 타입을 화면에 출력하는 방식을 지정할 수 있다. 정상적으로 실행될 때는 {}를 포맷 인수로 사용하고, 디버깅 모드로 실행될 때는 {:?}를 포맷 인수로 사용한다. 이는 C++에서 iostream의 operator<<를 오버로드 overload 하는 것과 비슷하다.

하지만 두 트레이트를 구분하는 이유는 단순히 포맷 지정자 format specifier 가 다르기 때문만은 아니다.

- Debug는 derive로 자동 구현될 수 있지만 Display는 수동 구현만 가능하다.
- Debug의 출력 형태는 러스트 버전마다 달라질 수 있다. 출력 내용을 다른 코드에서 파싱해야 한다면 Display를 사용한다.
- Debug는 프로그래머를 위한 것이고 Display는 사용자를 위한 것이다. 어떤 것을 사용해야 할지 고민된다면, 프로그램이 저자가 모르는 언어로 사용될 때를 생각해 보자. 출력을 다국어로 번역해야 할 필요가 있다면 Display가 적합하고, 그렇지 않다면 Debug가 적합하다.

일반적으로 민감한 정보(개인 정보, 암호화 자료 등)를 포함하지 않는다면 **주어진 타입에 대해 자동 생성된 Debug 구현을 추가하자.** 러스트 컴파일러가 제공하는 missing_debug_implementations 린트를 사용하면 Debug가 지정되지 않은 타입을 찾아주므로 이 조언을 쉽게 따를 수 있다. 이 린트는 디폴트로 꺼져 있으며, 다음 두 가지 방법 중 하나로 활성화시킬 수 있다.

```
#![warn(missing_debug_implementations)]
#![deny(missing_debug_implementations)]
```

자동 생성된 Debug 구현이 출력하는 세부 사항이 너무 많다면, 해당 타입의 내용을 요약해서 출력하도록 Debug를 직접 구현하는 것이 나을 수도 있다.

최종 사용자에게 텍스트 형태로 출력하도록 설계된 타입이라면 Display를 구현하는 것이 좋다.

다른 곳에서 소개하는 표준 트레이트

앞서 소개한 트레이트만큼은 아니지만 자주 사용하는 표준 트레이트가 있다. 그중에서도 중요한 트레이트는 다음과 같다. 각각에 대해서는 다른 아이템에서 자세히 소개한다.

- Fn, FnOnce, FnMut: 호출 가능한 클로저를 정의한다(아이템 2).
- Error: 사용자나 프로그래머에게 표시할 오류 정보를 정의한다. 이때 하위 오류가 중첩된 정보를 담을 수도 있다(아이템 4).
- Drop: 이 트레이트를 구현하는 항목이 소멸될 때 처리할 작업을 정의하며, RAII 패턴의 핵심이다(아이템 11).
- From과 TryFrom: 이 트레이트를 구현하는 항목은 다른 타입으로부터 자동으로 생성될 수 있다. 단, TryFrom은 변환에 실패할 수도 있다(아이템 5).
- Deref와 DerefMut: 내부 항목에 접근하기 위해 역참조할 수 있는 유사 포인터 타입을 정의한다(아이템 8).
- Iterator와 그 변형: 반복 가능한 컬렉션을 정의한다(아이템 9).
- Send: 여러 스레드 간에 안전하게 전송될 수 있음을 정의한다(아이템 17).
- Sync: 여러 스레드가 동시에 참조해도 안전하다는 것을 정의한다(아이템 17).

방금 나열한 트레이트는 모두 derive로 자동 구현할 수 없다.

연산자 오버로드

마지막으로 소개할 표준 트레이트는 연산자 오버로드^{operator overload}와 관련된다. 러스트에서는 사용자 정의 타입에서 기본으로 제공되는 단항^{unary} 또는 이진^{binary} 연산자를 오버로드할 때 std::ops 모듈에서 제공하는 다양한 표준 트레이트를 구현하는 방식으로 처리할 수 있다.

이 범주에 속한 트레이트는 derive로 자동 구현할 수 없으며, 연산자 오버로딩이 자연스러운 '대수적algebraic' 객체 타입에서만 사용된다.

하지만 C++의 경험에 비춰 볼 때, **관련 없는 타입에 대해서는 연산자 오버로드를 하지 않는 것**이 바람직하다. 관리하기 힘들고 예상치 못한 성능 문제가 발생할 가능성이 높기 때문이다. 예를 들어 `x+y`가 성능이 좋지 않은 $O(N)$ 시간 복잡도의 메서드를 호출하는 경우를 들 수 있다.

놀람 최소화 원칙principle of least astonishment을 따르기 위해서는 연산자 오버로드를 구현할 때 **연산자 사이의 일관성을 유지해야 한다.** 예를 들어 x + y(Add)에 대해 오버로드했고, -y(Neg)에 대해서도 오버로드했다면, x - y(Sub)도 반드시 구현해야 하며 x + (-y)와 결과가 같아야 한다.

연산자 오버로드 트레이트에 전달된 항목은 이동 의미론이 적용된다. 다시 말해 Copy를 구현하지 않는 한, 디폴트로 소비된다. &'a MyType에 대한 구현을 추가하면 도움 될 수 있지만, 모든 가능성을 다루기 위해 보일러플레이트 코드가 늘어난다. 가령, 이진 연산자의 레퍼런스/비레퍼런스 인수에 대한 경우의 수는 2 × 2 = 4다.

요약

아이템 10에서 많은 표준 트레이트를 소개했다. 먼저 자세히 소개한 트레이트를 [표 2-1]에 정리했다. 그중에서 Display를 제외한 나머지는 derive를 통한 자동 구현이 가능하다.

표 2-1 자주 사용하는 표준 트레이트

트레이트	컴파일러 사용	바운드	메서드
Clone			clone
Copy	let y = x;	Clone	마커 트레이트
Default			default
PartialEq	x == y		eq
Eq	x == y	PartialEq	마커 트레이트
PartialOrd	x < y, x <= y, …	PartialEq	partial_cmp
Ord	x < y, x <= y, …	Eq + PartialOrd	cmp
Hash			hash

트레이트	컴파일러 사용	바운드	메서드
Debug	format!("{:?}", x)		fmt
Display	format!("{}", x)		fmt

[표 2-2]에는 연산자 오버로드에 관련된 트레이트를 정리했다. 모두 derive로 자동 구현할 수 없는 트레이트다.

표 2-2 연산자 오버로드 트레이트[3]

트레이트	컴파일러 사용	바운드	메서드
Add	x + y		add
AddAssign	x += y		add_assign
BitAnd	x & y		bitand
BitAndAssign	x &= y		bitand_assign
BitOr	x | y		bitor
BitOrAssign	x |= y		bitor_assign
BitXor	x ^ y		bitxor
BitXorAssign	x ^= y		bitxor_assign
Div	x / y		div
DivAssign	x /= y		div_assign
Mul	x * y		mul
MulAssign	x *= y		mul_assign
Neg	-x		neg
Not	!x		not
Rem	x % y		rem
RemAssign	x %= y		rem_assign
Shl	x << y		shl
ShlAssign	x <<= y		shl_assign
Shr	x >> y		shr

---

[3] 여기 나온 이름 중 일부는 의미를 추측하기 쉽지 않다. 예를 들어 Rem은 나머지(remainder)를, Shl은 왼쪽 시프트(shift left)를 의미한다. 정확한 의미는 std::ops(https://doc.rust-lang.org/std/ops/index.html) 문서를 참고하자.

트레이트	컴파일러 사용	바운드	메서드
ShrAssign	x >>= y		shr_assign
Sub	x - y		sub
SubAssign	x -= y		sub_assign

다른 아이템에서 다루는 표준 트레이트는 [표 2-3]에 정리했다. 여기 나온 트레이트는 모두 **derive**로 자동 구현할 수 없다(단, **Send**와 **Sync**는 컴파일러에서 자동으로 구현될 수 있다).

표 2-3 다른 아이템에서 설명하는 표준 트레이트

트레이트	컴파일러 사용	바운드	메서드	아이템
Fn	x(a)	FnMut	call	아이템 2
FnMut	x(a)	FnOnce	call_mut	아이템 2
FnOnce	x(a)		call_once	아이템 2
Error		Display + Debug	[source]	아이템 4
From			from	아이템 5
TryFrom			try_from	아이템 5
Into			into	아이템 5
TryInto			try_into	아이템 5
AsRef			as_ref	아이템 8
AsMut			as_mut	아이템 8
Borrow			borrow	아이템 8
BorrowMut		Borrow	borrow_mut	아이템 8
ToOwned			to_owned	아이템 8
Deref	*x, &x		deref	아이템 8
DerefMut	*x, &mut x	Deref	deref_mut	아이템 8
Index	x[idx]		index	아이템 8
IndexMut	x[idx] = ...	Index	index_mut	아이템 8
Pointer	format("{:p}", x)		fmt	아이템 8
Iterator			next	아이템 9
IntoIterator	for y in x		into_iter	아이템 9

트레이트	컴파일러 사용	바운드	메서드	아이템
FromIterator			from_iter	아이템 9
ExactSizeIterator		Iterator	(size_hint)	아이템 9
DoubleEndedIterator		Iterator	next_back	아이템 9
Drop	} (스코프 끝)		drop	아이템 11
Sized			마커 트레이트	아이템 12
Send	스레드 간 전송		마커 트레이트	아이템 17
Sync	스레드 간 이용		마커 트레이트	아이템 17

아이템 11: RAII 패턴에 대해 Drop 트레이트를 구현하라

> 기계가 할 일을 인간에게 시키지 마라.
>
> 〈매트릭스 시리즈〉의 스미스 요원

RAII는 'Resource Acquisition Is Initialization(리소스 획득이 곧 초기화)'의 약자로, 리소스의 생명 주기lifecycle와 값(객체)의 수명lifetime을 정확히 일치시키는 프로그래밍 패턴이다. RAII 패턴은 C++ 프로그래밍 언어를 통해 널리 알려졌으며, 프로그래밍에 대한 C++의 가장 큰 공헌이다.

값의 수명과 리소스의 생명 주기의 상관관계는 RAII 타입에 인코딩된다.

- 타입의 **생성자**는 특정 리소스에 대한 접근 권한을 얻는다.
- 타입의 **소멸자**는 이 리소스에 대한 접근 권한을 해제한다.

따라서 내부 리소스에 접근할 수 있다면 그 리소스를 가진 객체도 존재하고, 그 역도 성립한다는 **불변성**invariant을 RAII 타입이 갖게 된다. 로컬 변수가 스코프를 벗어나면 제거되도록 컴파일러가 보장하기 때문에, 내부 리소스 역시 스코프를 벗어날 때 해제된다.[4]

---

[4] 그래서 RAII 패턴은 주로 소멸 시간을 예측할 수 있는 언어에 적합하다. 가비지 컬렉션을 적용하는 언어는 대부분 적용할 수 없다. 다만, 고 언어의 defer는 RAII 패턴의 효과를 어느 정도 제공한다.

이러한 점은 특히 **유지 보수성**maintainability에 도움 된다. 나중에 코드를 변경해서 제어 흐름이 바뀌더라도 객체와 리소스의 수명은 올바르게 유지된다. 정말 그런지 확인하기 위해 다음과 같이 RAII 패턴을 적용하지 않고 직접 뮤텍스(`Mutex`)를 잠그고 해제하는 코드를 살펴보자. 러스트의 `Mutex`로는 오류를 발생시킬 수 없어서 C++로 작성했다.

```cpp
// C++ 코드
class ThreadSafeInt {
 public:
  ThreadSafeInt(int v) : value_(v) {}

  void add(int delta) {
    mu_.lock();
    // ... 작업을 수행한다.
    value_ += delta;
    // ... 작업을 수행한다.
    mu_.unlock();
  }
```

오류가 발생하면 일찍 종료시키도록 수정할 때 실수로 뮤텍스를 해제하는 코드를 넣지 않으면 계속 잠겨 있게 된다.

> **의도하지 않은 동작 발생**
>
> ```cpp
> // C++ 코드
> void add_with_modification(int delta) {
>   mu_.lock();
>   // ... 작업을 수행한다.
>   value_ += delta;
>   // 오버플로 검사
>   if (value_ > MAX_INT) {
>     // 종료 전 unlock() 호출을 깜빡했다.
>     return;
>   }
>   // ... 작업을 수행한다.
>   mu_.unlock();
> }
> ```

반면 다음은 뮤텍스 잠금 동작을 RAII 클래스로 캡슐화한 코드다.

```
// C++ 코드 (실전에서는 std::lock_guard 등을 사용해야 한다.)
class MutexLock {
 public:
  MutexLock(Mutex* mu) : mu_(mu) { mu_->lock(); }
  ~MutexLock()                   { mu_->unlock(); }
 private:
  Mutex* mu_;
};
```

이 경우에는 다음과 같이 뮤텍스 해제 코드를 깜빡하더라도 안전하다.

```
// C++ 코드
void add_with_modification(int delta) {
  MutexLock with_lock(&mu_);
  // ... 작업을 수행한다.
  value_ += delta;
  // 오버플로 검사
  if (value_ > MAX_INT) {
    return; // 종료할 때 with_lock에 의해 잠금이 해제된다.
  }
  // ... 작업을 수행한다.
}
```

본래 C++에서는 메모리를 직접 할당하는 연산(`new`, `malloc()`)과 해제하는 연산(`delete`, `free()`)이 항상 쌍을 이루도록 보장하기 위해 RAII 패턴을 자주 활용했다. C++11부터 이런 메모리 관리 기법을 일반화한 버전인 `std::unique_ptr<T>`가 표준 라이브러리에 추가됐다. `std::unique_ptr<T>` 타입은 메모리 '소유권'을 한곳에만 둘 수 있고, 그 메모리에 대한 포인터는 일시적으로 '대여'할 수 있다(`ptr.get()`).

러스트에서는 이러한 메모리 포인터 동작이 언어 자체에 내장돼 있다(아이템 15). 물론 RAII라는 일반 원칙은 다른 종류의 리소스에 대해서도 유용하다.[5] 따라서 다음과 같이 반드시 해제돼야 하는 리소스를 보유한 타입은 반드시 `Drop`을 구현하라고 조언할 수 있다.

- **운영 체제 리소스**: 유닉스 계열 시스템에서 파일 디스크립터file descriptor를 보유하는 상태가 여기에 해당한다. 파일 디스크립터를 해제하지 못하면 시스템 리소스를 잡아먹고, 결국 프로세스에 할당된 파일 디스크립터의 한계량에 도달하게 된다.

---

[5] RAII는 저수준 unsafe 코드의 메모리 관리에도 유용하지만, 이와 관련된 내용은 이 책의 범위를 벗어난다.

- **동기화 리소스:** 메모리에 대한 동기화 프리미티브primitive는 표준 라이브러리에서 제공하지만, 파일 잠금, 데이터베이스 잠금 등과 같은 다른 리소스에 대해서는 제공되지 않을 수 있다.
- **원시 메모리:** 저수준 메모리 관리를 처리하는 unsafe 타입이다. 예를 들어 외부 함수 인터페이스(FFI) 기능이 있다.

러스트 표준 라이브러리에서 RAII 패턴을 가장 잘 보여 주는 예는 `Mutex::lock()`에서 반환하는 `MutexGuard` 타입이다. 이 타입은 아이템 17에서 설명하는 공유 상태 병렬성shared state parallelism을 사용하는 프로그램에서 특히 자주 사용된다. `MutexGuard`는 좀 전에 본 C++ 예제와 거의 같지만, RAII 패턴에 따라 잠금을 자동으로 관리해 줄 뿐만 아니라 뮤텍스로 보호된 데이터의 프록시 역할도 한다.

```
use std::sync::Mutex;

struct ThreadSafeInt {
    value: Mutex<i32>,
}

impl ThreadSafeInt {
    fn new(val: i32) -> Self {
        Self {
            value: Mutex::new(val),
        }
    }
    fn add(&self, delta: i32) {
        let mut v = self.value.lock().unwrap();
        *v += delta;
    }
}
```

아이템 17에서 설명한 조언에 따르면 잠금 대상 코드가 길지 않아야 한다. 이를 보장하도록 **블록으로 RAII 항목의 스코프를 제한한다**. 들여쓰기가 약간 어색해질 수 있지만, 안전성과 수명의 정밀도는 더 높아지므로 충분히 감수할 만하다.

```
impl ThreadSafeInt {
    fn add_with_extras(&self, delta: i32) {
        // ... 잠금이 필요 없는 코드를 여기에 작성한다.
        {
```

```
            let mut v = self.value.lock().unwrap();
            *v += delta;
        }
        // ... 잠금이 필요 없는 코드를 여기에 작성한다.
    }
}
```

RAII 패턴 사용에 대한 설득은 이 정도로 충분하고, 지금부터는 이를 구현하는 방법에 대해 알아보자. **Drop** 트레이트를 사용하면 해당 객체가 제거될 때 수행할 동작을 정의할 수 있다. 이 트레이트에는 **drop**이란 메서드 하나만 정의돼 있는데, 객체가 담긴 메모리를 해제하기 전에 이 메서드가 호출된다.

```
#[derive(Debug)]
struct MyStruct(i32);

impl Drop for MyStruct {
    fn drop(&mut self) {
        println!("Dropping {self:?}");
        // 해당 항목이 소유한 리소스를 해제하는 코드를 여기에 적는다.
    }
}
```

drop 메서드는 컴파일러만 호출할 수 있고 다음과 같이 직접 호출할 수는 없다.

> **오류가 발생하는 코드**
> ```
> x.drop();
> ```

```
error[E0040]: explicit use of destructor method
  --> src/main.rs:70:7
   |
70 |     x.drop();
   |     --^^^^--
   |     | |
   |     | explicit destructor calls not allowed
   |     help: consider using `drop` function: `drop(x)`
```

여기서 몇 가지 기술적인 세부 사항에 대해 자세히 살펴보자. 우선 **Drop::drop** 메서드의 시그니처가 drop(self)가 아닌 drop(&mut self)다. 이 메서드는 객체를 이동시키지 않고 가변 레퍼런스 타입으로 받는다. 만약 Drop::drop 메서드가 일반 메서드처럼 작동한다면, 내부 상태가 모두 정리되고 리소스가 해제된 후에도 객체를 계속 사용할 수 있다.

> 오류가 발생하는 코드
> ```
> {
>     // 만약 `drop`을 호출할 수 있다면...
>     x.drop(); // (여기서 컴파일 오류가 발생한다.)
> 
>     // 여전히 `x`를 사용할 수 있다.
>     x.0 += 1;
> }
> // 그렇다면 `x`가 스코프를 벗어나면 어떻게 될까?
> ```

이에 대해 컴파일러는 단순한 방식을 제공한다. 표준 라이브러리의 drop() 함수를 통해 객체를 직접 드롭할 수 있다. 이 함수의 인수는 실제로 이동되지만, drop(_item: T)가 빈 본문인 중괄호({ })로만 구현돼 있기 때문에 이동된 객체는 해당 스코프의 닫는 중괄호에 다다르면 드롭된다.

또한 drop(&mut self) 메서드의 시그니처에 반환 타입이 없다. 그래서 실패하더라도 그 사실을 알릴 방법이 없다. 리소스 해제에 실패할 수 있다면 그 사실을 사용자가 알 수 있도록 Result를 반환하는 release 메서드를 별도로 마련하는 것이 바람직하다.

이런 기술적인 세부 사항은 차치하더라도, 표준 라이브러리의 drop 메서드는 RAII 구현에 핵심적인 역할을 한다. 리소스를 해제하기에 가장 적합한 장소가 바로 이 메서드의 구현 코드다.

아이템 12: 제네릭과 트레이트 객체 사이의 트레이드오프를 이해하라

아이템 2에서 설명했듯이 트레이트는 동작 관련 메서드의 묶음으로서 타입 시스템의 동작을 캡슐화하는데, 이를 제네릭 타입에 트레이트 바운드를 지정하는 방식 혹은 트레이트 객체를 넘겨주는 형태로 활용할 수 있다. 이번 아이템 12에서는 이 두 가지 방식 사이의 트레이드오프tradeoff 관계에 대해 알아본다.

예를 들어 다음과 같이 그래픽 객체를 화면에 표시하는 기능을 담은 트레이트를 생각해 보자.

```rust
#[derive(Debug, Copy, Clone)]
pub struct Point {
    x: i64,
    y: i64,
}

#[derive(Debug, Copy, Clone)]
pub struct Bounds {
    top_left: Point,
    bottom_right: Point,
}

/// 직사각형 두 개가 서로 겹치는 부분을 계산한다.
/// 겹치지 않으면 `None`을 반환한다.
fn overlap(a: Bounds, b: Bounds) -> Option<Bounds> {
    // ...
}

/// 그래픽 형태로 그릴 수 있는 객체에 대한 트레이트다.
pub trait Draw {
    /// 객체를 감싸는 직사각형을 반환한다.
    fn bounds(&self) -> Bounds;

    // ...
}
```

제네릭

러스트의 제네릭generic은 C++의 템플릿과 거의 같다. 제네릭을 사용하면 임의의 타입 T에 대해 작동하는 코드를 작성할 수 있다. 구체적인 상황에서 사용할 코드는 컴파일 타임에 생성된다. 이를 러스트에서는 단형화(단형성화)monomorphization라고 한다. 참고로 C++에서는 템플릿 인스턴스화template instantiation라고 한다. C++와 달리 러스트는 제네릭의 타입 T에 지정할 수 있는 타입을 트레이트 바운드로 제한하는 방식으로 타입 시스템에 동작을 명시적으로 인코딩한다.

다음과 같이 트레이트의 bounds() 메서드를 사용하는 제네릭 함수는 Draw 트레이트 바운드를 명시적으로 지정한다.

```rust
/// 객체가 화면에 있는지 나타낸다.
pub fn on_screen<T>(draw: &T) -> bool
where
    T: Draw,
{
    overlap(SCREEN_BOUNDS, draw.bounds()).is_some()
}
```

참고로 트레이트 바운드를 제네릭 매개변수 뒤에 적으면 코드를 더 짧게 표현할 수 있다.

```rust
pub fn on_screen<T: Draw>(draw: &T) -> bool {
    overlap(SCREEN_BOUNDS, draw.bounds()).is_some()
}
```

트레이트 바운드를 지정하는 또 다른 방법으로는 다음과 같이 인수 타입을 impl Trait로 설정하는 것이다.[6]

```rust
pub fn on_screen(draw: &impl Draw) -> bool {
    overlap(SCREEN_BOUNDS, draw.bounds()).is_some()
}
```

다음은 이 트레이트를 구현한 타입(Square)이다.

```rust
#[derive(Clone)] // `Debug` 없음
struct Square {
    top_left: Point,
    size: i64,
}

impl Draw for Square {
    fn bounds(&self) -> Bounds {
        Bounds {
```

---

[6] 엄밀히 말하면 '인수 위치에 impl Trait'를 사용하는 방법과 앞에 나온 두 가지 방법이 완전히 같은 것은 아니다. 왜냐하면 호출한 측에서 on_screen::<Circle>(&c)처럼 타입 매개변수를 명시적으로 지정하는 기능이 사라지기 때문이다.

```
            top_left: self.top_left,
            bottom_right: Point {
                x: self.top_left.x + self.size,
                y: self.top_left.y + self.size,
            },
        }
    }
}
```

제네릭 함수로 인스턴스가 전달될 때 해당 타입(Square)에 특화된 코드가 생성(단형화)된다.

```
let square = Square {
    top_left: Point { x: 1, y: 2 },
    size: 2,
};
// `on_screen::<Square>(&Square) -> bool`를 호출한다.
let visible = on_screen(&square);
```

Draw 트레이트 바운드를 구현한 다른 타입을 정의한다.

```
#[derive(Clone, Debug)]
struct Circle {
    center: Point,
    radius: i64,
}

impl Draw for Circle {
    fn bounds(&self) -> Bounds {
        // ...
    }
}
```

이 타입의 인스턴스를 생성해서 앞의 제네릭 함수에 전달하면, 해당 타입에 맞게 단형화된 코드가 적용된다.

```
let circle = Circle {
    center: Point { x: 3, y: 4 },
    radius: 1,
};
```

```
// `on_screen::<Circle>(&Circle) -> bool`을 호출한다.
let visible = on_screen(&circle);
```

즉, 프로그래머가 작성한 제네릭 함수는 하나지만, 컴파일러는 그 함수를 호출할 때 주어진 타입에 맞게 단형화된 코드를 생성한다.

트레이트 객체

이와 달리 트레이트 객체는 일종의 팻 포인터다(아이템 8). 트레이트 객체는 [그림 2-1]처럼 트레이트를 구현한 객체의 내부 항목(필드)을 가리키는 포인터와, 트레이트 구현의 모든 메서드에 대한 포인터가 담긴 vtable을 가리키는 포인터로 구성된다.

```
let square = Square {
    top_left: Point { x: 1, y: 2 },
    size: 2,
};
let draw: &dyn Draw = &square;
```

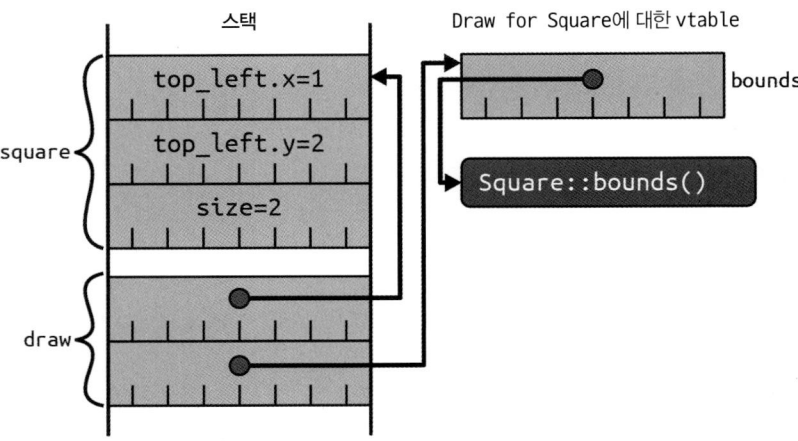

그림 2-1 트레이트 객체의 메모리 레이아웃: 구체적인 항목과 vtable에 대한 포인터로 구성된다.

즉, 트레이트 객체를 받는 함수는 제네릭이 아니어도 되고 단형화를 수행하지 않아도 된다. 트레이트 객체를 사용하도록 작성된 함수에 대해 컴파일러는 코드를 한 가지 버전으로만 생성하지만, 이 함수가 받는 트레이트 객체는 여러 타입에서 파생될 수 있다.

```
/// 객체가 화면에 있는지 나타낸다.
pub fn on_screen(draw: &dyn Draw) -> bool {
    overlap(SCREEN_BOUNDS, draw.bounds()).is_some()
}
// `on_screen(&dyn Draw) -> bool`을 호출한다.
let visible = on_screen(&square);
// 아래 코드도 `on_screen(&dyn Draw) -> bool`을 호출한다.
let visible = on_screen(&circle);
```

간단히 비교하기

지금까지 살펴본 내용을 토대로 두 가지 방식을 간단히 비교하면 다음과 같다.

- 제네릭을 사용하면 생성되는 코드가 비대해질 가능성이 높다. 제네릭으로 만든 on_screen 함수(on_screen::<T>(&T))가 호출될 때 적용되는 타입 T마다 코드 복사본이 생성되기 때문이다. 이에 반해 트레이트 객체로 만들면(on_screen(&dyn T)) 함수에 대한 인스턴스가 하나만 존재한다.
- 제네릭에서 트레이트 메서드를 호출하는 것이 트레이트 객체를 사용하는 코드에서 호출하는 것보다 살짝 빠른 경향이 있다. 트레이트 객체의 경우, 코드 위치를 찾는 과정에서 역참조를 (트레이트 객체에서 vtable로, vtable에서 구현 위치로) 두 번 수행하기 때문이다.
- 제네릭을 사용하면 컴파일 시간이 더 길어질 수 있다. 컴파일러에서 빌드할 코드가 더 많을 뿐만 아니라 링커에서 수행하는 중복 제거 작업도 많아지기 때문이다.

대부분의 상황에서 그리 큰 차이는 없다. 따라서 최적화 관련 문제는 실제로 측정한 수치나 발생한 현상(예: 속도 병목 현상이나 이상 점유율 증가 등)을 토대로 판단하면 된다.

성능보다 더 중요한 차이점은 제네릭에 트레이트 바운드를 지정하면 기능을 조건에 따라 다르게 제공할 수 있다는 것이다. 즉, 타입 매개변수가 구현하는 트레이트의 조합에 따라 기능이 달라지게 할 수 있다.

```
// `Draw`를 구현하는 타입에 대한 컨테이너라면 모두 `area` 함수를 사용할 수 있다.
fn area<T>(draw: &T) -> i64
```

```rust
where
    T: Draw,
{
    let bounds = draw.bounds();
    (bounds.bottom_right.x - bounds.top_left.x)
        * (bounds.bottom_right.y - bounds.top_left.y)
}

// `show` 메서드는 `Debug`도 구현된 경우에만 사용할 수 있다.
fn show<T>(draw: &T)
where
    T: Debug + Draw,
{
    println!("{:?} has bounds {:?}", draw, draw.bounds());
}
let square = Square {
    top_left: Point { x: 1, y: 2 },
    size: 2,
};
let circle = Circle {
    center: Point { x: 3, y: 4 },
    radius: 1,
};

// `Square`와 `Circle` 둘 다 `Draw`를 구현한다.
println!("area(square) = {}", area(&square));
println!("area(circle) = {}", area(&circle));

// `Circle`은 `Debug`를 구현한다.
show(&circle);

// `Square`는 `Debug`를 구현하지 않으므로 다음과 같이 호출하면 컴파일 오류가 발생한다.
// show(&square);
```

트레이트 객체는 단일 트레이트에 대해서만 구현 vtable을 인코딩하므로 트레이트 객체로 앞선 코드처럼 작성하면 굉장히 어색하다. 예를 들어 앞에 나온 show()처럼 사용하도록 두 트레이트를 조합해서 DebugDraw라는 트레이트를 정의하고, 이를 쉽게 사용하도록 포괄적 구현 blanket implementation도 함께 제공할 수는 있다.

```rust
trait DebugDraw: Debug + Draw {}

/// 개별 트레이트가 구현될 때마다 포괄적 구현이 적용된다.
```

```
impl<T: Debug + Draw> DebugDraw for T {}
```

하지만 이렇게 여러 트레이트를 조합하는 방식으로 정의하면, 경우의 수가 기하급수적으로 늘어날 수 있다.

트레이트 바운드 더 알아보기

트레이트 바운드는 제네릭 함수에 적용할 수 있는 타입 매개변수를 제한하는 용도뿐만 아니라 트레이트 정의에서도 활용할 수 있다.

```
/// `Shape`을 구현한다면 `Draw`도 구현해야 한다.
trait Shape: Draw {
    /// `bounds`에 속하는 도형의 일부를 렌더링한다.
    fn render_in(&self, bounds: Bounds);

    /// 도형을 렌더링한다.
    fn render(&self) {
        // 화면 영역 안에 들어오는 도형의 부분을 렌더링하는 디폴트 구현
        if let Some(visible) = overlap(SCREEN_BOUNDS, self.bounds()) {
            self.render_in(visible);
        }
    }
}
```

이 예제에서 render() 메서드의 디폴트 구현(아이템 13)을 보면, 트레이트 정의에서 트레이트 바운드를 지정했기 때문에 Draw의 bounds() 메서드가 제공된다고 가정할 수 있다.

객체 지향 언어에 익숙한 프로그래머 중에서 트레이트 바운드와 상속을 혼동하는 사람이 많다. 가령, 방금 본 예제에서 Shape이 Draw의 한 종류라는 is-a 관계로 오해하기 쉽지만, 전혀 그렇지 않다. 두 타입의 관계를 좀 더 정확히 표현하면 Shape이 Draw도 구현한다는 **also-implements 관계**에 가깝다.

트레이트 바운드가 지정된 트레이트로 생성한 트레이트 객체의 내부를 들여다보면, 최상위 트레이트(예: Shape)의 메서드(예: render())뿐만 아니라, 여기에 지정된 모든 트레이트 바운드(예: Draw)의 메서드(예: bounds())도 vtable 하나에 모두 담겨 있다.

```
let square = Square {
    top_left: Point { x: 1, y: 2 },
    size: 2,
};
let draw: &dyn Draw = &square;
let shape: &dyn Shape = &square;
```

[그림 2-2]를 보면 shape의 vtable에 Draw 트레이트의 bounds 메서드뿐만 아니라 Shape 트레이트의 두 메서드도 함께 담겨 있다.

이런 특성 때문에 이 글을 쓰는 시점(러스트 1.70)에는 Shape에서 Draw로 **업캐스트**upcast할 수 없다. 런타임에 Draw만 구현된 객체의 vtable로 복원할 방법이 없기 때문이다. 즉, 관련 트레이트 객체끼리 변환할 수 없다. 이 말은 결국 리스코프 치환 원칙Liskov substitution principle을 적용할 수 없다는 뜻이다. 물론 향후 버전에서 변경될 가능성이 높다. 이에 대해서는 아이템 19에서 자세히 설명한다.

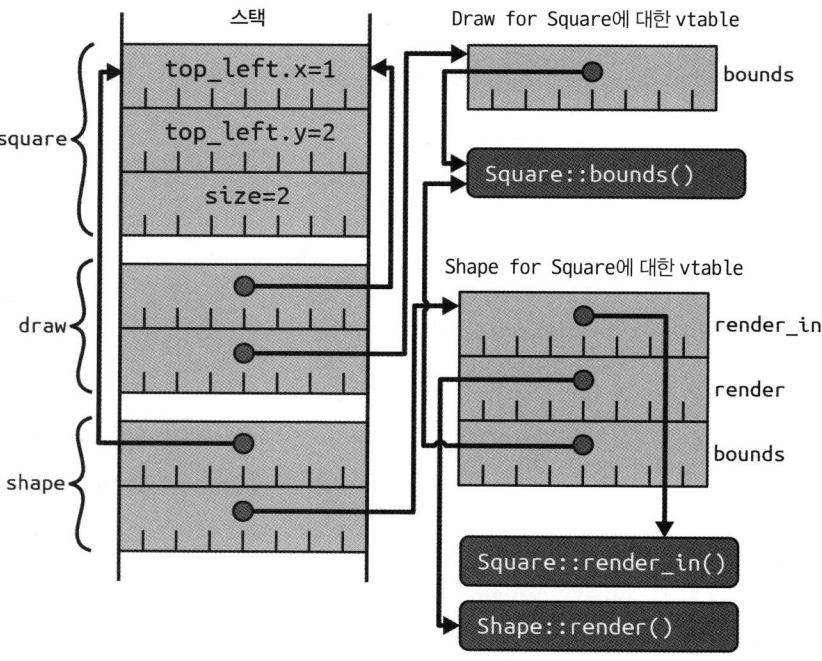

그림 2-2 트레이트 바운드가 지정된 트레이트 객체: Draw와 Shape은 vtable을 별도로 갖는다.

앞에서 한 말을 살짝 다르게 표현하면, Shape 트레이트 객체를 받는 메서드는 다음과 같은 특징이 있다.

- Draw의 메서드를 사용할 수 있다. Shape는 Draw도 구현하므로(also-implements 관계) 관련 함수 포인터가 Shape의 vtable에 있기 때문이다.
- Draw 트레이트 객체를 받는 다른 메서드에 Shape 트레이트 객체를 (아직은) 전달할 수 없다. Shape은 Draw의 한 종류(is-a 관계)가 아니라서 Draw의 vtable을 사용할 수 없기 때문이다.

반면 Shape을 구현하는 객체를 받는 제네릭 메서드의 특징은 다음과 같다.

- Draw의 메서드를 사용할 수 있다.
- Draw 트레이트 바운드가 지정된 다른 제네릭 메서드도 Shape을 구현하는 객체를 받을 수 있다. 이런 메서드 호출 코드는 컴파일 과정에서 (Circle이나 Square과 같은) 구체적인 타입에 대해 구현된 Draw 메서드를 사용하도록 단형화되기 때문이다.

트레이트 객체 안전성

트레이트 객체 방식을 사용할 때는 **객체 안전성**object safety을 보장해야 한다는 제약 조건이 뒤따른다. 즉, 다음 두 가지 규칙을 준수해야만 트레이트 객체로 사용할 수 있다.

- 트레이트 메서드는 제네릭이 아니어야 한다.
- 트레이트 메서드는 Self를 포함하는 타입과 관련 없어야 한다. 단, 수신자(호출되는 메서드가 속한 객체)는 예외다.

첫 번째 제약 조건은 쉽게 이해할 수 있다. f라는 제네릭 메서드가 실제로 표현할 수 있는 메서드는 f::<i16>, f::<i32>, f::<i64>, f::<u8> 등을 비롯해 무한히 많다. 반면에 트레이트 객체의 vtable에서 함수 포인터로 표현할 수 있는 함수의 수는 유한하다. 따라서 무한히 많은 단형화 구현을 유한한 공간에 담는 것은 불가능하다.

두 번째 제약 조건은 좀 복잡한데 실전에서 자주 볼 가능성이 높다. Copy나 Clone 트레이트 바운드가 지정된 트레이트(아이템 10)는 Self를 반환하므로 이 제약 조건에 바로 위배된다. 이런 제약 조건을 두는 이유는 트레이트 객체를 다루는 코드에서 let y = x.clone()과 같이 호출하는 경우를 생각해 보면 쉽게 이해할 수 있다. 여기서 y에 대한 스택 공간을 충분히 확보해야 하는데, Self는 어떠한 타입도 될 수 있기 때문에 y의 크기를 미리 알 수 없다. 따라서 Self가 들어간 반환 타입은 객체 안전을 충족할 수 없다.[7]

두 번째 제약 조건에 한 가지 예외가 있다. 크기를 컴파일 타임에 알 수 있는 타입임을 명시하는 Sized 마커 트레이트가 지정된 Self라면, Self가 포함된 타입을 반환하는 메서드라도 객체 안전성에 위배되지 않는다.

```rust
/// `Stamp`는 여러 번 복사해서 그릴 수 있다.
trait Stamp: Draw {
    fn make_copy(&self) -> Self
    where
        Self: Sized;
}
let square = Square {
    top_left: Point { x: 1, y: 2 },
    size: 2,
};

// `Square`는 `Stamp`를 구현하므로, `make_copy()`를 호출할 수 있다.
let copy = square.make_copy();

// `Self`를 반환하는 메서드에는 `Sized` 트레이트 바운드가 있기 때문에,
// `Stamp` 트레이트 객체를 생성할 수 있다.
let stamp: &dyn Stamp = &square;
```

이렇게 트레이트 바운드가 지정되면 어차피 이 메서드를 트레이트 객체와 함께 사용할 수 없다. 트레이트 객체는 본래 크기를 알 수 없는 대상을 가리켜서(dyn Trait) 객체 안전성과 관련이 없기 때문이다.

> **오류가 발생하는 코드**
>
> ```rust
> // 하지만 이 메서드는 트레이트 객체를 통해 호출될 수 없다.
> let copy = stamp.make_copy();
> ```

```
error: the `make_copy` method cannot be invoked on a trait object
   --> src/main.rs:397:22
    |
```

---

[7] 이 글을 쓰는 시점에서 Self를 반환하는 메서드에 대한 제약 사항으로, 스택에 안전하게 저장할 수 있는 Box<Self>와 같은 타입도 있다. 이러한 제약 사항은 나중에 완화될 가능성이 있다(https://oreil.ly/JZH3V).

```
353 |         Self: Sized;
    |               ----- this has a `Sized` requirement
...
397 |     let copy = stamp.make_copy();
    |                      ^^^^^^^^^
```

트레이드오프

지금까지 살펴본 장점과 단점을 고려하면 트레이트 객체보다는 제네릭을 사용하는 것이 유리하지만, 때로는 트레이트 객체가 적합한 경우가 있다.

첫 번째 경우는 실용적인 이유 때문이다. 즉, 생성된 코드 크기나 컴파일 시간이 중요하다면, 앞서 설명한 것처럼 트레이트 객체를 사용하는 것이 성능면에서 유리하다.

두 번째 경우는 다소 이론적인 이유 때문이다. 트레이트 객체는 타입 소거^{type erasure}가 발생할 수밖에 없다. 즉, 트레이트 객체로 변환하는 과정에서 구체적인 타입에 대한 정보가 사라진다. 이는 단점일 수 있지만(아이템 19 참조), 이종 객체로 구성된 컬렉션을 만들 수 있다는 점에서는 장점이기도 하다. 코드가 트레이트 메서드에만 의존하기 때문에 다른 구체적인 타입으로 된 객체의 메서드를 호출하거나 조합할 수 있다.

객체 지향 예제로 널리 사용하던 도형 목록을 렌더링하는 예가 이 경우에 해당한다. 다음 코드의 반복문을 보면 `render()` 메서드 하나만으로 원, 사각형, 타원, 별 등을 렌더링할 수 있다.

```
let shapes: Vec<&dyn Shape> = vec![&square, &circle];
for shape in shapes {
    shape.render()
}
```

그보다 훨씬 드물고 특수한 경우로 어떤 타입을 사용할 수 있는지를 컴파일 타임에 모르는 경우가 있다. 만약 새 코드가 런타임에 동적으로 로드된다면(예를 들어 `dlopen(3)`), 코드에서 트레이트를 구현하는 객체는 트레이트 객체를 통해서만 호출될 수 있다. 왜냐하면 단형화할 소스 코드가 없기 때문이다.

아이템 13: 디폴트 구현을 사용해 필수 트레이트 메서드를 최소화 하라

트레이트를 설계할 때는 트레이트를 구현하는 프로그래머(구현자)와 트레이트를 활용하는 프로그래머(사용자)라는 두 종류의 사용자를 고려해야 한다. 트레이트 설계가 어려운 이유 중 하나는 바로 두 사용자의 요구 사항이 서로 상반되기 때문이다.

- 구현자의 편의를 위해서는 목적 달성에 필요한 최소한의 메서드만 트레이트에 두는 것이 좋다.
- 활용자의 편의를 위해서는 해당 트레이트를 사용할 수 있는 주된 방법을 모두 포괄하도록 메서드를 다양하게 제공하는 것이 좋다.

이렇게 상충된 요구 사항을 균형 있게 반영하려면 사용자의 편의를 위해 메서드를 다양하게 제공하는 동시에, 인터페이스에서 제공하는 메서드 중에서도 기본적인 연산으로도 만들 수 있도록 디폴트 구현을 제공하면 된다.

이에 대한 간단한 예로 반복할 항목 수를 알고 있는 `Iterator`인 `ExactSizeIterator`에 정의된 `is_empty()` 메서드가 있다.[8] 이 메서드의 디폴트 구현은 다음과 같이 트레이트 메서드인 `len()` 기반으로 구현돼 있다.

```
fn is_empty(&self) -> bool {
    self.len() == 0
}
```

디폴트 구현은 어디까지나 디폴트일 뿐이다. 해당 트레이트 구현에서 반복자가 비어 있는지 판단하는 방법이 다양하다면, 디폴트로 제공되는 `is_empty()` 대신 자신이 직접 정의한 것으로 대체할 수 있다.

이렇게 하면 트레이트 정의에서 필수 메서드required method 수는 적으면서 디폴트로 구현된 메서드의 수는 많게 할 수 있다. 이 트레이트를 구현하는 사람은 필수 메서드만 구현하면 되고, 나머지는 그냥 디폴트로 제공되는 것을 사용하면 된다.

러스트 표준 라이브러리도 이 방식을 따른다. 대표적인 예로 `Iterator` 트레이트가 있다. 이 트레이트에는 `next()`라는 필수 메서드 하나만 있지만, 디폴트로 구현된 메서드(아이템 9)는

---

[8] `is_empty()` 메서드는 현재 실험 버전 상태(nightly-only experimental function)다(https://oreil.ly/0wZOL).

매우 다양하다(이 책을 집필하는 시점에는 50개 이상이다).

트레이트 메서드는 트레이트 바운드를 지정할 수 있다. 그래서 해당 트레이트를 구현하는 타입에 대해서만 해당 메서드를 사용하도록 만들 수 있다. 또한 `Iterator` 트레이트는 트레이트 바운드를 디폴트 메서드 구현과 함께 사용하면 유용하다는 것도 보여 준다. 예를 들어 `cloned()` 메서드에는 트레이트 바운드도 지정돼 있고 디폴트 구현도 제공한다.

```
fn cloned<'a, T>(self) -> Cloned<Self>
where
    T: 'a + Clone,
    Self: Sized + Iterator<Item = &'a T>,
{
    Cloned::new(self)
}
```

다시 말해 `cloned()` 메서드는 내부 `Item` 타입이 `Clone`을 구현하는 경우에만 사용할 수 있다. 또한 그런 경우에 구현도 기본으로 제공된다.

디폴트 구현이 제공되는 트레이트 메서드와 관련해 마지막으로 소개할 특성은 새로운 트레이트 메서드는 트레이트의 초기 버전이 출시된 후일지라도 대체로 안전하게 추가할 수 있다는 점이다. 이렇게 추가한 새로운 메서드는 해당 타입을 구현하는 다른 트레이트 메서드와 이름이 충돌하지 않는 한, 트레이트 활용자와 구현자 모두에게 하위 호환성(아이템 21)을 보장할 수 있다.[9]

따라서 이러한 표준 라이브러리처럼 트레이트 바운드가 적절히 지정되고 디폴트 구현이 제공되는 메서드를 추가함으로써 활용자가 다양한 API를 편하게 사용할 수 있게 하면서, 구현자를 위해서는 필수 API를 최소한으로 제공하는 것이 좋다.

---

[9] 새 메서드 이름이 구체적인 타입에 있는 메서드의 이름과 일치하는 경우에는 트레이트 메서드보다 구체적인 메서드(일명, 내재적 구현(inherent implementation))를 먼저 사용한다. 트레이트 메서드를 명시적으로 선택하려면 `<Concrete as Trait>::method()`로 캐스팅하면 된다.

CHAPTER 3
주요 개념

첫 두 장에 걸쳐 살펴본 러스트의 타입과 트레이트는 러스트 코드 작성에 필요한 주요 개념을 다루는 데 필요한 어휘를 공부하는 과정이었다. 이 장에서는 러스트의 주요 개념을 알아본다.

대여 검사와 **수명 검사**는 러스트를 독특하게 만드는 핵심 요소지만, 러스트를 처음 배울 때 넘어야 할 큰 장벽이기도 하다. 따라서 이어지는 아이템 14와 15에서 두 개념을 집중적으로 살펴본다.

이 장의 나머지 아이템에서는 개념 자체는 이해하기 쉽지만 다른 언어로 코드를 작성할 때와는 달라지는 개념을 설명한다.

- **아이템 16**: 러스트의 unsafe 모드와 이를 피하는 방법
- **아이템 17**: 러스트에서 멀티스레드 코드를 작성할 때의 좋은 점과 나쁜 점
- **아이템 18**: 런타임 중단을 피하기 위한 조언
- **아이템 19**: 리플렉션에 대한 러스트의 접근 방식
- **아이템 20**: 최적화와 유지 보수성 사이의 균형에 대한 조언

주요 개념에 맞게 코드를 작성하는 것이 좋다. C/C++의 (일부) 동작을 러스트에서 그대로 표현할 수는 있지만, 그럴 거면 굳이 러스트를 쓸 필요가 없을 것이다.

아이템 14: 수명을 잘 파악하라

이번에는 러스트의 수명lifetime을 알아본다. 수명이라는 개념은 C와 C++를 비롯한 기존 컴파일 언어에도 있었지만 러스트에서는 이 개념을 이론보다는 실용적인 관점으로 더 정확하게 정리했다. 수명은 아이템 15에서 설명하는 대여 검사기의 필수 입력으로, 러스트에서 메모리 안전성을 보장하는 데 핵심적인 요소다.

스택

수명은 기본적으로 스택stack과 연관된다. 여기서 스택을 간단히 소개하며 여러분의 기억을 되살리고 넘어가려 한다.

프로그램이 실행되는 동안 사용하는 메모리는 세그먼트segment 단위로 나뉜다. 그중 일부는 프로그램 코드나 글로벌 데이터를 저장하는 세그먼트처럼 크기가 일정하지만, 힙heap과 스택은 프로그램 실행 중에 상태에 따라 크기가 달라진다. 이를 위해 [그림 3-1]처럼 프로그램 가상 메모리 공간의 양쪽 끝에 힙과 스택이 배치된다. 그래야 하나는 아래쪽으로, 다른 하나는 위쪽으로 확장할 수 있다. 적어도 메모리가 부족해 충돌이 발생하기 전까지는 말이다.

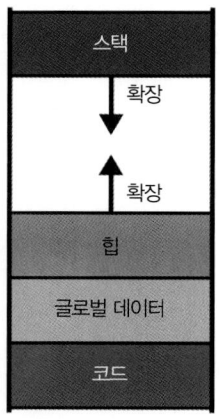

그림 3-1 스택은 아래로, 힙은 위로 증가하도록 배치된 프로그램 메모리 레이아웃

이처럼 크기가 동적으로 변하는 두 가지 세그먼트 중에서도 스택은 현재 실행 중인 함수의 상태 정보를 보관한다. 상태 정보의 구성 요소는 다음과 같다.

- 함수로 전달하는 매개변수
- 함수에서 사용하는 로컬 변수
- 함수 안에서 계산된 임싯값
- 함수를 호출한 코드로 돌아올 주소

함수 f()가 호출되면 그 함수에 대한 스택 프레임이 끝나는 지점 뒤에 새로운 스택 프레임이 추가되고, CPU의 스택 포인터^{stack pointer} 레지스터가 새로 추가된 스택 프레임을 가리키도록 업데이트된다.

이렇게 호출된 함수 f()가 돌아오면, 스택 포인터의 값은 f()를 호출하기 전에 가리키던 위치로 재설정된다. caller의 스택 프레임이 수정되지 않고 그대로 유지된다.

그리고 나서 다른 함수 g()가 호출되면, 방금 설명한 프로세스가 다시 진행되면서 좀 전에 f()가 사용했던 메모리 영역을 g()의 스택 프레임을 담는 데 재사용한다(그림 3-2).

```rust
fn caller() -> u64 {
    let x = 42u64;
    let y = 19u64;
    f(x) + g(y)
}

fn f(f_param: u64) -> u64 {
    let two = 2u64;
    f_param + two
}

fn g(g_param: u64) -> u64 {
    let arr = [2u64, 3u64];
    g_param + arr[1]
}
```

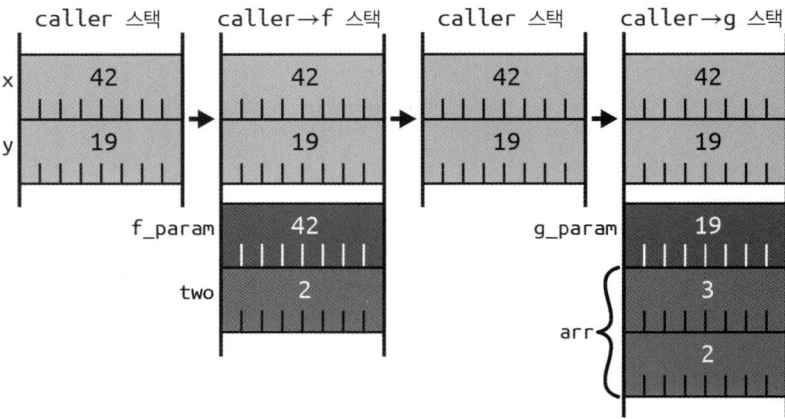

그림 3-2 함수 호출과 반환에 따른 스택 상태 변화

물론 이 그림은 실제 작동 과정을 상당히 단순화한 것이다. 스택에 새로 프레임을 추가하거나 제거하는 데 시간이 걸리기 때문에 실제로는 다양한 최적화 작업도 함께 수행한다. 하지만 이렇게 단순화한 그림만으로도 아이템 14에서 설명하는 주제를 이해하는 데 충분하다.

수명의 변화

앞서 매개변수와 로컬 변수가 스택에 저장되는 과정을 설명할 때, 값이 일시적으로만 저장되는 것을 알 수 있었다.

이러한 특성은 전통적으로 위험 요소로 작용했다. 가령, 임시 스택의 한 지점을 가리키는 포인터를 계속 보유하면 문제가 발생한다.

C 언어에서는 로컬 변수에 대한 포인터를 반환하도록 작성해도 컴파일 오류가 발생하지 않는다. 물론 최신 컴파일러라면 경고 메시지를 출력한다.

의도하지 않은 동작 발생

```
/* C 코드 */
struct File {
  int fd;
};
```

```
struct File* open_bugged() {
  struct File f = { open("README.md", O_RDONLY) };
  return &f;  /* 스택 객체 주소를 반환한다. */
}
```

운 나쁘게(?) 이 반환값을 함수를 호출했던 곳에서 즉시 사용하면 아무런 문제가 생기지 않는다.

의도하지 않은 동작 발생

```
struct File* f = open_bugged();
printf("in caller: file at %p has fd=%d\n", f, f->fd);
```

```
in caller: file at 0x7ff7bc019408 has fd=3
```

방금 '운 나쁘게'라고 표현한 이유는 이 코드가 겉보기에만 멀쩡하기 때문이다. 다른 함수가 호출되면 방금 참조했던 스택 영역이 재사용되면서 앞서 참조했던 객체가 담겼던 메모리 영역이 지워져 버린다.

의도하지 않은 동작 발생

```
investigate_file(f);
```

```
/* C 코드 */
void investigate_file(struct File* f) {
  long array[4] = {1, 2, 3, 4}; // 스택에 저장한다.
  printf("in function: file at %p has fd=%d\n", f, f->fd);
}
```

```
in function: file at 0x7ff7bc019408 has fd=1592262883
```

객체의 내용이 지워져 버리면 다른 문제도 발생한다. 앞에서 열었던 파일 디스크립터가 날아가 버리면서 그 안에 담긴 리소스에 대한 메모리가 해제되지 않은 채 프로그램에서 놓쳐버리는 누수 현상leak이 발생하는 것이다.

이처럼 리소스에 접근하는 방법을 놓치는 문제는 나중에 C++의 등장과 동시에 도입된 소멸자를 통해 RAII를 실현하면서 해결됐다(아이템 11). 이제 스택에 있던 객체도 스스로 정리할 수 있게 됐다. 객체에 담긴 리소스도 소멸자가 정리할 수 있다. C++ 컴파일러는 스택 프레임을 정리하는 과정에서 해당 스택에 담긴 객체의 소멸자를 호출한다.

```
// C++ 코드
File::~File() {
  std::cout << "~File(): close fd " << fd << "\n";
  close(fd);
  fd = -1;
}
```

이처럼 호출한 측의 포인터가 가리키던 객체가 제거되고 이와 관련된 리소스도 반환되면서, 그 포인터는 무효화된다.

의도하지 않은 동작 발생

```
File* f = open_bugged();
printf("in caller: file at %p has fd=%d\n", f, f->fd);
```

```
~File(): close fd 3
in caller: file at 0x7ff7b6a7c438 has fd=-1
```

그런데 C++는 댕글링 포인터dangling pointer 문제를 해결하기 위한 기능은 제공하지 않는다. 그래서 소멸자 호출로 이미 제거된 객체를 가리키는 포인터가 계속 남아 있을 수 있다.

```
// C++ 코드
void investigate_file(File* f) {
  long array[4] = {1, 2, 3, 4}; // 스택에 저장한다.
  std::cout << "in function: file at " << f << " has fd=" << f->fd << "\n";
}
```

```
in function: file at 0x7ff7b6a7c438 has fd=-183042004
```

C/C++ 프로그래머라면 이렇게 이미 사라진 대상을 가리키는 포인터를 역참조하는 문제가 발생하지 않도록 항상 주의를 기울여야 한다. 반대로 공격자 입장에서는 이런 댕글링 포인터를

어떻게든 찾아내서 음흉한 미소를 지으며 이 포인터를 역참조하는 방식으로 시스템을 공격할 것이다.

하지만 러스트에는 이런 위험이 없다. 러스트에서 가장 매력적인 특징이 바로 이런 댕글링 포인터 문제를 근본적으로 해결했다는 점이다. 따라서 보안 문제의 상당 부분이 저절로 해결됐다.[1]

이러한 특성 덕분에 그동안 내부적으로 가려져 있던, 그래서 C/C++ 프로그래머가 언어 차원의 도움 없이 직접 책임져야 했던 **수명**lifetime이란 개념이 전면에 등장하게 된 것이다. 앰퍼샌드(&)가 붙은 타입은 모두 수명('a)을 갖는다. 물론 이를 생략해도 대부분은 컴파일러가 처리해 준다.

수명의 스코프

스택에 담긴 항목의 수명이란 그 항목이 유지되도록 보장되는 기간이다. 다시 말해 항목에 대한 레퍼런스(포인터)가 무효화되지 않는다고 보장되는 기간이다.

수명은 항목이 생성될 때 시작해서 그 항목이 드롭(제거)drop되거나 이동move할 때 끝난다. 여기서 드롭이란 C++의 객체 소멸destruction에 대한 러스트의 표현 방식이다.

C/C++에 익숙한 프로그래머라면 이동할 때 수명이 끝나는 경우가 많다는 사실에 놀랄 것이다. 러스트에서는 스택 안의 한 지점에서 다른 지점으로, 스택에서 힙으로, 힙에서 스택으로 이동하는 경우가 상당히 많다.

항목이 자동으로 드롭되는 구체적인 위치는 그 항목에 대한 이름의 존재 여부에 따라 달라진다. 로컬 변수와 함수 매개변수는 이름이 있으므로, 해당 항목이 생성되어 이름이 정해지는 시점부터 수명이 시작된다.

- 로컬 변수는 `let var = ...`가 선언될 때 시작된다.
- 함수 매개변수는 함수 호출 과정에서 실행 프레임이 설정될 때 시작된다.

---

[1] 예를 들어 크로미엄 프로젝트(Chromium project)에서 보안 버그의 70%가 메모리 안전성과 관련 있다고 추정한다(https://oreil.ly/GJkt0).

이렇게 이름 있는 항목의 수명은 항목이 다른 곳으로 이동하거나 그 항목의 이름이 스코프를 벗어날 때 끝난다.

```
#[derive(Debug, Clone)]
/// Item 정의
pub struct Item {
    contents: u32,
}
{
    let item1 = Item { contents: 1 }; // `item1`이 여기서 생성된다.
    let item2 = Item { contents: 2 }; // `item2`가 여기서 생성된다.
    println!("item1 = {item1:?}, item2 = {item2:?}");
    consuming_fn(item2); // `item2`가 여기서 이동한다.
} // `item1`이 여기서 드롭된다.
```

항목을 표현식의 '실행 시점에 동적으로' 생성해서 다른 곳으로 넘겨줄 수도 있다. 이처럼 이름 없이 임시로 생성된 항목은 더 이상 사용되지 않을 때 드롭된다. 너무 단순한 표현일 수도 있지만, 컴파일러가 표현식의 각 부분마다 임시 변수를 추가해서 중간 단계로 나눠서 처리한다고 생각하면 이해하기 쉽다. 예를 들어 다음과 같은 표현식을 보자.

```
let x = f((a + b) * 2);
```

이 표현식은 다음과 같이 표현할 수도 있다.

```
let x = {
    let temp1 = a + b;
    {
        let temp2 = temp1 * 2;
        f(temp2)
    } // `temp2`가 여기서 드롭된다.
}; // `temp1`이 여기서 드롭된다.
```

실행 시점이 마지막 줄에 있는 세미콜론에 다다르면 임시 항목이 모두 드롭된다.

컴파일러가 계산한 항목의 수명을 확인하는 한 가지 방법은 대여 검사기(아이템 15)가 잡아낼 만한 오류를 고의로 주입하는 것이다. 예를 들어 어떤 항목이 스코프를 벗어날 때까지 그 항목에 대한 레퍼런스를 계속 유지하면 된다.

오류가 발생하는 코드

```
let r: &Item;
{
    let item = Item { contents: 42 };
    r = &item;
}
println!("r.contents = {}", r.contents);
```

그러면 다음과 같은 오류 메시지가 출력되면서 item의 수명이 끝나는 정확한 시점을 알려준다.

```
error[E0597]: `item` does not live long enough
  --> src/main.rs:190:13
   |
189|         let item = Item { contents: 42 };
   |             ---- binding `item` declared here
190|         r = &item;
   |             ^^^^^ borrowed value does not live long enough
191|     }
   |     - `item` dropped here while still borrowed
192|     println!("r.contents = {}", r.contents);
   |                                 ---------- borrow later used here
```

이름 없는 임시 항목도 같은 방법으로 알아낼 수 있다.

오류가 발생하는 코드

```
let r: &Item = fn_returning_ref(&mut Item { contents: 42 });
println!("r.contents = {}", r.contents);
```

이 코드를 실행하면 표현식 끝부분에서 다음과 같이 오류가 발생한다.

```
error[E0716]: temporary value dropped while borrowed
  --> src/main.rs:209:46
   |
209| let r: &Item = fn_returning_ref(&mut Item { contents: 42 });
   |                                      ^^^^^^^^^^^^^^^^^^^^^^ - temporary
   |                                      |                       value is freed at the
   |                                      |                       end of this statement
```

```
      |                                      creates a temporary value which is
      |                                      freed while still in use
  210 | println!("r.contents = {}", r.contents);
      |                            ---------- borrow later used here
      |
      = note: consider using a `let` binding to create a longer lived value
```

레퍼런스의 수명에 대해 마지막으로 하나만 더 설명하면, 레퍼런스가 특정 코드 지점을 지나서는 더 이상 사용되지 않는다는 것을 컴파일러가 증명할 수 있는 경우, 레퍼런스의 수명이 끝나는 지점은 레퍼런스의 스코프가 끝나는 지점이 아니라 레퍼런스를 마지막으로 사용한 지점이 된다. 이런 비어휘 수명non-lexical lifetime을 활용하면 대여 검사기가 다음과 같이 좀 더 유연하게 적용된다.

```rust
{
    // `s`는 `String`을 소유한다.
    let mut s: String = "Hello, world".to_string();

    // `String`에 대한 가변 레퍼런스를 생성한다.
    let greeting = &mut s[..5];
    greeting.make_ascii_uppercase();
    // ... 이 시점 이후로 `greeting`을 사용하지 않는다.

    // 가변 레퍼런스가 스코프 안에 있더라도
    // `String`에 대한 불변 레퍼런스를 생성할 수 있다.
    let r: &str = &s;
    println!("s = '{}'", r); // s = 'HELLO, world'
} // 가변 레퍼런스인 `greeting`이 여기서 드롭된다고 생각하기 쉽다.
```

수명 계산법

러스트에서 레퍼런스를 다루는 과정에서 수명이 자주 등장하지만, 그 기간을 구체적으로 지정할 수는 없다. 가령 '내가 다루는 ref.rs의 수명은 17줄에서부터 32줄까지다'라고 지정할 방법이 없다. 그래서 'a, 'b, 'c 등과 같은 무작위 이름으로 수명을 참조해서 이에 대응되는 소스 코드 부분에 대해 외부에서 접근할 수는 없는 내부 표현을 컴파일러가 만들게 할 수는 있다(다음 절에서 다루는 'static 수명은 예외다. 자세한 내용은 뒤에서 설명한다).

하지만 이런 수명 이름에는 한계가 있다. 대부분은 두 항목의 수명이 '같다'는 사실을 나타내기 위해 동일한 수명 이름을 지정하는 방식으로만 사용한다.

수명 계산법을 이해하기 가장 쉬운 방법은 함수 시그니처의 예를 살펴보는 것이다. 즉, 함수의 입력과 출력 모두 레퍼런스일 때, 각 수명의 관계를 살펴보면 된다.

가장 흔한 경우는 레퍼런스 하나를 입력으로 받아서 레퍼런스 하나를 출력으로 내보내는 함수다. 출력 레퍼런스는 반드시 수명이 있어야 하지만, (`'static`이 아니라면) 입력 수명 말고는 선택의 여지가 없다. 즉, 둘 다 `'a`라는 같은 이름을 공유하게 만드는 것이다. 다음과 같이 두 타입에 대해 `'a`라는 이름을 수명 애너테이션annotation으로 추가한다.

```
pub fn first<'a>(data: &'a [Item]) -> Option<&'a Item> {
    // ...
}
```

러스트에서는 이렇게 작성하는 경우가 너무 많고, 출력 수명에 대해 달리 선택할 여지가 거의 없기 때문에 '이런 경우에는 수명 이름을 직접 작성할 필요가 없다'는 수명 생략 규칙lifetime elision rule을 적용한다. 앞에서 본 함수 시그니처를 좀 더 관용적으로 표현하면 다음과 같다.

```
pub fn first(data: &[Item]) -> Option<&Item> {
    // ...
}
```

이름을 임의로 만들어서 두 지점에 적는 일을 생략했을 뿐이지만, 레퍼런스는 여전히 수명을 갖는다.

만약 출력 수명에 대응될 입력 수명이 여러 개라면 어떻게 될까? 이 경우에는 컴파일러가 자동으로 처리할 수 없다.

> **오류가 발생하는 코드**
> ```
> pub fn find(haystack: &[u8], needle: &[u8]) -> Option<&[u8]> {
>     // ...
> }
> ```

```
error[E0106]: missing lifetime specifier
   --> src/main.rs:56:55
   |
56 | pub fn find(haystack: &[u8], needle: &[u8]) -> Option<&[u8]> {
   |                       -----          -----            ^ expected named
   |                                                         lifetime parameter
   |
   = help: this function's return type contains a borrowed value, but the
           signature does not say whether it is borrowed from `haystack` or
           `needle`
help: consider introducing a named lifetime parameter
   |
56 | pub fn find<'a>(haystack: &'a [u8], needle: &'a [u8]) -> Option<&'a [u8]> {
   |            ++++           ++                ++                 ++
```

함수와 매개변수 이름을 바탕으로 추측해 보면 출력의 수명은 haystack 입력과 같을 가능성이 높다.

```
pub fn find<'a, 'b>(
    haystack: &'a [u8],
    needle: &'b [u8],
) -> Option<&'a [u8]> {
    // ...
}
```

흥미롭게도 컴파일러는 함수의 두 입력이 모두 'a라는 동일한 수명을 사용하는 방안을 제시했다. 예를 들어 다음 함수에 이 수명 조합을 적용한 경우를 보자.

```
pub fn smaller<'a>(left: &'a Item, right: &'a Item) -> &'a Item {
    // ...
}
```

두 입력 수명이 '같다'는 의미로 생각하기 쉽다. 하지만 여기서 같다에 작은따옴표를 붙인 것만 봐도 실제로는 그렇지 않다는 것을 눈치챌 수 있다.

수명의 존재 이유는 어떤 항목을 가리키는 레퍼런스의 수명이 대상 항목 자체의 수명보다 길어지지 않게 하는 데 있다. 이를 감안하면 출력 수명 'a가 입력 수명 'a와 '같다'는 말은, 입력의 수명이 출력보다는 길어야 한다는 의미일 뿐이다.

수명이 'a로 '같은' 입력이 두 개 있다는 말은 출력 수명이 두 입력의 수명 중에서 어느 하나보다 길면 안 된다는 뜻이다.

```
{
    let outer = Item { contents: 7 };
    {
        let inner = Item { contents: 8 };
        {
            let min = smaller(&inner, &outer);
            println!("smaller of {inner:?} and {outer:?} is {min:?}");
        } // `min`이 드롭된다.
    } // `inner`가 드롭된다.
} // `outer`가 드롭된다.
```

다시 말해, 출력 수명은 두 입력 수명 중 짧은 쪽 수명보다 길지 않아야 한다.

반대로 출력 수명이 두 입력 중 어느 하나의 수명과 관련이 없다면 굳이 수명을 중첩시킬 필요가 없다.

```
{
    let haystack = b"123456789"; // 'a 수명 시작
    let found = {
        let needle = b"234"; // 'b 수명 시작
        find(haystack, needle)
    }; // 'b 수명 끝
    println!("found={:?}", found); // `found`는 'a 안에서, 'b 밖에서 사용된다.
} // 'a 수명 끝
```

수명 생략 규칙

앞 절의 '수명 계산법'에서 설명했던 '하나를 받아서, 하나를 내보내'는 경우 말고도 수명 생략 규칙이 적용되는 경우가 두 가지 더 있다.

첫 번째 경우는 함수 출력에 레퍼런스가 없을 때다. 이 경우에는 입력 레퍼런스마다 다른 입력

매개변수의 수명과는 다른, 자체 수명을 자동으로 갖는다.

두 번째 경우는 메서드에서 self에 대한 레퍼런스를 사용하는 경우다(&self 또는 &mut self). 이럴 때는 컴파일러는 모든 출력 레퍼런스의 수명은 self와 같다고 가정하며, 실제로 이런 경우가 대부분이다.

함수에 대한 수명 생략 규칙을 정리하면 다음과 같다.

- **입력은 하나고, 출력은 여러 개인 경우**: 출력의 수명이 입력과 '같다'고 가정한다.

  ```
  fn f(x: &Item) -> (&Item, &Item)
  // ...는 ...와 같다.
  fn f<'a>(x: &'a Item) -> (&'a Item, &'a Item)
  ```

- **입력은 여러 개인데, 출력은 없는 경우**: 입력 수명이 모두 다르다고 가정한다.

  ```
  fn f(x: &Item, y: &Item, z: &Item) -> i32
  // ...는 ...와 같다.
  fn f<'a, 'b, 'c>(x: &'a Item, y: &'b Item, z: &'c Item) -> i32
  ```

- **&self를 포함한 입력이 여러 개면서, 출력도 여러 개인 경우**: 출력 수명이 &self의 수명과 '같다'고 가정한다.

  ```
  fn f(&self, y: &Item, z: &Item) -> &Thing
  // ...는 ...와 같다.
  fn f(&'a self, y: &'b Item, z: &'c Item) -> &'a Thing
  ```

물론 본래 의도와 다르게 수명 이름이 생략됐다면, 언제든지 관련된 수명 이름을 명시적으로 지정하면 된다. 실제로 이런 경우에 생략된 수명이 함수 안에서나 함수를 호출한 곳에서 레퍼런스를 사용하는 방식과 일치하지 않는다는 이유로 컴파일 오류가 발생할 가능성이 높다.

'static 수명

앞에서 함수의 입력 레퍼런스와 출력 레퍼런스의 수명에 대한 다양한 조합을 소개했지만, 한 가지 특수한 경우를 빼먹었다. 바로 다음과 같이 입력은 없지만 반환값 출력에는 레퍼런스가 있는 경우다.

> **오류가 발생하는 코드**
>
> ```
> pub fn the_answer() -> &Item {
>     // ...
> }
> ```

```
error[E0106]: missing lifetime specifier
   --> src/main.rs:471:28
    |
471 |     pub fn the_answer() -> &Item {
    |                            ^ expected named lifetime parameter
    |
    = help: this function's return type contains a borrowed value, but there
            is no value for it to be borrowed from
help: consider using the `'static` lifetime
    |
471 |     pub fn the_answer() -> &'static Item {
    |                             +++++++
```

이럴 때 출력 레퍼런스에 대해 할 수 있는 것은 절대 스코프를 벗어나지 않는다고 보장되는 수명을 갖게 하는 것뿐이다. 이때 지정하는 특수한 수명을 'static으로 표현한다. 참고로 무작위 플레이스홀더placeholder 형태가 아닌 구체적인 이름을 가진 유일한 수명이다.

```
pub fn the_answer() -> &'static Item {
```

'static 수명을 갖게 만드는 가장 간단한 방법은 static으로 지정한 글로벌 변수의 레퍼런스를 구하는 것이다.

```
static ANSWER: Item = Item { contents: 42 };

pub fn the_answer() -> &'static Item {
    &ANSWER
}
```

이렇게 static으로 지정된 항목은 프로그램이 실행되는 동안 주소가 고정되고 절대 이동하지 않도록 컴파일러에 의해 보장된다. 따라서 static 항목에 대한 레퍼런스는 당연히 'static 수명을 갖는다.

const 항목에 대한 레퍼런스 역시 'static 수명을 갖도록 승격promotion되는 것이 일반적이지만, 몇 가지 주의 사항이 있다. 첫째는 대상 타입에 소멸자나 내부 가변성interior mutability이 있으면 승격되지 않는다는 것이다.

> **오류가 발생하는 코드**
>
> ```
> pub struct Wrapper(pub i32);
>
> impl Drop for Wrapper {
>     fn drop(&mut self) {}
> }
>
> const ANSWER: Wrapper = Wrapper(42);
>
> pub fn the_answer() -> &'static Wrapper {
>     // `Wrapper`에 소멸자가 있으므로,
>     // 상수에 대한 레퍼런스는 `'static` 수명을 갖도록 승격되지 않는다.
>     &ANSWER
> }
> ```

```
error[E0515]: cannot return reference to temporary value
  --> src/main.rs:520:9
   |
520|         &ANSWER
   |         ^------
   |         ||
   |         |temporary value created here
   |         returns a reference to data owned by the current function
```

둘째는 const의 값만 모든 곳에서 일정하도록 보장된다는 것이다. 컴파일러는 해당 변수가 사용되는 모든 곳에 얼마든지 복사본을 만들 수 있다. 'static 레퍼런스 내부의 포인터 값에 의존하는 악의적인 작업을 수행한다면, 여기에 영향받는 메모리 지점이 여러 곳이라는 점에 주의해야 한다.

'static 수명을 갖게 만드는 방법이 한 가지 더 있다. 'static의 핵심 조건은 프로그램의 다른 어떤 수명보다 길어야 한다는 것이다. 힙에 할당한 후 절대 해제되지 않는 값도 이 조건을 충족한다.

힙에 정상적으로 할당된 Box<T>는 이 조건을 만족하지 않는다. 다음 절에서 설명하겠지만,

해당 항목이 중간에 드롭되지 않는다고 보장할 수 없기 때문이다.

오류가 발생하는 코드

```rust
{
    let boxed = Box::new(Item { contents: 12 });
    let r: &'static Item = &boxed;
    println!("'static item is {:?}", r);
}
```

```
error[E0597]: `boxed` does not live long enough
  --> src/main.rs:344:32
   |
343|       let boxed = Box::new(Item { contents: 12 });
   |           ----- binding `boxed` declared here
344|       let r: &'static Item = &boxed;
   |              -------------   ^^^^^^ borrowed value does not live long enough
   |              |
   |              type annotation requires that `boxed` is borrowed for `'static`
345|       println!("'static item is {:?}", r);
346|   }
   |   - `boxed` dropped here while still borrowed
```

그런데 Box::leak 함수를 이용하면 소유한 Box<T>를 T에 대한 가변 레퍼런스로 변환할 수 있다. 그러면 더 이상 이 값에 대한 소유자가 존재하지 않으므로 절대 드롭되지 않게 되면서 'static 수명의 요구 사항을 충족한다.

```rust
{
    let boxed = Box::new(Item { contents: 12 });

    // `leak()`은 `Box<T>`를 소비해서 `&mut T`를 반환한다.
    let r: &'static Item = Box::leak(boxed);

    println!("'static item is {:?}", r);
} // `boxed`는 여기서 드롭되지 않는다. 이미 `Box::leak()`로 이동했기 때문이다.

// 이제 `r`은 스코프를 벗어났기 때문에 `Item`에 대한 메모리 누수가 발생한다.
```

항목을 드롭할 수 없다면 그 항목을 담고 있던 메모리를 회수할 수 없다. 따라서 영구적인 메모리 누수memory leak로 이어질 수 있다. 메모리 누수가 러스트의 메모리 안전 보장에 어긋나는 것은 아니다. 메모리에 담긴 항목에 더 이상 접근할 수는 없지만 어쨌든 안전하다.

수명과 힙

지금까지는 함수 매개변수, 로컬 변수, 임시 변수처럼 스택에 있는 항목의 수명을 집중적으로 살펴봤다. 이번에는 힙에 있는 항목의 수명을 알아보자.

힙에 있는 값에 대해 명심할 점이 있다. 바로 모든 항목에는 항상 소유자가 있다는 것이다(다만 앞에서 본 고의적인 누수와 같은 특수한 경우는 예외다). 가령, Box<T>는 T 타입 값을 힙에 저장하고, 이 Box<T>를 가진 변수가 소유자가 된다.

```
{
    let b: Box<Item> = Box::new(Item { contents: 42 });
} // `b`가 여기서 드롭되므로 `Item`도 드롭된다.
```

힙에 할당된 값을 소유하던 Box<Item>이 스코프를 벗어나면 그 안에 담긴 내용이 드롭되므로, 힙에 있던 Item의 수명은 스택에 있던 Box<Item> 변수의 수명과 같다.

힙에 있는 값의 소유자 역시 스택이 아닌 힙에 있을 수도 있다. 그렇다면 이 소유자의 소유자는 누구일까?

```
{
    let b: Box<Item> = Box::new(Item { contents: 42 });
    let bb: Box<Box<Item>> = Box::new(b); // 여기서 `b`가 힙으로 이동한다.
} // `bb`가 여기서 드롭되므로 `Box<Item>`도 드롭되고 `Item`도 드롭된다.
```

이렇게 구성된 소유권 체인은 언젠가 끝나야 한다. 그 시점은 다음 두 가지 중 하나다.

- **로컬 변수나 함수 매개변수에서 끝나는 경우:** 체인에 있는 모든 개체의 수명은 스택 변수의 수명 'a가 된다. 스택 변수가 스코프를 벗어나면 체인에 있는 항목이 모두 드롭된다.
- **static으로 표시된 글로벌 변수에서 끝나는 경우:** 체인에 있는 모든 개체의 수명은 'static이다. static 변수는 스코프를 벗어날 일이 없기 때문에 체인에 있는 어떤 것도 자동으로 드롭되지 않는다.

결론적으로 힙에 있는 항목의 수명은 스택의 수명에 종속된다.

구조체의 수명

앞서 '수명 계산법' 절에서 함수의 입출력과 관련해 몇 가지 문제가 발생한다고 언급했다. 구조체(struct)에 레퍼런스를 저장할 때도 이와 비슷한 문제가 발생한다.

구조체의 필드로 레퍼런스를 추가할 때 수명을 지정하지 않으면 다음과 같이 컴파일 오류가 발생한다.

오류가 발생하는 코드

```rust
pub struct ReferenceHolder {
    pub index: usize,
    pub item: &Item,
}
```

```
error[E0106]: missing lifetime specifier
  --> src/main.rs:548:19
   |
548|         pub item: &Item,
   |                   ^ expected named lifetime parameter
   |
help: consider introducing a named lifetime parameter
   |
546 ~     pub struct ReferenceHolder<'a> {
547 |         pub index: usize,
548 ~         pub item: &'a Item,
   |
```

항상 그렇듯이 컴파일러는 오류 메시지 안에 문제를 해결하는 방법도 함께 알려준다. 첫 번째 문제는 해결하기 쉽다. 레퍼런스 타입에 수명 이름('a)을 명시적으로 지정하면 된다. 구조체 안에 레퍼런스를 사용할 때는 수명 생략 규칙이 적용되지 않기 때문이다.

두 번째 문제는 잘 드러나지 않을 뿐만 아니라 더 심각한 결과를 초래한다. 구조체 역시 레퍼런스 필드의 수명과 같은 수명 매개변수(<'a>)가 있어야 한다.

```rust
// 레퍼런스 필드 때문에 구조체에도 수명 매개변수가 필요하다.
pub struct ReferenceHolder<'a> {
    pub index: usize,
    pub item: &'a Item,
}
```

이 수명 매개변수는 전염성이 있다. 즉, 이 구조체를 필드 타입으로 사용하는 다른 구조체도 이 구조체의 수명 매개변수(<'a>)를 받아야 한다.

```rust
// 수명 매개변수를 가진 타입으로 된 필드 때문에 구조체에도 수명 매개변수가 필요하다.
pub struct RefHolderHolder<'a> {
    pub inner: ReferenceHolder<'a>,
}
```

슬라이스 타입 필드를 가진 구조체도 마찬가지로 수명 매개변수가 있어야 한다. 슬라이스도 빌린 데이터(대여 데이터)borrowed data에 대한 레퍼런스이기 때문이다.

구조체 안에 수명을 지정할 필드가 여러 개라면, 수명 조합을 잘 결정해야 한다. 예를 들어 다음과 같이 주어진 문자열 쌍에서 공통 부분 문자열substring을 찾는 코드에서 두 문자열이 각자 수명을 가질 수 있다.

```rust
/// 문자열 쌍에 공통으로 존재하는 부분 문자열의 위치
pub struct LargestCommonSubstring<'a, 'b> {
    pub left: &'a str,
    pub right: &'b str,
}

/// `left`와 `right`에 공통으로 존재하는 부분 문자열 중에서 가장 큰 것 찾기
pub fn find_common<'a, 'b>(
    left: &'a str,
    right: &'b str,
) -> Option<LargestCommonSubstring<'a, 'b>> {
    // ...
}
```

이와 달리 한 문자열 안의 여러 지점을 참조하는 구조체라면 수명 하나를 공유하면 된다.

```rust
/// 문자열 안에서 반복되는 부분 문자열 중에서 첫 번째와 두 번째 인스턴스
pub struct RepeatedSubstring<'a> {
    pub first: &'a str,
    pub second: &'a str,
}

/// `s` 안에서 반복되는 부분 문자열 중 첫 번째 것 찾기
pub fn find_repeat<'a>(s: &'a str) -> Option<RepeatedSubstring<'a>> {
    // ...
}
```

이처럼 수명 매개변수는 전파돼야 마땅하다. 레퍼런스가 중첩된 깊이가 아무리 깊더라도 참조 대상 항목이 존재하는 동안만 유효하기 때문이다. 참조 대상 항목이 이동하거나 드롭된다면 레퍼런스 중첩 관계로 연결된 구조체 체인 전체가 더 이상 유효하지 않다.

하지만 이런 특성 때문에 레퍼런스를 가진 구조체를 사용하기가 더 어렵기도 하다. 이런 구조체의 소유자는 모든 수명이 일치하도록 보장해야 하기 때문이다. 그래서 **가급적 구조체가 내용물을 직접 소유하도록 구성하는 것이 좋다.** 특히 코드를 고도로 최적화할 필요가 없는 경우라면 더욱 그렇다(아이템 20). 그렇게 할 수 없다면 아이템 8에서 설명하는 다양한 스마트 포인터 유형(예: Rc)을 사용해 수명 제약 조건 문제를 해결할 수 있다.

익명 수명

구조체가 내용물을 직접 소유하게 만들기 어려운 경우에는 결국 앞에서 본 것처럼 수명 매개변수를 가질 수밖에 없다. 그렇게 되면 이전 아이템에서 설명했던 수명 생략 규칙과 부딪히는 상황이 발생할 수 있다.

예를 들어 다음과 같이 수명 매개변수가 있는 구조체를 반환하는 함수를 생각해 보자. 이 함수의 시그니처를 완전히 명시적으로 풀어 쓰면, 관련 수명이 명확히 드러난다.

```rust
pub fn find_one_item<'a>(items: &'a [Item]) -> ReferenceHolder<'a> {
    // ...
}
```

하지만 같은 시그니처라도 수명을 생략하면 오해를 불러 일으킬 수 있다.

```
pub fn find_one_item(items: &[Item]) -> ReferenceHolder {
    // ...
}
```

여기서 반환 타입에 대한 수명 매개변수를 생략했기 때문에 이 코드를 읽는 사람은 여기에 수명이 관련되어 있다는 사실을 놓칠 수 있다.

이럴 때는 익명 수명^{anonymous lifetime} ('_)을 사용해 생략된 수명이 있음을 표시한다. 그러면 수명 이름을 모두 나열하지 않아도 된다.

```
pub fn find_one_item(items: &[Item]) -> ReferenceHolder<'_> {
    // ...
}
```

간단히 말해 컴파일러가 '_ 마커가 있는 곳마다 고유한 수명 이름을 만들어 준다. 이렇게 만들어진 이름은 우리가 명시적으로 지정하지 않는 각 지점에서 내부적으로 적절히 사용된다.

이 기능은 수명 생략 규칙이 적용되는 다른 경우에서도 유용하다. 예를 들어 다음과 같이 **Debug** 트레이트의 **fmt** 메서드를 선언할 때 **Formatter** 인스턴스의 수명이 **&self**와 다르다는 사실을 익명 수명으로 표현한다. 여기서 수명 이름 자체는 중요하지 않기 때문이다.

```
pub trait Debug {
    fn fmt(&self, f: &mut Formatter<'_>) -> Result<(), Error>;
}
```

기억할 사항

- 러스트의 레퍼런스에는 항상 수명이 있으며 수명 레이블^{lifetime label}(예: 'a)로 이를 표시한다. 몇 가지 자주 사용되는 경우에는 함수 매개변수와 반환값에 대한 수명 레이블을 생략할 수 있다(물론 내부적으로는 표시된다).
- 레퍼런스가 중첩되어 담긴 구조체는 수명 매개변수가 있어야 한다. 따라서 내용물을 직접 소유하도록 구

조체를 만드는 것이 대체로 다루기 쉽다.
- 'static 수명은 스코프를 절대 벗어날 일이 없는 개체에 대한 레퍼런스로 사용된다. 그런 개체의 예로는 글로벌 데이터, 의도적으로 누수된 힙의 항목 등이 있다.
- 수명 레이블은 수명이 '같음'을 나타내는 용도로만 사용된다. 따라서 출력 수명은 입력 수명 안에 포함된다.
- 수명 레이블을 구체적으로 지정할 필요가 없다면 익명 수명 레이블('_)을 사용한다.

아이템 15: 대여 검사기를 잘 파악하라

러스트에서 값마다 소유자가 있지만, 소유한 값을 코드의 다른 곳에 빌려줄 수 있다. 이런 **대여**borrowing 메커니즘은 레퍼런스의 생성과 사용 과정에 적용되며 관련 규칙에 어긋나지 않도록 **대여 검사기**borrow checker가 지키고 있다.

러스트의 레퍼런스는 내부적으로 C나 C++ 코드에서 보던 것과 같은 포인터(아이템 8)를 사용하는데, C/C++에서 발생하던 문제를 방지하기 위해 러스트에는 몇 가지 규칙과 제약 조건을 적용한다. 그 차이를 간단히 비교하면 다음과 같다.

- 러스트의 레퍼런스는 C/C++와 마찬가지로 앰퍼샌드(&)를 통해 생성한다(예: &value).
- 러스트의 레퍼런스는 C++와 마찬가지로 nullptr이 될 수 없다.
- 러스트의 레퍼런스는 C/C++의 포인터처럼 생성 후에 참조 대상을 변경할 수 있다.
- C++와 달리 값으로부터 레퍼런스를 생성하려면 항상 앰퍼샌드(&)를 이용해 명시적으로 변환해야 한다. 즉, f(value)에서 f는 value 값의 소유권을 넘겨 받는다. 단, 여기서 지정한 value의 타입이 Copy(아이템 10)를 구현했다면, 해당 항목의 복사본에 대한 소유권을 넘겨 받는다.
- C/C++와 달리 러스트에서는 레퍼런스의 가변성을 생성 시점에 명시적으로(&mut) 지정해야 한다. 가령 f(&value)라고만 적으면 value를 변경할 수 없다(C/C++ 용어로 const다). f(&mut value)라고 작성해야만 value의 내용을 변경할 수 있다.[2]

러스트의 레퍼런스가 C/C++의 포인터와 다른 가장 큰 차이는 '대여'라는 개념이 적용된다는 것이다. 어떤 항목에 대한 레퍼런스(포인터)를 만들 수 있지만, **그 레퍼런스를 영원히 유지할 수**

---

[2] m!(value)처럼 매크로(아이템 28)가 관련된 표현은 임의의 코드로 확장될 수 있기 때문에 어떤 일이든 일어날 수 있다는 사실에 주의한다.

는 없다. 특히, 아이템 14에서 설명한 것처럼 컴파일러가 추적하고 있기 때문에 참조 대상의 수명보다 오래 유지할 수 없다.

러스트 레퍼런스 사용에 대한 이런 제약 조건 덕분에 메모리 안전성은 보장할 수 있지만, 대여 규칙을 정확히 파악해서 코드(그중에서도 특히 구조체) 설계에 반영해야 한다는 부담이 있다.

이번 아이템 15에서는 러스트의 레퍼런스로 할 수 있는 일과, 이 과정에 적용되는 대여 검사기의 규칙부터 먼저 살펴본다. 그리고 나서 이 규칙과 관련해 겪게 되는 문제에 대처하는 방법, 즉 대여 검사기의 지적에 대처하기 위해 리팩터링하고, 재작업하고, 재설계하는 방법을 소개한다.

접근 제어

러스트에서 어떤 개체에 담긴 내용에 접근하려면, 개체의 소유자를 이용하거나(item), 레퍼런스를 이용하거나(&item), 가변 레퍼런스를 이용하는(&mut item) 세 가지 방법을 사용한다. 각 방법마다 개체에 대한 권한을 다양하게 지정할 수 있다. 이를 스토리지에 적용되는 CRUD(생성/읽기/갱신/삭제) 모델로 개략적으로 표현하면 다음과 같다(참고로 러스트에서는 삭제delete 대신 드롭drop으로 표현한다).

- 소유자는 개체를 생성하고, 읽고, 업데이트하고, 드롭할 수 있다.
- 가변 레퍼런스를 사용하면 참조 대상을 읽거나 업데이트할 수 있다.
- (일반) 레퍼런스는 참조 대상을 읽을 수만 있다.

이 데이터 접근 규칙을 보면 소유자만 개체를 이동시킬 수 있다는 러스트만의 중요한 특징을 엿볼 수 있다. 새 위치에서 개체를 생성하는 것과 이전 위치에서 개체의 메모리를 드롭하는 것을 조합한 것이 '이동'이라는 점에서 타당한 규칙이다.

그런데 이 특성 때문에 가변 레퍼런스를 사용하는 코드에서 특이한 현상이 발생한다. 예를 들어 다음과 같이 Option을 덮어쓸 수도 있다.

```
/// 이 코드에서 사용하는 구조체
#[derive(Debug)]
pub struct Item {
    pub contents: i64,
}
```

```rust
/// `item`의 내용을 `val`로 교체한다.
pub fn replace(item: &mut Option<Item>, val: Item) {
    *item = Some(val);
}
```

그런데 이전 값을 반환하는 코드를 추가하면 이동 제한 조건에 어긋나게 된다.[3]

> **오류가 발생하는 코드**
>
> ```rust
> /// `item`의 내용을 `val`로 교체하고, 이전 내용을 반환한다.
> pub fn replace(item: &mut Option<Item>, val: Item) -> Option<Item> {
>     let previous = *item; // 이동시킨다.
>     *item = Some(val); // 교체한다.
>     previous
> }
> ```

```
error[E0507]: cannot move out of `*item` which is behind a mutable reference
  --> src/main.rs:34:24
   |
34 |             let previous = *item; // move out
   |                            ^^^^^ move occurs because `*item` has type
   |                                  `Option<inner::Item>`, which does not
   |                                  implement the `Copy` trait
   |
help: consider removing the dereference here
   |
34 -            let previous = *item; // move out
34 +            let previous = item; // move out
   |
```

가변 레퍼런스를 통한 읽기 동작은 문제없지만, 이 코드는 복사본이 생성되지 않도록 읽은 값을 새 값으로 교체하기 직전에 이동시키려고 했다. 대여 검사기는 보수적이어서 두 문장 사이에 가변 레퍼런스가 유효하지 않은 값을 참조할 가능성이 있음을 지적한다.

우리가 볼 때는 기존값을 추출해서 새 값으로 교체하도록 연산을 조합해도 문제없을 뿐만 아니라 오히려 유용하다. 따라서 표준 라이브러리는 이런 작업을 수행하는 std::mem::replace를

---

3   다음 줄에서 item을 사용해야 하므로 컴파일러가 제시한 해결 방법은 도움 되지 않는다.

제공한다. replace는 내부적으로 unsafe를 이용해(아이템 16) 맞바꾸기(스왑)^{swap} 작업을 한 단계에 처리한다.

```
/// `item`의 내용을 `val`로 교체하고 이전 내용을 반환한다.
pub fn replace(item: &mut Option<Item>, val: Item) -> Option<Item> {
    std::mem::replace(item, Some(val)) // 이전 값을 반환한다.
}
```

이 패턴은 특히 Option 타입에서 굉장히 자주 사용한다. 그래서 Option은 replace 메서드를 따로 갖고 있다.

```
/// `item`의 내용을 `val`로 교체하고 이전 내용을 반환한다.
pub fn replace(item: &mut Option<Item>, val: Item) -> Option<Item> {
    item.replace(val) // 이전 값을 반환한다.
}
```

대여 규칙

러스트의 레퍼런스 대여와 관련해 두 가지 핵심 규칙을 명심해야 한다.

첫 번째 규칙은 레퍼런스의 스코프는 반드시 그 레퍼런스가 가리키는 개체의 수명보다 작아야 한다는 것이다. 아이템 14에서 수명에 대해 자세히 살펴봤다. 그중 비어휘 수명 기능을 통해 블록 종료 지점이 아닌, 레퍼런스를 마지막으로 사용하는 지점에 레퍼런스의 수명이 끝나도록 축소시키는 컴파일러의 특수한 동작에 주의해야 한다.

레퍼런스 대여에 대한 두 번째 규칙에 따르면 대상 개체에 대해 소유자 외에 다음 중 하나도 존재할 수 있다.

- 불변 레퍼런스가 얼마든지 많을 수 있다.
- 가변 레퍼런스가 단 하나만 있다.

하지만 두 가지가 동시에 존재할 수는 없다.

따라서 불변 레퍼런스 여러 개를 인자로 받는 함수가 있을 때 각 인자가 동일한 대상을 가리키는 레퍼런스이더라도 문제없이 처리된다.

```rust
/// 두 인수 모두 0인지 확인한다.
fn both_zero(left: &Item, right: &Item) -> bool {
    left.contents == 0 && right.contents == 0
}

let item = Item { contents: 0 };
assert!(both_zero(&item, &item));
```

하지만 가변 레퍼런스를 받는 함수는 그럴 수 없다.

오류가 발생하는 코드

```rust
/// 두 인수의 내용을 모두 0으로 만든다.
fn zero_both(left: &mut Item, right: &mut Item) {
    left.contents = 0;
    right.contents = 0;
}

let mut item = Item { contents: 42 };
zero_both(&mut item, &mut item);
```

```
error[E0499]: cannot borrow `item` as mutable more than once at a time
   --> src/main.rs:131:26
    |
131 |     zero_both(&mut item, &mut item);
    |     --------- ---------  ^^^^^^^^^ second mutable borrow occurs here
    |     |         |
    |     |         first mutable borrow occurs here
    |     first borrow later used by call
```

가변 레퍼런스와 불변 레퍼런스를 동시에 받는 함수도 이 제약 조건이 적용된다.

오류가 발생하는 코드

```rust
/// `left`의 내용을 `right`의 내용으로 설정한다.
fn copy_contents(left: &mut Item, right: &Item) {
    left.contents = right.contents;
}
```

```
let mut item = Item { contents: 42 };
copy_contents(&mut item, &item);
```

```
error[E0502]: cannot borrow `item` as immutable because it is also borrowed
              as mutable
    --> src/main.rs:159:30
     |
 159 |     copy_contents(&mut item, &item);
     |     -------------  ---------  ^^^^^ immutable borrow occurs here
     |     |              |
     |     |              mutable borrow occurs here
     |     mutable borrow later used by call
```

이와 같은 대여 규칙을 통해 컴파일러는 서로 다른 두 포인터가 동일한 메모리 지점을 참조하는지 여부를 추적함으로써 에일리어싱aliasing과 관련된 판단을 훨씬 잘 할 수 있다. 여러 불변 레퍼런스가 가리키는 메모리 지점이 에일리어싱된 가변 레퍼런스를 통해 변경되지 않는다고 확신할 수 있다면 컴파일러는 다음과 같은 장점을 가진 코드를 생성한다.

- **더 최적화된 코드**: 메모리에 담긴 내용이 중간에 변경되지 않는다는 것을 알기 때문에 레지스터에 안전하게 캐싱할 수 있다.
- **더 안전한 코드**: 여러 스레드가 동기화되지 않은 방식으로 메모리에 접근하는 데이터 경쟁(아이템 17)이 발생할 수 없다.

소유자 연산

앞에서 본 레퍼런스 관련 규칙이 미치는 중요한 영향 중 하나는 소유자가 수행할 수 있는 연산의 종류가 달라질 수 있다는 것이다. 이를테면 소유자가 수행하는 연산이 내부적으로는 레퍼런스를 만들어서 사용한다고 상상하면 쉽게 이해할 수 있다.

예를 들어 소유자가 가진 개체를 업데이트할 때, 가변 레퍼런스를 임시로 만들어서 업데이트한다고 생각할 수 있다. 만약 다른 레퍼런스가 이미 있다면 이런 가변 레퍼런스를 또 만들 수는 없다.

오류가 발생하는 코드

```rust
let mut item = Item { contents: 42 };
let r = &item;
item.contents = 0;
// ^^^ 이 항목을 변경하는 것은 다음과 비슷하다.
//    (&mut item).contents = 0;
println!("reference to item is {:?}", r);
```

```
error[E0506]: cannot assign to `item.contents` because it is borrowed
   --> src/main.rs:200:5
    |
199 |     let r = &item;
    |             ----- `item.contents` is borrowed here
200 |     item.contents = 0;
    |     ^^^^^^^^^^^^^^^^^ `item.contents` is assigned to here but it was
    |                       already borrowed
...
203 |     println!("reference to item is {:?}", r);
    |                                           - borrow later used here
```

한편 불변 레퍼런스는 여러 개 있어도 되기 때문에 다른 불변 레퍼런스가 있더라도 소유자는 얼마든지 개체를 읽을 수 있다.

```rust
let item = Item { contents: 42 };
let r = &item;
let contents = item.contents;
// ^^^ item을 읽는 것은 다음과 비슷하다.
//   let contents = (&item).contents;
println!("reference to item is {:?}", r);
```

하지만 가변 레퍼런스가 있을 때는 그럴 수 없다.

오류가 발생하는 코드

```rust
let mut item = Item { contents: 42 };
let r = &mut item;
let contents = item.contents; // i64는 `Copy`를 구현한다.
r.contents = 0;
```

```
error[E0503]: cannot use `item.contents` because it was mutably borrowed
  --> src/main.rs:231:20
   |
230|       let r = &mut item;
   |               --------- `item` is borrowed here
231|       let contents = item.contents; // i64 implements `Copy`
   |                      ^^^^^^^^^^^^^ use of borrowed `item`
232|       r.contents = 0;
   |       -------------- borrow later used here
```

마지막으로 레퍼런스가 어떤 종류든지 현재 가리키는 대상이 있는 동안에는 소유자가 그 대상을 이동시키거나 드롭할 수 없다. 그러면 레퍼런스가 가리키는 대상이 더 이상 유효하지 않게 되기 때문이다.

오류가 발생하는 코드

```
let item = Item { contents: 42 };
let r = &item;
let new_item = item; // 이동
println!("reference to item is {:?}", r);
```

```
error[E0505]: cannot move out of `item` because it is borrowed
  --> src/main.rs:170:20
   |
168|       let item = Item { contents: 42 };
   |           ---- binding `item` declared here
169|       let r = &item;
   |               ----- borrow of `item` occurs here
170|       let new_item = item; // move
   |                      ^^^^ move out of `item` occurs here
171|       println!("reference to item is {:?}", r);
   |                                             - borrow later used here
```

이 경우에는 아이템 14에서 설명한 비어휘 수명 규칙을 활용하면 좋다. 레퍼런스를 감싸던 스코프가 끝날 때가 아니라, 레퍼런스를 마지막으로 사용한 지점에서 수명을 끝낼 수 있기 때문이다. 이 레퍼런스를 마지막으로 사용하는 지점을 이동 지점 앞으로 옮기면 앞에서 발생한 컴파일 오류가 사라진다.

```
let item = Item { contents: 42 };
let r = &item;
println!("reference to item is {:?}", r);

// 레퍼런스 `r`이 아직 스코프를 벗어나지는 않았지만,
// 더 이상 사용하지 않기 때문에 드롭된 것과 같다.
let new_item = item; // 이동시켜도 문제없다.
```

대여 검사기의 지적에 대처하기

러스트를 처음 접하는 이들뿐만 아니라 숙련된 러스트 개발자들조차도 대여 검사기를 상대하는 데 시간이 너무 많이 든다고 느낄 수 있다. 어떻게 하면 이 과정을 조금이라도 단축시킬 수 있을까?

로컬 코드 리팩터링

첫 번째로 컴파일러가 출력하는 오류 메시지를 최대한 활용하자. 러스트를 만든 개발자들은 프로그래머에게 실제로 도움 되는 메시지를 출력하도록 상당한 노력을 기울였다.

> **오류가 발생하는 코드**
>
> ```
> /// 건초더미(`haystack`)에서 바늘(`needle`)을 찾아서 슬라이스로 반환한다.
> pub fn find<'a, 'b>(haystack: &'a str, needle: &'b str) -> Option<&'a str> {
>     haystack
>         .find(needle)
>         .map(|i| &haystack[i..i + needle.len()])
> }
> // ...
>
> let found = find(&format!("{} to search", "Text"), "ex");
> if let Some(text) = found {
>     println!("Found '{text}'!");
> }
> ```

```
error[E0716]: temporary value dropped while borrowed
   --> src/main.rs:353:23
    |
353 |     let found = find(&format!("{} to search", "Text"), "ex");
    |                       ^^^^^^^^^^^^^^^^^^^^^^^^^^^^^^^   - temporary value
    |                       |                                   is freed at the end of this statement
    |                       |
    |                       creates a temporary value which is freed while still in
    |                       use
354 |     if let Some(text) = found {
    |                         ----- borrow later used here
    |
    = note: consider using a `let` binding to create a longer lived value
```

오류 메시지에서 첫 번째 부분이 중요하다. 컴파일러가 볼 때 어떤 대여 규칙을 어겼는지, 그 이유는 무엇인지에 대한 설명이 나오기 때문이다. 대부분이 그렇겠지만 이런 오류를 많이 겪다 보면, 앞에서 설명한 규칙에 내포된 다소 이론적인 원칙과 관련해 대여 검사기가 무슨 말을 하려는지에 대한 감이 생길 것이다.

오류 메시지의 두 번째 부분에는 현재 발생한 문제에 대해 컴파일러가 제시하는 해결 방법이 나온다. 이 예제의 해결 방법은 다소 간단하다.

```
let haystack = format!("{} to search", "Text");
let found = find(&haystack, "ex");
if let Some(text) = found {
    println!("Found '{text}'!");
}
// 이제 `found`는 자신보다 수명이 긴 `haystack`을 참조한다.
```

대여 검사기를 만족하는 코드 수정 방법에는 두 가지가 있는데, 이 방법은 그중 하나를 보여 준 것이다.

- **수명 연장:** let 바인딩을 이용해 (표현식의 끝에서 수명이 끝나는) 임시 변수를 (블록 끝에서 수명이 끝나는) 이름 있는 로컬 변수로 변환한다.

- **수명 단축:** 레퍼런스를 사용하는 지점 주위에 { ... } 블록을 추가해서 이 블록이 끝날 때 수명이 끝나게 한다.

두 번째 방법은 비어휘 수명이 존재하기 때문에 첫 번째 방법보다 사용 빈도가 낮다. 공식적인 드롭 지점인 블록 끝에 다다르기 전에 레퍼런스가 더 이상 사용되지 않는다는 것을 컴파일러가 먼저 찾아내는 경우가 많기 때문이다. 그런데 이렇게 작은 코드 덩어리를 인위적인 블록을 둘러싸는 식으로 처리할 일이 많다면, 그 부분을 메서드로 캡슐화하는 것이 바람직할 수도 있다.

문제가 간단한 경우에는 컴파일러가 제시하는 해결 방법이 도움 되지만, 코드가 점점 복잡해질수록 컴파일러가 제시하는 방법이 그리 도움 되지 않고, 위배한 대여 규칙과 관련된 설명을 이해하기 힘들어진다.

오류가 발생하는 코드

```
let x = Some(Rc::new(RefCell::new(Item { contents: 42 })));

// 함수를 다음과 같은 시그니처로 호출한다: `check_item(item: Option<&Item>)`
check_item(x.as_ref().map(|r| r.borrow().deref()));
```

```
error[E0515]: cannot return reference to temporary value
   --> src/main.rs:293:35
    |
293 |     check_item(x.as_ref().map(|r| r.borrow().deref()));
    |                                   ----------^^^^^^^^
    |                                   |
    |                                   returns a reference to data owned by the
    |                                       current function
    |                                   temporary value created here
```

이럴 때는 복잡한 변환 과정을 여러 단계로 나누고 단계마다 로컬 변수를 추가하고 명시적인 타입 애너테이션도 붙이면 도움 된다.

오류가 발생하는 코드

```
let x: Option<Rc<RefCell<Item>>> =
    Some(Rc::new(RefCell::new(Item { contents: 42 })));

let x1: Option<&Rc<RefCell<Item>>> = x.as_ref();
let x2: Option<std::cell::Ref<Item>> = x1.map(|r| r.borrow());
let x3: Option<&Item> = x2.map(|r| r.deref());
check_item(x3);
```

```
error[E0515]: cannot return reference to function parameter `r`
  --> src/main.rs:305:40
   |
305|      let x3: Option<&Item> = x2.map(|r| r.deref());
   |                                         ^^^^^^^^^ returns a reference to
   |                                                   data owned by the current function
```

그러면 컴파일러가 지적하는 부분이 좀 더 정확히 드러나며, 이를 바탕으로 코드를 재구성하면 된다.

```
let x: Option<Rc<RefCell<Item>>> =
    Some(Rc::new(RefCell::new(Item { contents: 42 })));

let x1: Option<&Rc<RefCell<Item>>> = x.as_ref();
let x2: Option<std::cell::Ref<Item>> = x1.map(|r| r.borrow());
match x2 {
    None => check_item(None),
    Some(r) => {
        let x3: &Item = r.deref();
        check_item(Some(x3));
    }
}
```

이처럼 문제가 분명히 드러난 코드를 적절히 수정하고 나면, 앞에서 단계별로 추가했던 로컬 변수들을 다시 합쳐서 마치 아무 일 없었던 듯이 본래 하던 일을 계속 이어 나가면 된다.

```
let x = Some(Rc::new(RefCell::new(Item { contents: 42 })));

match x.as_ref().map(|r| r.borrow()) {
    None => check_item(None),
    Some(r) => check_item(Some(r.deref())),
};
```

데이터 구조 설계

대여 검사기를 상대하는 데 도움 되는 두 번째 전략은 대여 검사기를 염두에 두고 데이터 구조를 설계하는 것이다. 가장 확실한 방법은 데이터 구조가 사용하는 모든 데이터를 직접 소유하고, 레퍼런스는 사용하지 않게 만들어서 아이템 14의 '구조체의 수명' 절에서 설명한 것처럼 수명 매개변수가 전파되지 않게 하는 것이다.

하지만 실전에서 데이터 구조를 이렇게 만들 수 없는 경우가 있다. 데이터 구조의 내부가 **Root**가 여러 **Branch**를 소유하고, 각 **Branch**가 여러 **Leaf**를 소유하는 식으로 구성된 트리 형태로 연결되지 않고, 복잡한 그래프 형태로 연결된 경우라면 단일 소유권으로 묶을 수 없다.

간단한 예로 방문객이 도착한 순서대로 상세 정보를 기록하는 방문자 명부를 구현한 코드가 있다.

```rust
#[derive(Clone, Debug)]
pub struct Guest {
    name: String,
    address: String,
    // ... 그 외의 다른 필드도 있다.
}

/// 로컬 오류 타입(나중에 사용함)
#[derive(Clone, Debug)]
pub struct Error(String);

/// 도착 순서로 기록하는 방문자 명부
#[derive(Default, Debug)]
pub struct GuestRegister(Vec<Guest>);

impl GuestRegister {
    pub fn register(&mut self, guest: Guest) {
        self.0.push(guest)
    }
    pub fn nth(&self, idx: usize) -> Option<&Guest> {
        self.0.get(idx)
    }
}
```

이때 도착 시각이나 이름의 알파벳순으로 방문객을 효율적으로 조회하는 기능이 필요하다면 데이터 구조가 적어도 두 개나 필요하다. 하지만 두 데이터 구조 중 어느 하나만 방문객 데이터를 소유할 수 있다.

데이터가 크지 않고 불변형이라면 그냥 복제하는 것이 간단하다.

```rust
mod cloned {
    use super::Guest;

    #[derive(Default, Debug)]
    pub struct GuestRegister {
        by_arrival: Vec<Guest>,
        by_name: std::collections::BTreeMap<String, Guest>,
    }

    impl GuestRegister {
        pub fn register(&mut self, guest: Guest) {
            // `Guest`는 `Clone`을 구현해야 한다.
            self.by_arrival.push(guest.clone());
            // 예제를 간단히 구성하기 위해
            // 이름 중복 검사는 생략한다.
            self.by_name.insert(guest.name.clone(), guest);
        }
        pub fn named(&self, name: &str) -> Option<&Guest> {
            self.by_name.get(name)
        }
        pub fn nth(&self, idx: usize) -> Option<&Guest> {
            self.by_arrival.get(idx)
        }
    }
}
```

하지만 이렇게 복제하면 나중에 데이터를 수정하는 경우가 발생할 때 처리하기 힘들다. 예를 들어 Guest 주소를 업데이트해야 한다면 원본과 복제본이 항상 일치하도록 유지시켜야 한다.

다른 방법은 간접 참조 계층을 하나 더 추가하는 것이다. 즉, Vec<Guest>를 소유자로 만들고 이 벡터의 인덱스를 이름 조회에 이용한다.

```rust
mod indexed {
    use super::Guest;

    #[derive(Default)]
    pub struct GuestRegister {
        by_arrival: Vec<Guest>,
        // 방문자 이름을 `by_arrival` 인덱스에 대응시키는 맵
        by_name: std::collections::BTreeMap<String, usize>,
    }
```

```
    impl GuestRegister {
        pub fn register(&mut self, guest: Guest) {
            // 예제를 간단히 구성하기 위해
            // 이름 중복 검사는 생략한다.
            self.by_name
                .insert(guest.name.clone(), self.by_arrival.len());
            self.by_arrival.push(guest);
        }
        pub fn named(&self, name: &str) -> Option<&Guest> {
            let idx = *self.by_name.get(name)?;
            self.nth(idx)
        }
        pub fn named_mut(&mut self, name: &str) -> Option<&mut Guest> {
            let idx = *self.by_name.get(name)?;
            self.nth_mut(idx)
        }
        pub fn nth(&self, idx: usize) -> Option<&Guest> {
            self.by_arrival.get(idx)
        }
        pub fn nth_mut(&mut self, idx: usize) -> Option<&mut Guest> {
            self.by_arrival.get_mut(idx)
        }
    }
}
```

이렇게 하면 각 방문자를 `Guest` 객체 하나로 표현해서 `named_mut()` 메서드로 이 객체에 대한 가변 레퍼런스를 반환할 수 있다. 그러면 방문자 주소를 변경할 수 있게 된다. 이렇게 표현된 `Guest` 객체는 `Vec`이 소유하며, 내부적으로 이 객체를 항상 이 방식으로 접근한다.

```
let new_address = "123 Bigger House St";
// 실전에서는 이렇게 "Bob"이 존재한다고 가정하면 안 된다.
ledger.named_mut("Bob").unwrap().address = new_address.to_string();

assert_eq!(ledger.named("Bob").unwrap().address, new_address);
```

하지만 방문자 등록을 취소할 수 있게 되면 다음과 같이 의도하지 않은 버그가 발생할 수 있다.

> **의도하지 않은 동작 발생**
>
> ```
> // `idx` 지점에 있는 `Guest`의 등록을 취소하면
> // 그 뒤에 나오는 방문자를 모두 위로 이동시킨다.
> pub fn deregister(&mut self, idx: usize) -> Result<(), super::Error> {
>     if idx >= self.by_arrival.len() {
>         return Err(super::Error::new("out of bounds"));
>     }
>     self.by_arrival.remove(idx);
>
>     // 그런데 실수로 `by_name`을 업데이트하지 않았다.
>
>     Ok(())
> }
> ```

이 버전에서는 Vec을 이동시킬 수 있기 때문에 by_name 인덱스는 사실상 포인터처럼 작동한다. 그래서 버그에 의해 이러한 '포인터'가 (Vec의 경계를 벗어나서) 아무것도 가리키지 않거나 잘못된 데이터를 가리키는 안전하지 않은 세계로 되돌아가 버렸다.

> **의도하지 않은 동작 발생**
>
> ```
> ledger.register(alice);
> ledger.register(bob);
> ledger.register(charlie);
> println!("Register starts as: {ledger:?}");
>
> ledger.deregister(0).unwrap();
> println!("Register after deregister(0): {ledger:?}");
>
> let also_alice = ledger.named("Alice");
> // Alice의 인덱스는 여전히 0인데, 현재 여기에는 Bob이 있다.
> println!("Alice is {also_alice:?}");
>
> let also_bob = ledger.named("Bob");
> // Bob의 인덱스는 여전히 1인데, 현재 여기에는 Charlie가 있다.
> println!("Bob is {also_bob:?}");
>
> let also_charlie = ledger.named("Charlie");
> // Charlie의 인덱스는 여전히 2인데, 이 지점은 현재 Vec의 범위를 벗어난다.
> println!("Charlie is {also_charlie:?}");
> ```

이 코드는 출력 크기를 줄이기 위해 여기에 나오지 않은 커스텀 Debug를 사용했다. 출력 결과는

다음과 같다.

```
Register starts as: {
  by_arrival: [{n: 'Alice', ...}, {n: 'Bob', ...}, {n: 'Charlie', ...}]
  by_name: {"Alice": 0, "Bob": 1, "Charlie": 2}
}
Register after deregister(0): {
  by_arrival: [{n: 'Bob', ...}, {n: 'Charlie', ...}]
  by_name: {"Alice": 0, "Bob": 1, "Charlie": 2}
}
Alice is Some(Guest { name: "Bob", address: "234 Bobton" })
Bob is Some(Guest { name: "Charlie", address: "345 Charlieland" })
Charlie is None
```

이 예제는 deregister 코드에서 버그가 발생했지만, 이 버그를 수정하고 나서도 호출자가 계속 인덱스 값을 nth()에 사용해서 예상치 못하거나 잘못된 결과가 발생하는 것을 막을 수 없다.

이 문제의 핵심은 두 데이터 구조가 항상 동기화되어야 한다는 데 있다. 이럴 때는 러스트의 스마트 포인터를 사용하는 것이 더 낫다(아이템 8). Rc와 RefCell을 조합하는 방식으로 구현하면 인덱스를 유사 포인터^{pseudo-pointer}로 사용하는 과정에서 발생했던 이전 문제를 피할 수 있다. 버그는 그대로 두고 예제를 이 방식으로 바꾸면 다음과 같다.

의도하지 않은 동작 발생

```rust
mod rc {
    use super::{Error, Guest};
    use std::{cell::RefCell, rc::Rc};

    #[derive(Default)]
    pub struct GuestRegister {
        by_arrival: Vec<Rc<RefCell<Guest>>>,
        by_name: std::collections::BTreeMap<String, Rc<RefCell<Guest>>>,
    }

    impl GuestRegister {
        pub fn register(&mut self, guest: Guest) {
            let name = guest.name.clone();
            let guest = Rc::new(RefCell::new(guest));
            self.by_arrival.push(guest.clone());
```

```
            self.by_name.insert(name, guest);
        }
        pub fn deregister(&mut self, idx: usize) -> Result<(), Error> {
            if idx >= self.by_arrival.len() {
                return Err(Error::new("out of bounds"));
            }
            self.by_arrival.remove(idx);

            // 여기서도 깜박하고 `by_name`을 업데이트하지 않았다.

            Ok(())
        }
        // ...
    }
}
```

```
Register starts as: {
  by_arrival: [{n: 'Alice', ...}, {n: 'Bob', ...}, {n: 'Charlie', ...}]
  by_name: [("Alice", {n: 'Alice', ...}), ("Bob", {n: 'Bob', ...}),
            ("Charlie", {n: 'Charlie', ...})]
}
Register after deregister(0): {
  by_arrival: [{n: 'Bob', ...}, {n: 'Charlie', ...}]
  by_name: [("Alice", {n: 'Alice', ...}), ("Bob", {n: 'Bob', ...}),
            ("Charlie", {n: 'Charlie', ...})]
}
Alice is Some(RefCell { value: Guest { name: "Alice",
                                        address: "123 Aliceville" } })
Bob is Some(RefCell { value: Guest { name: "Bob",
                                     address: "234 Bobton" } })
Charlie is Some(RefCell { value: Guest { name: "Charlie",
                                         address: "345 Charlieland" } })
```

이름이 일치하지 않는 문제는 사라졌지만, 두 컬렉션이 동기화 상태를 유지하지 못하는 버그를 수정하기 전에는 Alice 항목이 계속 남아 있다.

```
pub fn deregister(&mut self, idx: usize) -> Result<(), Error> {
    if idx >= self.by_arrival.len() {
        return Err(Error::new("out of bounds"));
    }
    let guest: Rc<RefCell<Guest>> = self.by_arrival.remove(idx);
```

```
        self.by_name.remove(&guest.borrow().name);
        Ok(())
    }
```

```
Register after deregister(0): {
  by_arrival: [{n: 'Bob', ...}, {n: 'Charlie', ...}]
  by_name: [("Bob", {n: 'Bob', ...}), ("Charlie", {n: 'Charlie', ...})]
}
Alice is None
Bob is Some(RefCell { value: Guest { name: "Bob",
                                    address: "234 Bobton" } })
Charlie is Some(RefCell { value: Guest { name: "Charlie",
                                        address: "345 Charlieland" } })
```

스마트 포인터

앞서 본 마지막 버전을 일반화하면 **서로 연결된 데이터 구조에 대해서는 러스트의 스마트 포인터를 사용하라**고 조언할 수 있다.

아이템 8에서 설명했듯이 러스트 표준 라이브러리에서 제공하는 스마트 포인터 타입 중에서도 다음을 가장 많이 사용한다.

- Rc를 사용하면 동일한 항목을 다수가 가리킬 수 있어서 소유권을 공유할 수 있다. Rc는 주로 RefCell과 함께 사용한다.
- RefCell은 내부 가변성을 지원하므로 가변 레퍼런스를 사용하지 않고도 내부 상태를 변경할 수 있다. 그 대신 대여 검사를 컴파일 타임이 아닌 런타임에 수행하는 부담을 감수해야 한다.
- Arc는 Rc의 멀티 스레딩 버전이다.
- Mutex와 RwLock은 멀티 스레딩 환경에서 내부 가변성을 지원하며 RefCell과 비슷하다.
- Cell은 Copy 타입에 대한 내부 가변성을 지원한다.

C++에 익숙한 프로그래머가 러스트를 배울 때 Rc<T>와 이에 대한 스레드 안전$^{thread\ safety}$ 버전인 Arc<T>를 가장 많이 사용하며, RefCell이나 스레드 안전을 위해 대신 사용할 수 있는 Mutex와 결합하는 경우도 많다. 공유 포인터(또는 std::shared_ptr)를 Rc<RefCell<T>> 인스턴스로 단순히 바꾸기만 해도 대여 검사기로부터 지적당하지 않고 러스트에서 잘 작동하게 만들 수 있다.

하지만 이렇게 하면 러스트의 보호를 받을 수 없다. 특히, 다른 레퍼런스가 존재하는 항목에 대해 borrow_mut()를 이용해 가변형으로 대여하면 컴파일 오류는 발생하지 않고 런타임에 panic!이 발생한다.

예를 들어 [그림 3-3]처럼 트리 형태로 구성된 데이터 구조에서 소유 대상 항목이 다시 '소유자' 포인터를 가리키게 되면 소유권의 단방향 흐름이 깨진다. 이 구조체의 owner 링크는 데이터 구조를 돌아다니는 데 유용하다. 가령, Leaf에 형제 노드를 새로 추가하려면 이를 소유하는 Branch가 관여해야 한다.

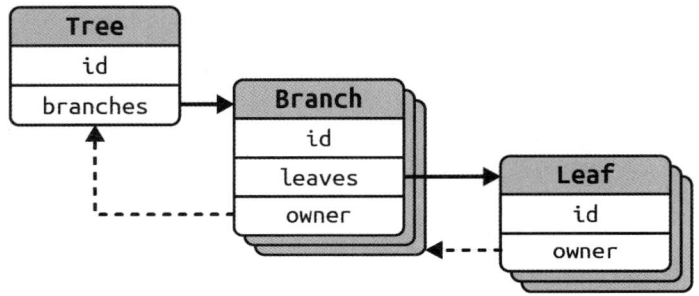

그림 3-3 트리 데이터 구조 레이아웃

이 패턴을 러스트에서 구현할 때는 Rc<T>의 임시 파트너인 Weak<T>를 사용할 수 있다.

```
use std::{
    cell::RefCell,
    rc::{Rc, Weak},
};

// 각 식별자 타입에 뉴타입을 사용한다.
struct TreeId(String);
struct BranchId(String);
struct LeafId(String);

struct Tree {
    id: TreeId,
    branches: Vec<Rc<RefCell<Branch>>>,
}
```

```
struct Branch {
    id: BranchId,
    leaves: Vec<Rc<RefCell<Leaf>>>,
    owner: Option<Weak<RefCell<Tree>>>,
}

struct Leaf {
    id: LeafId,
    owner: Option<Weak<RefCell<Branch>>>,
}
```

Weak 레퍼런스는 메인 레퍼런스 카운트를 증가시키지 않으므로 대상 항목이 사라졌는지 확인하는 작업을 직접 수행해야 한다.

```
impl Branch {
    fn add_leaf(branch: Rc<RefCell<Branch>>, mut leaf: Leaf) {
        leaf.owner = Some(Rc::downgrade(&branch));
        branch.borrow_mut().leaves.push(Rc::new(RefCell::new(leaf)));
    }

    fn location(&self) -> String {
        match &self.owner {
            None => format!("<unowned>.{}", self.id.0),
            Some(owner) => {
                // 약한 소유자 포인터(weak owner pointer)를 업그레이드한다.
                let tree = owner.upgrade().expect("owner gone!");
                format!("{}.{}", tree.borrow().id.0, self.id.0)
            }
        }
    }
}
```

러스트의 스마트 포인터만으로 데이터 구조에 필요한 기능을 구현할 수 없다면 원시 포인터를 사용하는 unsafe 코드라는 최후의 수단을 사용하자. 하지만 어디까지나 최후의 수단일 뿐이다(아이템 16). 원하는 기능이 안전한 인터페이스에 구현된 것이 이미 나와 있을 수 있다. 표준 라이브러리와 crates.io를 검색해 보면 필요한 작업에 적합한 도구를 발견할지도 모른다.

예를 들어 어떤 경우에는 입력 중 하나에 대한 레퍼런스를 반환하고, 또 어떤 경우에는 새로 할당된 데이터를 반환하는 함수를 만든다고 생각해 보자. 아이템 1에서 설명한 방법을 적용하면 두 가지 가능성을 담은 동작을 enum에 인코딩해서 동작을 타입 시스템 안에 담기는 것이 바람직하다. 그러면 아이템 8에서 설명한 것처럼 다양한 포인터 트레이트를 구현할 수도 있다. 하지만 굳이 이렇게 직접 구현하지 않아도 된다. 여기에 적합한 타입인 std::borrow::Cow가 이미 표준 라이브러리에 있다.[4]

자기 참조 데이터 구조

대여 검사기와 관련해 다른 언어에서 러스트로 넘어온 프로그래머가 특히 힘들어하는 부분은 자기 참조 데이터 구조를 만드는 경우다. 즉, 데이터 구조의 구성 요소가 다른 요소를 참조하는 경우다.

오류가 발생하는 코드
```
struct SelfRef {
    text: String,
    // title 텍스트를 담은 `text` 슬라이스
    title: Option<&str>,
}
```

문법 측면에서 보면 이 코드에서 컴파일 오류가 발생한다. 아이템 14에서 설명한 수명 규칙에 어긋나기 때문이다. 이 규칙에 따르면 레퍼런스에 수명 매개변수를 지정해야 하는데, 그로 인해 SelfRef에도 수명 매개변수가 있어야 한다. 하지만 수명은 본래 구조체 외부에 있는 대상에 대한 것이지만, 이와 달리 이 코드는 참조 대상이 외부가 아닌 내부에 있다.

이런 제약 조건을 의미론적인 관점에서 좀 더 생각해 볼 필요가 있다. 러스트에서는 데이터 구조가 스택에서 힙으로, 힙에서 스택으로, 한 위치에서 다른 위치로 이동할 수 있다. 이럴 때 '내부' title 포인터는 더 이상 유효하지 않게 되어 동기화 상태가 깨질 수밖에 없다.

이럴 때는 앞에서 본 인덱스 접근 방식을 적용할 수 있다. text까지의 오프셋 범위는 이동에 의해 무효화되지 않고 레퍼런스도 없어서 대여 검사기에 걸리지도 않는다.

---

[4] Cow는 쓰는 시점에 복사한다는 copy-on-write의 줄임말이다. 즉, 내부 데이터에 대한 복사는 데이터 수정이 필요한 시점에만 발생한다.

```
struct SelfRefIdx {
    text: String,
    // title 텍스트가 있는 `text` 인덱스
    title: Option<std::ops::Range<usize>>,
}
```

그런데 이런 인덱스 접근 방식은 예제처럼 간단한 경우에만 효과가 있고 앞에서 언급한 단점을 동일하게 갖는다. 즉, 인덱스 자체가 유사 포인터가 되어 동기화되지 않거나 더 이상 존재하지 않는 text 범위를 참조할 수 있다.

컴파일러에서 async 코드를 처리하는 경우에는 좀 더 일반화된 자기 참조 문제가 발생한다.[5] 간단히 설명하면 컴파일러는 대기 중인[pending] async 코드 덩어리를 클로저로 묶는데, 이때 코드뿐만 아니라 코드에서 사용할 환경을 캡처한 부분도 담긴다(아이템 2). 이렇게 캡처된 환경에는 값뿐만 아니라 값에 대한 레퍼런스도 있을 수 있다. 이런 데이터 구조는 근본적으로 자기 참조 형태로 돼 있고, 표준 라이브러리의 Pin 타입은 본래 async를 위해 제공된 것이다. 포인터 타입인 Pin은 값이 메모리의 일정한 위치에 있도록 제자리에 '고정[pin]'시킨다. 그래서 내부의 자기 참조 레퍼런스가 유효한 상태를 유지한다.

Pin을 자기 참조 타입으로 사용할 수 있지만 올바르게 사용하기가 쉽지 않다. 자세한 내용은 공식 문서(https://doc.rust-lang.org/std/pin/index.html)를 참조하자.

가능하면 **자기 참조 데이터 구조를 만들지 마라.** 아니면 ouroborous처럼 복잡한 사항을 내부적으로 처리하는 라이브러리 크레이트를 찾아보자.

기억할 사항

- 러스트에서 레퍼런스는 **빌려 쓰는 것**이다. 즉, 영원히 존재할 수 없다.
- 대여 검사기는 주어진 개체에 대해 가변 레퍼런스가 하나만 있거나 불변 레퍼런스가 여러 개 있는 경우는 허용하지만, 두 가지 레퍼런스가 동시에 존재하는 것은 허용하지 않는다. 레퍼런스의 수명은 비어휘 수명 규칙에 의해 스코프가 끝나는 지점이 아닌 마지막으로 사용한 지점에서 끝난다.

---

5 async 코드 작성 방법은 이 책에서 다루지 않는다. 자기 참조 데이터 구조의 필요성에 대해 더 자세히 알고 싶다면 『Rust for Rustaceans』 (No Starch Press, 2021)의 8장을 참고하자.

- 대여 검사기가 출력하는 오류에 대처하는 방법은 다음과 같이 다양하다.
  - { ... } 스코프를 추가해서 값의 수명 범위를 줄인다.
  - 값에 대해 이름 있는 로컬 변수를 추가해서 스코프가 끝날 때 값의 수명이 끝나게 한다.
  - 임시 로컬 변수를 추가해서 대여 검사기가 지적하는 문제의 범위를 좁힌다.
- 러스트의 스마트 포인터 타입을 이용하면 대여 검사기의 지적을 피할 수 있어서 서로 연결된 데이터 구조에 유용하다.
- 그렇지만 자기 참조 데이터 구조는 러스트에서도 여전히 다루기 어렵다.

아이템 16: unsafe 코드 작성을 자제하라

런타임 오버헤드 없이 메모리 안전성을 보장한다는 점은 다른 주류 언어에는 없는 러스트 언어만의 장점이다. 하지만 이를 위해 치러야 할 대가가 있다. 대여 검사기를 잘 달래고(아이템 15), 사용할 레퍼런스 타입을 정확히 지정하기 위해(아이템 8) 코드를 재구성할 일이 많아진다.

안전하지 않은 러스트unsafe Rust란 메모리 안전 관련 제약 조건과 그에 따른 보장 사항을 희생한, 러스트 언어의 상위 집합이다. 코드 블록 앞에 unsafe 키워드를 붙이면 안전하지 않은 모드로 전환되어 일반 러스트에서는 허용되지 않던 것을 할 수 있다. 특히 예전 C 언어의 포인터에서 보던 원시 포인터를 사용할 수 있다. 이러한 원시 포인터는 대여 규칙이 적용되지 않아서 포인터를 역참조할 때마다 해당 포인터가 가리키는 메모리의 유효성을 프로그래머가 직접 보장해야 한다.

이 아이템에서 제시하는 조언이 당연하게 들릴 수도 있다. C 코드를 사용할 거라면 굳이 러스트로 갈아탈 필요가 없다. 하지만 러스트에서 unsafe 코드가 꼭 필요한 경우가 있다. 저수준 라이브러리 코드를 작성하거나 다른 언어로 작성된 코드와 연동하는 경우(아이템 34)가 바로 그렇다.

하지만 이번 아이템 16의 제목인 'unsafe 코드 작성을 자제하라'는 조언은 unsafe 코드가 필요 없다는 의미가 아니라 unsafe 코드를 '작성하는 것'을 최대한 자제하라는 뜻이다. unsafe 코드 작성이 필요한 것들은 대부분 이미 구현되어 있기 때문이다.

러스트 표준 라이브러리에는 unsafe 코드가 상당히 많다. unsafe 부분을 간단히 검색해 봐도 alloc 라이브러리에서 1,000건, core에서 1,500건, std에서 2,000건가량 나온다. 이 코드는 전문가에 의해 작성됐을 뿐만 아니라 수많은 러스트 코드베이스를 통한 검증과 개선을 거친 것이다.

앞에서 본 표준 라이브러리 기능 중에서도 이런 unsafe 코드를 내부적으로 사용하는 것이 있다.

- 아이템 8에서 설명한 스마트 포인터 타입(Rc, RefCell, Arc 등)은 고유한 의미론을 사용자에게 제공할 수 있도록 내부적으로 unsafe 코드(주로 원시 포인터)를 사용한다.
- 아이템 17에서 설명한 동기화 프리미티브(Mutex, RwLock와 관련 가드)는 내부적으로 OS에 종속적인 unsafe 코드를 사용한다. 이러한 동기화 프리미티브에 대한 자세한 사항은 마라 보스(Mara Bos)의 『러스트 동시성 프로그래밍』(한빛미디어, 2024)을 참고하자.

다음과 같이 고급 기능을 구현하기 위해 내부적으로 unsafe 코드를 사용해 구현한 표준 라이브러리도 있다.[6]

- std::pin::Pin을 이용하면 특정 항목을 메모리에서 이동하지 못하게 고정시킬 수 있다(아이템 15). 많은 러스트 입문자들이 어려워하는(https://oreil.ly/JBnWU) 자기 참조 데이터 구조를 Pin으로 구현할 수 있다.
- std::sync::atomic 모듈은 기본 타입에 대한 아토믹(atomic) 버전을 제공한다.
- std::mem에서 제공하는 다양한 함수(take, swap, replace)를 사용하면 대여 검사기의 지적을 받지 않고 메모리에 있는 항목을 조작할 수 있다.

이 기능을 활용하더라도 여전히 주의해야 하지만, 여기서 사용하는 unsafe 코드는 어떠한 문제도 발생하지 않도록 잘 캡슐화돼 있다.

표준 라이브러리뿐만 아니라 crates.io 생태계에서 제공하는 크레이트 중에서도 자주 사용되는 기능은 unsafe 코드로 캡슐화돼 있다.

- once_cell: 글로벌 변수처럼 한 번만 초기화되는 것을 만드는 데 사용된다.
- rand: 운영 체제와 CPU에서 제공하는 저수준 기능을 기반으로 무작위 수(random number)를 생성한다.
- byteorder: 원시 바이트로 된 데이터와 숫자 사이의 변환 기능을 제공한다.

---

6   실전에서는 std 기능의 대부분이 core에 있으므로 아이템 33에서 설명한 것처럼 no_std 코드에서 사용할 수 있다.

- **cxx**: C++ 코드와 러스트 코드를 연동한다(아이템 35).

그 외에도 다양한 예가 있지만, 기본 개념을 파악하기에는 이 정도로 충분하다. 러스트의 제약 조건(특히 아이템 14와 아이템 15)을 벗어나는 작업이 필요할 때, 먼저 표준 라이브러리에 원하는 기능이 있는지부터 확인하고 나서, 없다면 crates.io를 뒤져보자. 어느 누구도 겪어보지 못한 독특한 기능이 필요한 경우는 극히 드물기 때문이다.

물론 아이템 34에서 설명했던 외부 함수 인터페이스(FFI)를 이용해 다른 언어로 작성된 코드와 연동하는 경우처럼 반드시 unsafe 코드를 사용해야 하는 경우도 있다. 그런 경우라도 이 아이템에서 제시하는 조언을 최대한 따르도록 **우선 unsafe 코드를 모두 담은 래퍼 계층을 작성하는 것이 좋다.** 그러면 문제가 발생할 때 unsafe 래퍼부터 살펴보면 되고, 쉽게 원인을 파악할 수 있다.

어쩔 수 없이 unsafe 코드를 작성하더라도 키워드 자체에 담긴 '안전하지 않다'는 의미를 다시 한번 떠올리기 바란다.

- unsafe 코드와 관련된 선행 조건precondition과 불변성을 담은 안전성 주석safety comment을 추가한다. 클리피(아이템 29)는 코드에 안전성 주석이 없으면 경고한다.
- 실수로 인한 피해 범위를 제한하기 위해 unsafe 블록에 넣는 코드를 최대한 줄인다. unsafe_op_in_unsafe_fn 린트를 활성화해서 unsafe 함수 안에서 unsafe 연산을 수행하는 경우조차 반드시 unsafe 블록을 명시적으로 지정하는 것도 좋은 방법이다.
- 평소보다 테스트 코드(아이템 30)를 더 많이 작성한다.
- 진단 도구(아이템 31)를 더 많이 사용한다. 특히 unsafe 코드에 Miri(https://github.com/rust-lang/miri)를 실행하는 것이 좋다. Miri는 컴파일러가 생성하는 중간 코드를 해석해서 러스트 컴파일러가 보지 못하는 종류의 오류를 감지한다.
- 멀티 스레드를 사용할 때 주의한다. 특히 공유 상태(아이템 17)가 있다면 더욱 신중하게 처리한다.

unsafe 마커를 붙인다고 모든 규칙을 무시하는 것은 아니다. 그보다는 러스트 코드의 안전성에 대한 보증 책임이 컴파일러가 아닌 프로그래머로 넘어간다는 뜻이다.

아이템 17: 공유 상태 병렬성에 주의하라

> 가장 과감한 형태의 공유조차도 러스트는 안전성을 보장한다.
>
> 에런 투론^{Aaron Turon}(https://oreil.ly/wKFxX)

공식 문서에 따르면 러스트는 '겁 없는 동시성 프로그래밍(https://oreil.ly/R7eq9)'을 제공한다고 하지만, (아쉽게도) 아무리 러스트라 해도 동시성을 두려워해야 한다. 그 이유를 자세히 알아보자.

이번 아이템에서는 여러 실행 스레드가 메모리 공유를 통해 서로 통신하는 **공유 상태 병렬성**shared state parallelism에 대해 살펴본다. 어떤 언어를 사용하더라도 스레드끼리 상태를 공유하면 다음과 같은 두 가지 끔찍한 문제가 발생하기 쉽다.

- **데이터 경쟁**: 데이터가 손상될 수 있다.
- **교착 상태:** 프로그램이 중단될 수 있다.

둘 다 거의 테러 수준으로 끔찍한 문제다. 실제로 두 문제가 발생했을 때 디버깅하기가 매우 어렵다. 오류가 비결정론적으로nondeterministically 나타나고 부하가 높은 상태에서 발생하기 쉽기 때문에, 단위 테스트나 통합 테스트를 비롯한 그 어떠한 종류의 테스트(아이템 30)로도 걸러내지 못하고 실전에서 갑자기 등장하는 경우가 많다.

이와 관련해 러스트는 엄청난 진전을 이뤘다. 이 두 가지 문제 중 하나를 완전히 해결했기 때문이다. 하지만 뒤에서 자세히 설명하겠지만, 다른 한 문제는 여전히 숙제로 남아 있다.

데이터 경쟁

먼저 러스트가 완전히 해결한 **데이터 경쟁**data race부터 살펴보자. 데이터 경쟁에 대한 정확한 정의는 언어마다 다르지만, 핵심은 다음과 같다.

서로 다른 두 스레드가 다음 상태에서 동일한 메모리 위치에 접근하면 데이터 경쟁이 발생한다.

- 적어도 하나는 쓰기 위해 접근한다.
- 접근 순서를 제어하는 동기화 메커니즘이 없다.

C++의 데이터 경쟁

기본 개념은 예제를 통해 이해하는 것이 가장 좋다. 다음과 같이 은행 계좌 상태를 기록하는 데이터 구조를 생각해 보자.

의도하지 않은 동작 발생

```cpp
// C++ 코드
class BankAccount {
 public:
  BankAccount() : balance_(0) {}

  int64_t balance() const {
    if (balance_ < 0) {
      std::cerr << "** 잔액 부족: " << balance_ << "! **\n";
      std::abort();
    }
    return balance_;
  }
  void deposit(uint32_t amount) {
    balance_ += amount;
  }
  bool withdraw(uint32_t amount) {
    if (balance_ < amount) {
      return false;
    }
    // 여기서 다른 스레드가 `balance_`를 수정하면 어떻게 될까?
    std::this_thread::sleep_for(std::chrono::milliseconds(500));

    balance_ -= amount;
    return true;
  }

 private:
  int64_t balance_;
};
```

일부러 예제를 C++로 작성했다. 그 이유는 곧 알게 된다. 참고로 러스트를 제외한 다른 언어

(자바, 고, 파이썬 등)로도 얼마든지 이 상황을 재현할 수 있다.

단일 스레드(이하 싱글 스레드 single thread) 환경이라면 **BankAccount** 클래스에 아무런 문제가 발생하지 않는다. 그렇다면 다중 스레드(이하 멀티 스레드 multi thread) 환경에서 실행되는 경우를 살펴보자.

```
BankAccount account;
account.deposit(1000);

// 잔액이 부족하면 추가 입금하는 스레드를 시작한다.
std::thread payer(pay_in, &account);

// 반복해서 인출하는 스레드 세 개를 시작한다.
std::thread taker(take_out, &account);
std::thread taker2(take_out, &account);
std::thread taker3(take_out, &account);
```

여기서 세 스레드는 계좌 인출을 반복하고, 다른 한 스레드는 잔액을 계속 확인하다가 부족하면 추가로 입금한다.

```
// `account` 잔액을 계속 지켜보다가 잔액이 부족하면 추가 입금한다.
void pay_in(BankAccount* account) {
  while (true) {
    if (account->balance() < 200) {
      log("[A] Balance running low, deposit 400");
      account->deposit(400);
    }
    // (예제/시뮬레이션을 위해 주기적으로 슬립하는 무한 루프)
    std::this_thread::sleep_for(std::chrono::milliseconds(5));
  }
}

// `account`에서 인출하는 동작을 반복한다.
void take_out(BankAccount* account) {
  while (true) {
    if (account->withdraw(100)) {
      log("[B] Withdrew 100, balance now " +
          std::to_string(account->balance()));
    } else {
      log("[B] Failed to withdraw 100");
```

```
        }
        std::this_thread::sleep_for(std::chrono::milliseconds(20));
    }
}
```

이 코드를 실행시켜보면 다음과 같은 문제가 발생하게 된다.

```
** 잔액 부족: -100! **
```

원인은 어렵지 않게 찾을 수 있다. 특히 BankAccount 클래스 안의 `withdraw()` 메서드에 친절하게 달린 주석을 보면 쉽게 눈치챌 수 있다. 여러 스레드가 이 부분을 실행할 때, 잔액을 확인하는 스레드와 잔액을 수정하는 스레드가 보는 잔액(`balance`의 값)이 다를 수 있다. 그런데 실전에서는 이런 버그를 발견하기가 굉장히 어렵다. 특히 C++처럼 컴파일러가 내부적으로 온갖 기교와 코드 재배치 기법을 적용하는 경우라면 더더욱 그렇다.

예제 코드에서는 일부러 `sleep` 호출을 많이 넣어서 데이터 경쟁 버그가 금방 나타나게 만들 수 있었다. 하지만 실전에서 이런 버그가 발생할 때는 문제가 좀처럼 드러나지 않거나 굉장히 간헐적으로 발생하기 때문에 디버깅하기가 굉장히 까다롭다.

BankAccount는 스레드를 지원하도록 작성된 스레드 호환thread compatible 클래스다. 다시 말해 이 클래스에 대한 접근을 통제하는 외부 동기화 메커니즘만 있다면 얼마든지 멀티 스레드 환경에서 사용할 수 있다.

이 클래스를 스레드 안전 클래스로 변환할 수 있다. 즉, 내부에 동기화 연산을 추가해 여러 스레드가 사용해도 안전하게 만들 수 있다.[7]

```
// C++ 코드
class BankAccount {
 public:
  BankAccount() : balance_(0) {}

  int64_t balance() const {
    // 이 스코프 전체에서 `mu_`에 대해 잠금을 건다.
    const std::lock_guard<std::mutex> with_lock(mu_);
```

---

[7] 세 번째 범주는 스레드에 적대적인(thread hostile) 동작으로서, 모든 접근을 외부에서 동기화하더라도 멀티 스레드 환경에서 사용하기에 위험한 코드를 말한다.

```cpp
      if (balance_ < 0) {
        std::cerr << "** 잔액 부족: " << balance_ << " **!\n";
        std::abort();
      }
      return balance_;
    }
    void deposit(uint32_t amount) {
      const std::lock_guard<std::mutex> with_lock(mu_);
      balance_ += amount;
    }
    bool withdraw(uint32_t amount) {
      const std::lock_guard<std::mutex> with_lock(mu_);
      if (balance_ < amount) {
        return false;
      }
      balance_ -= amount;
      return true;
    }

  private:
    mutable std::mutex mu_;  // `balance_`를 보호한다.
    int64_t balance_;
  };
```

이렇게 하면 내부에 있는 `balance_` 필드는 뮤텍스(`mu_`)로 보호된다. 뮤텍스[mutex]란 한 번에 한 스레드만 접근할 수 있도록 동기화하는 객체다. `std::mutex::lock()`을 호출해서 이 뮤텍스를 획득할 수 있는데, 그 다음번 `std::mutex::lock()` 호출자는 첫 번째 호출자가 `std::mutex::unlock()`을 호출할 때까지 실행을 중단하고 기다린다. 그러다 첫 번째 호출자에 의해 뮤텍스가 해제되면, 중단된 상태에 있던 스레드 중 하나가 깨어나서 멈췄던 `std::mutex::lock()`을 실행한다.

이와 같이 뮤텍스를 획득한 상태에서만 잔액에 접근하게 만들면, 잔액을 확인하는 스레드와 잔액을 수정하는 스레드가 보는 잔액의 값을 일관되게 유지할 수 있다. 여기서 `std::lock_guard`도 살펴볼 필요가 있다. 이 클래스는 일종의 RAII 클래스로서(아이템 11), 인스턴스를 생성할 때는 `lock()`을 호출하고, 인스턴스가 삭제될 때는 `unlock()`을 호출한다. 이렇게 하면 스코프를 벗어나는 경우에도 뮤텍스가 잠금 해제되도록 보장할 수 있어서, `lock()`과 `unlock()`을 직접 호출할 때 저지르기 쉬운 두 함수 호출의 짝이 맞지 않는 실수를 최소화할 수 있다.

이러한 장치에도 불구하고 다음과 같이 클래스를 한 번만 잘못 수정해도 스레드 안전이 깨진다.[8]

```cpp
// 새로운 C++ 메서드 추가하기...
void pay_interest(int32_t percent) {
    // ... 여기서 깜박하고 mu_를 제대로 처리하지 못했다.
    int64_t interest = (balance_ * percent) / 100;
    balance_ += interest;
}
```

러스트의 데이터 경쟁

러스트 책인데 C++ 얘기가 좀 길었다. 방금 살펴본 C++ 클래스를 다음과 같이 러스트 코드로 바꿔보자.

```rust
pub struct BankAccount {
    balance: i64,
}

impl BankAccount {
    pub fn new() -> Self {
        BankAccount { balance: 0 }
    }
    pub fn balance(&self) -> i64 {
        if self.balance < 0 {
            panic!("** 잔액 부족: {}", self.balance);
        }
        self.balance
    }
    pub fn deposit(&mut self, amount: i64) {
        self.balance += amount
    }
    pub fn withdraw(&mut self, amount: i64) -> bool {
        if self.balance < amount {
            return false;
```

---

[8] C++ 컴파일러인 클랭(Clang)에서 제공하는 주석 분석(annotalysis)이라고도 부르는 -Wthread-safety 옵션을 사용하면, 어느 뮤텍스가 어느 데이터를 보호하는지에 대한 정보를 데이터의 주석으로 제공하고, 어떤 잠금을 획득했는지에 대한 정보를 함수의 주석으로 제공한다. 멀티 스레드 환경에서 스레드 호환 라이브러리를 처음으로 사용할 때처럼 불변성이 깨지면 러스트처럼 컴파일 타임 오류가 발생하지만, 근본적으로 이런 주석을 강제로 사용하게 만드는 방법이 없다.

```
        }
        self.balance -= amount;
        true
    }
}
```

여기에 계좌에 입금하고 인출하는 함수도 추가한다.

```
pub fn pay_in(account: &mut BankAccount) {
    loop {
        if account.balance() < 200 {
            println!("[A] Running low, deposit 400");
            account.deposit(400);
        }
        std::thread::sleep(std::time::Duration::from_millis(5));
    }
}

pub fn take_out(account: &mut BankAccount) {
    loop {
        if account.withdraw(100) {
            println!("[B] Withdrew 100, balance now {}", account.balance());
        } else {
            println!("[B] Failed to withdraw 100");
        }
        std::thread::sleep(std::time::Duration::from_millis(20));
    }
}
```

싱글 스레드 환경에서는 이렇게만 해도 문제없이 작동한다. 심지어 메인 스레드가 아니더라도 정상 실행된다.

```
{
    let mut account = BankAccount::new();
    let _payer = std::thread::spawn(move || pay_in(&mut account));
    // 이 스코프가 끝나면 `_payer` 스레드가 분리되면서
    // `BankAccount`의 단독 소유자가 된다.
}
```

하지만 다음과 같이 여러 스레드가 무작위로 BankAccount를 사용하려고 하면 다음과 같이 컴

파일 오류가 발생한다.

오류가 발생하는 코드

```rust
{
    let mut account = BankAccount::new();
    let _taker = std::thread::spawn(move || take_out(&mut account));
    let _payer = std::thread::spawn(move || pay_in(&mut account));
}
```

```
error[E0382]: use of moved value: `account`
  --> src/main.rs:102:41
   |
100 |     let mut account = BankAccount::new();
   |         ----------- move occurs because `account` has type
   |                     `broken::BankAccount`, which does not implement the
   |                     `Copy` trait
101 |     let _taker = std::thread::spawn(move || take_out(&mut account));
   |                                      -------          ------- variable
   |                                      |                        moved due to
   |                                      |                        use in closure
   |                                      |
   |                                      value moved into closure here
102 |     let _payer = std::thread::spawn(move || pay_in(&mut account));
   |                                      ^^^^^^^         ------- use occurs due
   |                                      |                       to use in closure
   |                                      |
   |                                      value used here after move
```

문제의 원인은 대여 검사기 규칙(아이템 15)을 떠올려 보면 알 수 있다. 동일한 항목에 대해 가변 레퍼런스가 허용 개수보다 하나 더 많은 두 개나 있다. 대여 검사기 규칙에 따르면 항목 하나에 대해 가변 레퍼런스가 하나만 있거나 불변 레퍼런스가 여러 개 있을 수 있지만, 두 가지가 섞일 수는 없다.

이 문제를 통해 앞에서 살펴본 데이터 경쟁에 대한 흥미로운 사실을 알 수 있다. 쓰는 놈 하나만 있거나, 읽는 놈이 여럿이거나, 둘 다 있으면 안 되고 둘 중 한 가지 경우만 가능하게 만들어서 데이터 경쟁을 원천 봉쇄하는 것이다. 이처럼 러스트는 메모리 안전성을 보장하는 과정에서 스레드 안전도 덤으로 얻는다.

C++와 마찬가지로 러스트에서도 구조체에 대해 스레드 안전을 보장하기 위해서는 동기화 장치가 필요하다. 가장 널리 사용되는 메커니즘은 `Mutex`다. C++와 이름은 같지만 러스트의 `Mutex`는 단독 객체가 아니라 보호 대상 데이터를 '래핑'하는 점이 C++와 다르다.

```
pub struct BankAccount {
    balance: std::sync::Mutex<i64>,
}
```

`Mutex` 제네릭의 `lock()` 메서드는 RAII 동작을 가진 `MutexGuard` 객체를 반환한다. 이는 C++의 `std::lock_guard`와 비슷하다. 스코프가 끝나는 지점에서 가드가 드롭될 때 뮤텍스가 자동으로 해제된다. 하지만 C++와 달리, 러스트의 `Mutex`에는 뮤텍스를 직접 획득하고 해제하는 메서드가 없다. 만약 있었다면 개발자들이 획득과 해제 메서드 쌍이 어긋나는 실수를 많이 저질렀을 것이다.

좀 더 구체적으로 설명하면 `lock()`은 실제로 `MutexGuard`가 담긴 `Result`를 반환한다. `Mutex`가 오염됐을 가능성에 대비하기 위해서다. 잠금 오염^{lock poisoning}은 잠금을 확보한 스레드에 문제가 생길 때 발생한다. 뮤텍스로 보호되는 불변성을 더 이상 신뢰할 수 없게 되기 때문이다. 실전에서 이런 오염이 발생하는 경우는 매우 드물다. 그래서 잠금 오염이 발생하면 프로그램을 즉시 종료하도록 처리해도 충분하다. 아이템 18의 조언과 달리 대부분의 경우에는 `Result`를 `.unwrap()`하는 정도로만 처리한다.

또한 `MutexGuard` 객체는 `Deref`와 `DerefMut` 트레이트(아이템 8)를 구현해서 `Mutex`로 묶은 데이터에 대한 프록시 역할도 한다. 따라서 다음과 같이 읽기 연산에 사용할 수 있다.

```
impl BankAccount {
    pub fn balance(&self) -> i64 {
        let balance = *self.balance.lock().unwrap();
        if balance < 0 {
            panic!("** 잔액 부족: {}", balance);
        }
        balance
    }
}
```

또한 다음과 같이 쓰기 연산에도 사용할 수 있다.

```
impl BankAccount {
    // 주의: 더 이상 `&mut self`가 아니다.
    pub fn deposit(&self, amount: i64) {
        *self.balance.lock().unwrap() += amount
    }
    pub fn withdraw(&self, amount: i64) -> bool {
        let mut balance = self.balance.lock().unwrap();
        if *balance < amount {
            return false;
        }
        *balance -= amount;
        true
    }
}
```

이 메서드의 시그니처를 보면 흥미로운 사실이 담겨 있다. 둘 다 BankAccount의 잔액을 수정하지만, 두 메서드는 어쩔 수 없이 &mut self 대신 &self를 받아야 한다. 여러 스레드가 동일한 BankAccount에 대한 레퍼런스를 갖게 하려면, 대여 검사기 규칙을 감안할 때 가변 레퍼런스로 만들지 않는 것이 좋다. 이는 아이템 8에서 설명한 내부 가변성 패턴의 또 다른 예에 해당한다. 대여 검사를 하는 시점이 컴파일 타임에서 런타임으로 이동하는 대신, 스레드 사이의 동기화cross-thread synchronization 동작이 추가된다. 가변 레퍼런스가 이미 있다면 첫 번째 레퍼런스가 드롭되기 전까지 두 번째 레퍼런스를 얻으려는 동작은 블록된다.

공유 상태를 Mutex로 래핑하면 대여 검사기의 지적을 피할 수는 있지만, 수명 문제(아이템 14)는 여전히 남아 있다.

오류가 발생하는 코드

```
{
    let account = BankAccount::new();
    let taker = std::thread::spawn(|| take_out(&account));
    let payer = std::thread::spawn(|| pay_in(&account));
    // 스코프가 끝날 때 `account`가 드롭되지만
    // `_taker`와 `_payer` 스레드가 분리되면서
    // `account`에 대한 불변 레퍼런스는 여전히 갖고 있다.
}
```

```
error[E0373]: closure may outlive the current function, but it borrows `account`
              which is owned by the current function
   --> src/main.rs:206:40
    |
206 |     let taker = std::thread::spawn(|| take_out(&account));
    |                                    ^^          ------- `account` is
    |                                    |                   borrowed here
    |                                    |
    |                                    may outlive borrowed value `account`
    |
note: function requires argument type to outlive `'static`
   --> src/main.rs:206:21
    |
206 |     let taker = std::thread::spawn(|| take_out(&account));
    |                 ^^^^^^^^^^^^^^^^^^^^^^^^^^^^^^^^^^^^^^^^^
help: to force the closure to take ownership of `account` (and any other
      referenced variables), use the `move` keyword
    |
206 |     let taker = std::thread::spawn(move || take_out(&account));
    |                                    ++++
error[E0373]: closure may outlive the current function, but it borrows `account`
              which is owned by the current function
   --> src/main.rs:207:40
    |
207 |     let payer = std::thread::spawn(|| pay_in(&account));
    |                                    ^^        ------- `account` is
    |                                    |                 borrowed here
    |                                    |
    |                                    may outlive borrowed value `account`
    |
note: function requires argument type to outlive `'static`
   --> src/main.rs:207:21
    |
207 |     let payer = std::thread::spawn(|| pay_in(&account));
    |                 ^^^^^^^^^^^^^^^^^^^^^^^^^^^^^^^^^^^^^^^
help: to force the closure to take ownership of `account` (and any other
      referenced variables), use the `move` keyword
    |
207 |     let payer = std::thread::spawn(move || pay_in(&account));
    |                                    ++++
```

오류 메시지를 보면 무엇이 문제인지 확실히 알 수 있다. BankAccount는 블록 끝에서 드롭되지만, 블록에서 새로 생성되어 이를 참조하던 두 스레드는 계속 실행된다. 하지만 이 문제에 컴파일러가 제시하는 해결 방법은 별로 도움 되지 않는다. BankAccount 항목이 첫 번째 클로저로 이동하면 두 번째 클로저에서 더 이상 BankAccount에 대한 레퍼런스를 받을 수 없게 된다.

객체에 대한 레퍼런스가 사라지기 전까지 객체를 계속 살려두기 위한 표준 도구로 **레퍼런스 카운트 포인터**reference-counted pointer가 있다. 러스트에서는 멀티 스레드를 지원하는 버전인 `std::sync::Arc`를 제공한다.

```
let account = std::sync::Arc::new(BankAccount::new());
account.deposit(1000);

let account2 = account.clone();
let _taker = std::thread::spawn(move || take_out(&account2));

let account3 = account.clone();
let _payer = std::thread::spawn(move || pay_in(&account3));
```

스레드마다 레퍼런스 카운트 포인터의 복사본을 받아서, 클로저로 이동시키고, 레퍼런스 카운트가 0이 될 때만 내부 `BankAccount`가 드롭된다. 공유 상태 병렬성을 이용하는 러스트 프로그램에서 이렇게 `Arc<Mutex<T>>`와 조합하는 경우가 흔하다.

이러한 기술적 세부 사항에서 한발 물러나서 보면, 러스트에서는 다른 언어에서 멀티 스레드 프로그래밍을 할 때 흔히 발생하는 데이터 경쟁 문제가 근본적으로 발생하지 않는다. 물론 이는 **안전한 러스트**safe Rust에서만 제공되는 러스트의 장점이다. `unsafe` 코드(아이템 16), 그중에서도 특히 FFI 경계(아이템 34)에서는 데이터 경쟁이 발생할 수 있는데, 이를 감안해도 상당히 대단한 특징이다.

표준 마커 트레이트

스레드 사이에서 러스트 객체를 사용하는 데 관련된 두 가지 표준 트레이트가 있다. 모두 마커 트레이트(아이템 10)라서 메서드는 없지만 멀티 스레드 코드를 컴파일하는 데 중요한 역할을 한다.

- **Send 트레이트**: 주어진 타입으로 된 항목이 스레드 사이에서 안전하게 전송됨을 나타낸다. 이 타입 항목에 대한 소유권은 한 스레드에서 다른 스레드로 전달할 수 있다.

- **Sync 트레이트**: 주어진 타입으로 된 항목을 대여 검사기의 규칙에 어긋나지 않게 여러 스레드가 안전하게 접근할 수 있음을 나타낸다.

다르게 표현하면 Send는 스레드 사이에서 T를 전송할 수 있음을 나타내고, Sync는 스레드 사이에서 &T를 전송할 수 있음을 나타낸다.

두 트레이트 모두 컴파일러에 의해 자동으로 구현되는 **오토 트레이트**auto trait다. 단, 해당 타입의 구성 요소 역시 모두 Send/Sync를 구현해야 한다.

안전한 타입이라면 대부분 Send와 Sync를 구현하기 때문에 오히려 이 트레이트를 구현하지 않는 타입을 알아 두는 것이 훨씬 편하다. 이런 타입은 `impl !Sync for Type`과 같이 작성돼 있다.

Send를 구현하지 않는 타입은 싱글 스레드에서만 사용할 수 있다. 대표적인 예로 동기화되지 않은 레퍼런스 카운트 포인터인 `Rc<T>`(아이템 8)가 있다. 이 타입의 구현을 보면 속도를 위해 싱글 스레드 전용임을 명시적으로 가정한다. 멀티 스레드를 위해 내부 레퍼런스 카운트를 동기화하는 부분이 전혀 없다. 따라서 스레드 사이에서 `Rc<T>`를 전송하면 안 되고, 대신 (동기화 기능으로 인해 오버헤드가 발생하지만) `Arc<T>`를 사용한다.

Sync를 구현하지 않는 타입은 `mut`가 아닌 레퍼런스를 통해 여러 스레드에서 사용하기에 안전하지 않다. `mut` 레퍼런스가 여러 개면 대여 검사기에 걸리기 때문이다. 대표적인 예로 다음과 같이 동기화되지 않은 방식으로 내부 가변성을 제공하는 타입(예: `Cell<T>`, `RefCell<T>`)이 있다. 멀티 스레드 환경에서 내부 가변성을 제공하려면 `Mutex<T>`나 `RwLock<T>`를 사용한다.

`*const T` 및 `*mut T`와 같은 원시 포인터 타입도 Send나 Sync를 구현하지 않는다(아이템 16과 아이템 34 참조).

교착 상태

이번에는 러스트에서 해결하지 못한 문제를 알아보자. 러스트는 앞에서 본 것처럼 데이터 경쟁 문제는 완전히 해결했지만, 상태를 공유하는 멀티 스레드 코드에서 발생하는 또 다른 끔찍한 문제인 **교착 상태(데드록)**deadlock에는 여전히 취약하다.

예를 들어 다음과 같이 간단히 구성된 멀티 플레이어 게임 서버를 살펴보자. 이 서버는 여러 플레이어에게 서비스를 동시에 제공하기 위해 멀티 스레드 애플리케이션으로 구현했다. 여기에는 두 가지 핵심 데이터 구조가 있다. 하나는 사용자 이름을 인덱스로 사용하는 플레이어 컬렉션(players)이고, 다른 하나는 고유 식별자를 인덱스로 사용하는 진행 중인 게임 컬렉션(games)이다.

```rust
struct GameServer {
    // 플레이어 이름을 플레이어 정보에 매핑한다.
    players: Mutex<HashMap<String, Player>>,
    // 현재 게임 목록. 고유 게임 ID를 인덱스로 사용한다.
    games: Mutex<HashMap<GameId, Game>>,
}
```

이 두 가지 데이터 구조는 모두 Mutex로 보호되고 있어서 데이터 경쟁이 발생하지 않는다. 하지만 두 데이터 구조를 모두 조작하는 코드라면 문제가 발생할 가능성이 있다. 두 스레드가 어느 한 데이터 구조만 다룰 때는 문제없이 작동한다.

```rust
impl GameServer {
    /// 새로운 플레이어를 추가하고 현재 게임에 참여시킨다.
    fn add_and_join(&self, username: &str, info: Player) -> Option<GameId> {
        // 새 플레이어를 추가한다.
        let mut players = self.players.lock().unwrap();
        players.insert(username.to_owned(), info);

        // 새 플레이어를 참여시킬 공간이 있는 게임을 찾아서 참여시킨다.
        let mut games = self.games.lock().unwrap();
        for (id, game) in games.iter_mut() {
            if game.add_player(username) {
                return Some(id.clone());
            }
        }
        None
    }
}
```

하지만 두 번째 동작에서 여러 스레드가 데이터 구조를 서로 잠그려고 하면 문제가 발생한다.

```rust
impl GameServer {
    /// ID가 `username`인 플레이어를 금지시키고, 현재 참여 중인 게임에서 제거한다.
```

```
fn ban_player(&self, username: &str) {
    // 해당 사용자가 참여한 게임을 모두 찾아서 빼낸다.
    let mut games = self.games.lock().unwrap();
    games
        .iter_mut()
        .filter(|(_id, g)| g.has_player(username))
        .for_each(|(_id, g)| g.remove_player(username));

    // 해당 사용자를 사용자 리스트에서 지운다.
    let mut players = self.players.lock().unwrap();
    players.remove(username);
}
```

[표 3-1]과 같이 두 스레드가 앞에 나온 두 가지 메서드를 사용해 실행되는 과정을 순서대로 표현하면 여기서 발생하는 문제를 쉽게 이해할 수 있다.

표 3-1 스레드 교착 상태 시퀀스

스레드 1	스레드 2
add_and_join()에 진입하면 players를 즉시 잠근다.	
	ban_player()에 진입하면 games를 즉시 잠근다.
games를 잠그려고 하지만, 현재 스레드 2가 잠근 상태라서 스레드 1은 블록된다.	
	players를 잠그려고 하지만, 현재 스레드 1이 잠근 상태라서 스레드 2는 블록된다.

이렇게 되면 프로그램은 교착 상태에 빠진다. 어느 스레드도 더 이상 실행을 이어나갈 수 없을 뿐만 아니라, **Mutex**로 보호된 두 데이터 구조 역시 사용할 수 없는 상태에 빠진다.

근본적인 원인은 **잠금 역전**lock inversion 때문이다. 한 함수는 players를 잠그고 나서 games를 잠그려고 하는 반면, 다른 함수는 반대로 games부터 잠그고 나서 players를 잠그려고 한다. 이 경우는 아주 간단한 편이며 실전에서는 이보다 훨씬 복잡하게 잠금 상태가 중첩되어 긴 체인처럼 형성될 수 있다. 예를 들어 스레드 1은 A 다음 B를 잠근 상태에서 C를 잠그려고 하는 반면, 스레드 2는 C를 잠근 후에 A를 잠그려고 할 수 있다. 또한 관련 스레드가 세 개 이상일 수도 있다. 예를 들어 스레드 1은 A 다음 B를 잠근 상태고, 스레드 2는 B 다음 C를 잠근 상태고, 스레드 3는 C 다음 A를 잠근 상태일 수 있다.

이 문제를 해결하는 가장 간단한 방법은 잠금에 대한 스코프를 좁혀서 두 가지 잠금이 동시에 발생하지 않게 하는 것이다.

```rust
/// 새로운 플레이어를 추가하고 현재 게임에 참여시킨다.
fn add_and_join(&self, username: &str, info: Player) -> Option<GameId> {
    // 새 플레이어를 추가한다.
    {
        let mut players = self.players.lock().unwrap();
        players.insert(username.to_owned(), info);
    }

    // 새 플레이어를 참여시킬 공간이 있는 게임을 찾아서 참여시킨다.
    {
        let mut games = self.games.lock().unwrap();
        for (id, game) in games.iter_mut() {
            if game.add_player(username) {
                return Some(id.clone());
            }
        }
    }
    None
}
/// ID가 `username`인 플레이어를 금지시키고, 현재 참여 중인 게임에서 제거한다.
fn ban_player(&self, username: &str) {
    // 해당 사용자가 참여한 게임을 모두 찾아서 빼낸다.
    {
        let mut games = self.games.lock().unwrap();
        games
            .iter_mut()
            .filter(|(_id, g)| g.has_player(username))
            .for_each(|(_id, g)| g.remove_player(username));
    }

    // 해당 사용자를 사용자 리스트에서 지운다.
    {
        let mut players = self.players.lock().unwrap();
        players.remove(username);
    }
}
```

더 좋은 방법은 players 데이터 구조를 다루는 코드를 add_player()와 remove_player() 헬퍼 메서드 안으로 캡슐화해서 깜박하고 스코프를 닫지 않을 가능성을 줄이는 것이다.

이렇게 하면 교착 상태 문제는 해결되지만 데이터 일관성 문제는 여전히 남아 있다. 예를 들어 [표 3-2]와 같은 순서로 실행되면 players와 games가 서로 일치하지 않은 상태가 발생한다.

표 3-2 상태 불일치 시퀀스

스레드 1	스레드 2
add_and_join("Alice")에 진입해서 players 데이터 구조에 Alice를 추가한다. 그러고 나서 players 잠금을 해제한다.	
	ban_player("Alice")에 진입해서 모든 games에서 Alice를 삭제한다. 그런 다음 games 잠금을 해제한다.
	players 데이터 구조에서 Alice를 삭제한다. 스레드 1이 이미 잠금을 해제했으므로 블록되지 않는다.
계속 진행해 games를 잠근다. 스레드 2에서 이미 해제한 상태다. 이렇게 잠근 상태에서, 현재 진행 중인 게임에 Alice를 추가한다.	

이 시점에서 players 데이터 구조를 보면 존재하지 않는 플레이어가 포함된 게임이 발생한다.

문제의 핵심은 두 데이터 구조가 동기화되어야 한다는 것이다. 가장 좋은 해결 방법은 둘을 포괄하는 단일 동기화 프리미티브를 사용하는 것이다.

```
struct GameState {
    players: HashMap<String, Player>,
    games: HashMap<GameId, Game>,
}

struct GameServer {
    state: Mutex<GameState>,
    // ...
}
```

조언

공유 상태 병렬성과 관련 문제를 피하기 위한 가장 근본적인 해결책은 공유 상태 병렬성을 피하는 것이다. 『러스트 프로그래밍 공식 가이드(제이펍, 2024)』에서는 고 언어 문서(https://oreil.ly/HiKmp)에 나오는 문장을 인용해 '메모리 공유로 통신하지 말고, 통신으로 메모리를 공유하라'고 조언한다.

고 언어는 이를 위해 채널channel을 기본으로 제공한다. 러스트는 이에 해당하는 기능을 표준 라이브러리의 `std::sync::mpsc` 모듈로 제공한다. 이 모듈의 `channel()` 함수는 (Sender, Receiver) 쌍을 반환하는데, 이를 통해 특정 타입의 값을 여러 스레드 사이에서 주고받을 수 있다.

공유 상태 병렬성을 피할 수 없다면 다음과 같이 교착 상태에 빠질 가능성을 줄이는 방법을 적용한다.

- **서로 일관성을 유지할 데이터 구조는 하나로 잠글 수 있게 만든다.**
- **잠금 스코프를 좁고 명확하게 유지한다.** 가능하면 헬퍼 메서드 안에서 항목을 잠근 상태에서 가져오거나 설정하게 만든다.
- **잠금 상태에서 클로저를 호출하지 않는다.** 미래에 코드베이스에 추가되는 클로저에 의해 코드가 예기치 못한 영향을 받을 수 있다.
- 마찬가지로 **호출자에 MutexGuard를 반환하지 않는다.** 교착 상태의 관점에서 보면 장전된 총을 건네는 셈이다.
- CI 시스템에 **교착 상태 감지 도구(아이템 32)를 추가한다.** 예를 들면 `no_deadlocks`, `ThreadSanitizer`, `parking_lot::deadlock`이 있다.
- 최후의 수단으로 잠금 순서와 방법을 표현하는 **잠금 계층 구조**locking hierarchy를 설계하고, 문서화하고, 테스트하고 감시한다. 이 방법은 최후의 수단으로만 사용해야 한다. 엔지니어가 실수하지 않길 바라는 전략은 언젠가는 실패하기 마련이다.

좀 더 추상적으로 표현하면, 멀티 스레드 코드를 작성할 때는 **너무 복잡해서 틀렸는지를 확실히 알 수 없는 코드보다는 너무 간단해서 틀리지 않았다는 것이 명백히 드러나는 코드를 지향하라.**

아이템 18: 패닉하지 마라

> 터무니없이 복잡해 보였는데, 그 때문인지 크기가 딱 맞는 플라스틱 덮개에 'DON'T PANIC'
> 이라는 글귀가 큼직하고 친절하게 인쇄되어 있었다.
>
> 더글러스 애덤스 Douglas Adams

이 아이템의 제목을 좀 더 정확히 표현하면 'panic!보다 가급적 Result를 반환하라'고 할 수 있다. 하지만 패닉(panic!)하지 마라는 표현이 훨씬 귀에 쏙 들어온다.

러스트의 패닉 메커니즘은 프로그램을 복구할 수 없는 수준의 버그가 발생한 경우를 위해 설계된 것으로, panic!을 통해 스레드를 종료시키는 것이 디폴트 동작이다. 물론 다른 동작으로 얼마든지 대체할 수 있다.

특히 예외 시스템을 갖춘 언어(예: 자바나 C++)에서 러스트로 넘어온 사람들은 std::panic::catch_unwind로 예외를 표현하려는 경향이 있는데, 아마도 콜 스택의 더 높은 곳에서 패닉을 잡을 수 있는 것처럼 보이기 때문이다.

예를 들어 다음과 같이 잘못된 입력을 받을 때 패닉을 실행하는 함수가 있다.

```rust
fn divide(a: i64, b: i64) -> i64 {
    if b == 0 {
        panic!("Cowardly refusing to divide by zero!");
    }
    a / b
}
```

이 함수에 잘못된 입력값을 주고 호출하면 예상대로 실패한다.

```rust
// 0/0의 결괏값을 물어본다...
let result = divide(0, 0);
```

```
thread 'main' panicked at 'Cowardly refusing to divide by zero!', main.rs:11:9
note: run with `RUST_BACKTRACE=1` environment variable to display a backtrace
```

이때 catch_unwind를 사용하는 래퍼를 이용한다.

```
fn divide_recover(a: i64, b: i64, default: i64) -> i64 {
    let result = std::panic::catch_unwind(|| divide(a, b));
    match result {
        Ok(x) => x,
        Err(_) => default,
    }
}
```

그러면 여기서 발생하는 패닉을 잡는(catch) 것처럼 보인다.

```
let result = divide_recover(0, 0, 42);
println!("result = {result}");
```

```
result = 42
```

하지만 어디까지나 그렇게 보일 뿐이다. 이 방법의 첫 번째 문제점은 패닉이 항상 풀리는 것은unwind 아니라는 것이다. 컴파일러 옵션[9]을 통해 패닉 동작을 전환해 프로세스를 즉시 중단할 수 있다(이 옵션은 Cargo.toml 프로필 설정[10]을 통해서도 접근할 수 있다).

```
thread 'main' panicked at 'Cowardly refusing to divide by zero!', main.rs:11:9
note: run with `RUST_BACKTRACE=1` environment variable to display a backtrace
/bin/sh: line 1: 29100 Abort trap: 6   cargo run --release
```

따라서 예외 처리를 흉내 내려는 시도의 성공 여부는 결국 프로젝트의 전반적인 설정에 좌우될 수밖에 없다. 또한 웹어셈블리WebAssembly와 같은 일부 타깃 플랫폼에서는 컴파일러나 프로젝트 설정에 관계없이 항상 패닉에 의해 중단된다.

패닉 처리와 관련해 발생하는 더 미묘한 문제는 **예외 안전성**exception safety 문제다. 즉, 데이터 구조에 대한 연산을 수행하는 도중에 패닉이 발생하면 데이터 구조의 일관성이 깨질 수 있다. 예외가 발생하더라도 내부 불변성을 보존하게 만드는 방법을 1990년대부터 고민했지만 아직까

---

9 https://doc.rust-lang.org/rustc/codegen-options/index.html#panic
10 https://doc.rust-lang.org/cargo/reference/profiles.html#panic

지도 매우 어려운 문제로 남아 있다.[11] 구글이 C++ 코드에 예외 사용을 금지하는 것도 바로 그 때문이다(https://oreil.ly/Bc-_z).

마지막으로 외부 함수 인터페이스(FFI) 경계에서 패닉 전파 문제도 발생한다(아이템 34). **러스트 코드에서 발생한 패닉이 FFI 경계를 넘어 러스트가 아닌 언어로 작성된 호출자 코드로 전파되는 것을 방지하려면 catch_unwind를 사용한다.**

그렇다면 오류 상태를 처리하는 방법으로 panic! 말고 어떤 게 있을까? 라이브러리 코드에 적합한 방식으로 적절한 오류 타입(아이템 4)을 담은 Result를 반환하는 오류 떠넘기기 방법 Somebody else's problem이 있다. 이렇게 하면 라이브러리 사용자가 후속 작업을 결정할 수 있다. 이 과정에서 물음표 연산자를 이용해 현재 발생한 문제를 다음 호출자에 전달할 수 있다.

누군가는 오류에 대한 책임을 져야 한다. 경험칙 rule of thumb에 따르면 main을 제어할 수 있다면 얼마든지 panic!(또는 unwrap(), expect() 등을)해도 괜찮다. main 다음에 오류를 넘길 호출자는 없다.

라이브러리 코드라도 panic!을 사용해도 되는 또 다른 경우는 오류가 매우 드물게 발생하고, 사용자의 .unwrap() 호출로 코드가 지저분해지지 않게 하고 싶은 경우다.

잘못된 입력 때문이 아니라 내부 데이터가 손상된 경우와 같은 이유로 오류가 발생한다면 panic!하는 것이 적합하다.

때로는 잘못된 입력으로 인해 패닉이 발생하는 것이 유용하다. 다만 입력이 잘못될 경우가 매우 드물어야 한다. 특히 관련 진입점 entry point이 쌍으로 제공될 때 가장 효과적이다.

- **실패 불가능 버전:** 시그니처가 항상 성공함을 의미한다. 성공하지 못하면 패닉이 발생한다.
- **실패 가능 버전:** Result를 반환한다.

실패 불가능 버전의 경우, 러스트의 API 가이드라인에서는 panic!에 대해 인라인 문서화(아이템 27) 주석에 기록하는 것을 권장한다.

실패 불가능 버전과 실패 가능 버전이 쌍으로 제공되는 경우의 예로 표준 라이브러리의 String::from_utf8_unchecked와 String::from_utf8을 들 수 있다. 다만 이 경우 실제로 잘못된

---

[11] 1994년 C++ Report(https://oreil.ly/J9hes)에 실린 톰 카길(Tom Cargill)의 글에서는 허브 서터(Herb Sutter)의 금주의 구루(Guru of the Week) #8 칼럼(https://oreil.ly/521d9)과 마찬가지로, C++ 템플릿 코드에서 예외 안전을 보장하는 것이 얼마나 어려운지 자세히 설명하고 있다.

입력으로 구성된 String이 사용되는 시점까지 패닉이 지연된다.

이번 아이템 18에서 제시하는 조언을 잘 따른다고 가정할 때, 몇 가지 유의할 사항이 있다. 첫 번째는 패닉이 다양한 형태로 숨어 있다는 것이다. panic!을 피한다는 것은 다음도 피한다는 뜻이다.

- unwrap()과 unwrap_err()
- expect()와 expect_err()
- unreachable!()

다음과 같은 문제는 더 찾기 힘들다.

- slice[index]에서 인덱스가 범위를 벗어난 경우
- x / y에서 y가 0인 경우

패닉 피하기와 관련된 또 다른 사실은 사람이 지속적으로 경계하는 방안은 결코 좋은 방법이 아니라는 것이다.

그러나 기계가 지속적으로 경계하는 것은 괜찮다. 새 코드가 추가될 때 패닉이 발생할 수 있는 부분을 검사하는 기능을 CI 시스템(아이템 32)에 추가하면 훨씬 안정적으로 패닉을 피할 수 있다. 간단한 방법은 앞서 본 것처럼 가장 흔히 볼 수 있는 패닉 진입점에 대해서는 간단히 그렙grep으로 검사하는 것이다. 좀 더 철저하게 검사하려면 러스트 생태계에서 제공하는 보조 도구(아이템 31)를 활용한다. 예를 들어 no_panic 크레이트를 사용하도록 빌드를 설정한다.

아이템 19: 리플렉션 사용을 자제하라

다른 언어에서 갓 넘어온 러스트 프로그래머는 리플렉션reflection을 자주 활용하곤 한다. 러스트에 와서도 리플렉션 기반으로 설계해서 구현하려고 많은 시간을 허비하다가, 나중에서야 그런 식으로는 제대로 구현할 수 없다는 사실을 깨닫는다. 물론 전혀 불가능한 것은 아니지만 말이다. 이번 아이템에서는 이런 시행착오를 방지하도록 러스트의 리플렉션으로 할 수 있는 것과 할 수 없는 것을 소개하고, 그 대신 사용할 수 있는 방법을 제시한다.

리플렉션이란 프로그램이 런타임에 스스로를 들여다보는 기능이다. 프로그램이 실행되는 동안 주어진 객체에 대해 다음과 같은 것을 할 수 있다.

- 주어진 객체의 타입과 관련해 어떤 **정보를** 알 수 있는지 파악하기
- 그 정보로 무슨 일을 할 수 있는지 알아내기

리플렉션을 제대로 지원하는 프로그래밍 언어라면 이런 정보를 자세히 파악할 수 있을 뿐만 아니라 다음과 같은 기능을 런타임에 제공한다.

- 객체의 타입 결정하기
- 객체에 담긴 내용 살펴보기
- 객체의 필드 수정하기
- 객체의 메서드 호출하기

주로 파이썬이나 루비^{Ruby} 같은 동적 타입 언어$^{dynamically\ typed\ language}$가 리플렉션을 이 정도 수준으로 지원하며, 정적 타입 언어 중에서도 자바와 고 같은 언어도 이 정도 수준의 리플렉션을 지원한다.

하지만 러스트는 이 정도로 리플렉션을 제공하지 않는다. 그래서 **리플렉션 사용을 자제하라**는 조언을 따르기 쉽다. 리플렉션을 제대로 지원하는 언어에 익숙한 프로그래머는 러스트의 부족한 리플렉션 지원이 처음에는 상당히 아쉬울 수 있다. 하지만 리플렉션으로 할 수 있는 기능 중 상당 부분을 러스트의 다른 기능으로 해결할 수 있다.

C++는 RTTI (런타임 타입 식별)$^{runtime\ type\ identification}$라는 다소 제한된 형태의 리플렉션을 제공한다. `typeid` 연산자를 사용하면 다형성 타입$^{polymorphic\ type}$(쉽게 말해, 가상 함수가 있는 클래스)으로 된 객체에 대해 모든 타입에 대한 고유 식별자를 반환한다.

- `typeid`: 베이스 클래스 레퍼런스로 참조한 객체의 구체적인 클래스를 복원할 수 있다.
- `dynamic_cast<T>`: 베이스 클래스 레퍼런스를 파생 클래스로 변환할 수 있다. 단, 안전하고 정확하게 할 수 있을 때만 그렇다.

러스트는 이런 RTTI 스타일의 리플렉션도 지원하지 않는다는 점도 이번 아이템의 조언을 따르기 쉽게 만드는 데 한몫한다.

러스트는 `std::any` 모듈을 통해 이와 유사한 기능을 제공하지만, 한계가 있어서 다른 대안이

없는 경우가 아니라면 사용하지 않는 것이 좋다(뒤에서 자세히 살펴본다).

std::any에서 제공하는 리플렉션과 유사한 기능 중 첫 번째는 객체의 타입 이름을 찾아내는 마술 같은 기능이다. 예를 들어 다음 코드에서 사용자 정의 tname() 함수를 사용하는 부분을 보자.

```
let x = 42u32;
let y = vec![3, 4, 2];
println!("x: {} = {}", tname(&x), x);
println!("y: {} = {:?}", tname(&y), y);
```

여기서는 tname() 함수를 이용해 객체의 타입과 값을 나란히 출력한다.

```
x: u32 = 42
y: alloc::vec::Vec<i32> = [3, 4, 2]
```

tname()의 구현을 보면 컴파일러의 의도를 알 수 있다. 즉, 이 함수는 아이템 12에서 설명했던 제네릭 함수다. 따라서 실제로는 다른 함수(tname::<u32> 또는 tname::<Vec<i32>>)가 호출된다.

```
fn tname<T: ?Sized>(_v: &T) -> &'static str {
    std::any::type_name::<T>()
}
```

이 구현은 라이브러리 함수인 std::any::type_name<T>에서 제공한다. 이 함수 역시 제네릭이며 컴파일 타임 정보만 접근할 수 있고 런타임에 타입을 결정하는 코드는 없다. 아이템 12에서 본 트레이트 객체 타입을 통해 이를 확인할 수 있다.

```
let square = Square::new(1, 2, 2);
let draw: &dyn Draw = &square;
let shape: &dyn Shape = &square;

println!("square: {}", tname(&square));
println!("shape: {}", tname(&shape));
println!("draw: {}", tname(&draw));
```

내부의 실제 객체 타입(Square)이 아닌, 트레이트 객체의 타입만 알 수 있다.

```
square: reflection::Square
shape: &dyn reflection::Shape
draw: &dyn reflection::Draw
```

type_name에서 반환하는 문자열은 진단 용도로만 적합하다. 내용이 얼마든지 변경될 수 있고 고유하지 않은 '최선'의 헬퍼이기 때문에 **type_name의 반환값을 파싱하지 않는 것이 좋다.** 글로벌 고유 타입 식별자가 필요하다면 TypeId를 사용한다.

```
use std::any::TypeId;

fn type_id<T: 'static + ?Sized>(_v: &T) -> TypeId {
    TypeId::of::<T>()
}
println!("x has {:?}", type_id(&x));
println!("y has {:?}", type_id(&y));
```

```
x has TypeId { t: 18349839772473174998 }
y has TypeId { t: 2366424454607613595 }
```

사람에게 친숙한 형태로 출력되지는 않지만, 고유한 값이기 때문에 코드에서 활용할 수 있다. 하지만 TypeId를 직접 사용하기보다는 std::any::Any 트레이트를 활용하는 것이 좋다. 잠시 후 설명하겠지만 표준 라이브러리에서 Any 인스턴스를 다루는 기능을 추가로 제공하기 때문이다.

Any 트레이트가 가진 유일한 메서드인 type_id()는 Any 트레이트를 구현하는 타입에 대한 TypeId 값을 반환한다. 하지만 이 트레이트를 직접 구현할 수는 없다. Any에는 대부분의 타입 T에 대한 포괄적 구현이 이미 제공되어 있기 때문이다.

```
impl<T: 'static + ?Sized> Any for T {
    fn type_id(&self) -> TypeId {
        TypeId::of::<T>()
    }
}
```

포괄적 구현이 모든 타입 T를 지원하는 것은 아니다. T: 'static이라는 수명 바운드lifetime bound
가 있기 때문에 T에 담긴 레퍼런스 중에서 'static이 아닌 수명을 가진 것이 있다면, TypeId
는 T에 대해 구현되지 않는다. 수명이 해당 타입에 완전히 포함되지 않기 때문에 의도적으로
제한했다. 이런 제한이 없다면 TypeId::of::<&'a T>와 TypeId::of::<&'b T>가 서로 수
명이 다르더라도 같은 TypeId를 반환해서 코드가 불분명하거나 바람직하지 않게 작성될 가능
성이 높다.

아이템 8에서 설명했듯이 트레이트 객체는 일종의 팻 포인터로, 내부 객체에 대한 포인터와 트
레이트 구현의 vtable에 대한 포인터로 구성된다. Any의 vtable에는 객체의 타입을 반환하
는 type_id() 메서드 항목만 있다(그림 3-4).

```
let x_any: Box<dyn Any> = Box::new(42u64);
let y_any: Box<dyn Any> = Box::new(Square::new(3, 4, 3));
```

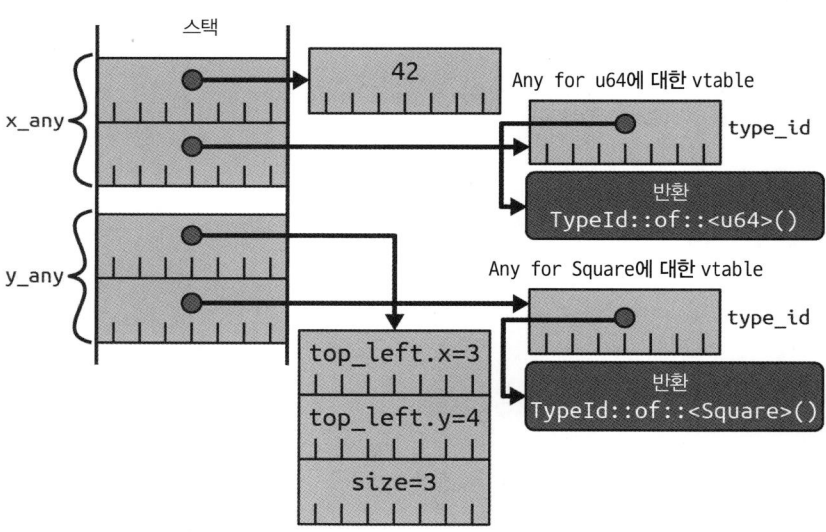

그림 3-4 Any 트레이트 객체: 각각 구체적인 항목과 vtable에 대한 포인터를 갖는다.

dyn Any 트레이트 객체에서 몇몇 간접 참조 부분을 제외하면 실질적으로 원시 포인터와 타입
식별자로 구성된다. 즉, 표준 라이브러리는 dyn Any 트레이트 객체에 대해 정의된 제네릭 메
서드를 추가로 제공할 수 있으며, 이 메서드는 일부 추가 타입 T에 대한 제네릭으로 구성된다.

- **is::<T>()**: 트레이트 객체 타입이 특정 타입 T와 같은지 여부를 나타낸다.
- **downcast_ref::<T>()**: 트레이트 객체가 T 타입이라면, 구체적인 타입 T에 대한 레퍼런스를 반환한다.
- **downcast_mut::<T>()**: 트레이트 객체가 T 타입이라면, 구체적인 타입 T에 대한 가변 레퍼런스를 반환한다.

Any 트레이트는 어디까지나 리플렉션과 비슷할 뿐이다. 어떤 객체의 컴파일 타임 타입과 위치를 추적하는 대상(&dyn Any)을 명시적으로 빌드할지 여부를 컴파일 타임에 프로그래머가 선택해야 한다. 본래 타입으로 되돌리는 다운캐스팅downcasting 같은 기능은 Any 트레이트 객체를 빌드한 경우에만 가능하다.

러스트에서는 객체의 컴파일 타임 타입과 런타임 타입이 다른 경우가 드물다. 그중에서도 특히 트레이트 객체가 그렇다. 구체적인 타입이 Square인 객체는 그 타입이 구현하는 트레이트에 대해 트레이트 객체인 dyn Shape으로 강제 변환될 수 있다. 그러면 객체만 가리키던 단순 포인터로부터 객체와 vtable로 구성된 팻 포인터가 만들어진다.

아이템 12에서 설명한 것처럼 러스트의 트레이트 객체는 객체 지향적이지 않다. Square는 Shape의 한 종류, 즉 is-a 관계가 아니다. Square는 Shape의 인터페이스를 구현할 뿐이다. 트레이트 바운드도 마찬가지다. 트레이트 바운드 Shape: Draw는 is-a 관계가 아니라 also-implements 관계일 뿐이다. Shape의 vtable에는 Draw의 메서드에 대한 항목이 포함돼 있기 때문이다.

예를 들어 다음과 같은 간단한 트레이트 바운드가 있다.

```
trait Draw: Debug {
    fn bounds(&self) -> Bounds;
}

trait Shape: Draw {
    fn render_in(&self, bounds: Bounds);
    fn render(&self) {
        self.render_in(overlap(SCREEN_BOUNDS, self.bounds()));
    }
}
```

이는 다음과 같은 트레이트 객체와 같다.

```
let square = Square::new(1, 2, 2);
let draw: &dyn Draw = &square;
let shape: &dyn Shape = &square;
```

아이템 12에서도 본 적 있는 [그림 3-5]에 나타낸 이 객체의 메모리 레이아웃을 보면 문제가 명확히 드러난다. 즉, 주어진 dyn Shape 객체에 대해 dyn Draw 트레이트 객체를 곧바로 만들 방법이 없다. 왜냐하면 impl Draw for Square의 vtable로 돌아갈 방법이 없다. 설사 Square::bounds() 메서드의 주소에 대한 부분을 이론적으로 복원할 수 있더라도 말이다. 이 부분은 러스트의 향후 버전에서 변경될 가능성이 높다(바로 뒤의 '향후 러스트 버전에서의 업캐스팅' 절 참조).

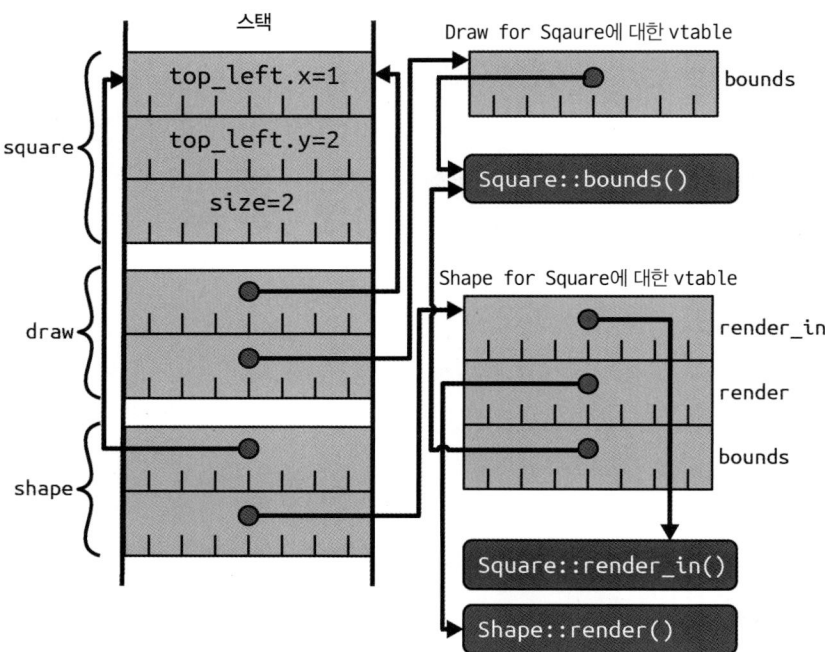

그림 3-5 트레이트 바운드에 대한 트레이트 객체: Draw와 Shape에 대한 vtable이 별도로 있다.

이전 그림과 비교해 보면 명시적으로 만든 &dyn Any 트레이트 객체가 별로 도움 되지 않는다는 것을 확실히 알 수 있다. Any를 사용하면 내부 객체의 구체적인 타입을 복원할 수 있지만,

해당 객체가 어떤 트레이트를 구현하는지 런타임에 알아내거나, 트레이트 객체를 생성하는 데 필요한 관련 `vtable`에 런타임에 접근할 방법이 없다.

그렇다면 어떻게 하면 될까? 대표적인 방법은 트레이트 정의를 활용하는 것이다. 이는 다른 언어에 대한 조언과도 일치한다. 가령, 『이펙티브 자바』(인사이트, 2018)의 아이템 65에서는 '리플렉션보다는 인터페이스를 사용하라'고 권장한다. 객체의 특정 동작에 의존하는 코드가 있다면 그 동작을 트레이트로 인코딩한다(아이템 2). 원하는 동작을 메서드 시그니처로 표현할 수 없다면 마커 트레이트를 사용해서라도 해당 동작을 지원한다고 표시한다. 클래스 이름이 특정 접두사로 시작하는지 확인하는 식의 방법보다는 이 방법이 훨씬 안전하고 효율적이다.

트레이트 객체를 받게 하면 프로그램 링크 타임에는 사용할 수 없던, 코드를 가진 객체와도 함께 사용할 수 있다. `dlopen(3)` 등을 통해 런타임에 동적으로 로드되어 제네릭의 단형화(아이템 12)가 불가능하기 때문이다.

참고로 다른 언어에서는 동일한 의존성 라이브러리에 대해 서로 호환되지 않는 형태의 버전이 여러 개 있을 때 '단 하나만 있을 수 있다'[There Can Be Only One]는 링크 제약 사항이 적용되는데, 이를 우회해서 여러 버전을 동시에 로드하는 데 리플렉션을 사용하는 경우가 있다. 하지만 러스트는 이렇게 할 필요가 없다. 동일한 라이브러리에 대한 여러 버전을 처리하는 기능을 카고[Cargo]에서 이미 제공하고 있다(아이템 25).

마지막으로 객체의 타입을 컴파일 타임에 파악하는 보조 코드를 매크로(특히 `derive`)를 이용해서 자동 생성하는 방법도 있다. 이렇게 하면 객체의 내용을 런타임에 파싱하는 것보다 훨씬 효율적이고 타입에도 안전하다. 러스트의 매크로 시스템에 대해서는 아이템 28에서 자세히 설명한다.

향후 러스트 버전에서의 업캐스팅

2021년에 처음 집필하기 시작한 이후로 이 아이템에서 설명한 내용이 정확한 상태로 유지되고 있었지만, 2024년 초 출간 준비를 하던 중 러스트에 **트레이트 업캐스팅**[trait upcasting]이 추가될 예정임을 알게 됐다(`https://oreil.ly/gWJUW`). 따라서 향후 러스트 버전에서 이 아이템에서 설명한 내용 중 일부 세부 사항이 약간 달라질 수 있다.

트레이트 업캐스팅이란 U가 T의 상위 트레이트 중 하나일 경우(`trait T: U {...}`), `dyn T` 트레이트 객체를 `dyn U` 트레이트 객체로 변환(업캐스팅upcasting)할 수 있는 기능이다. 이 기능이 정식으로 제공되기 전까지는 `#![feature(trait_upcasting)]`로 사용해볼 수 있다.[12]

앞에 나온 예에 이 기능을 적용하면 `&dyn Shape` 트레이트 객체를 `&dyn Draw` 트레이트 객체로 변환할 수 있어서, 리스코프 치환 원칙의 is-a 관계에 더 가까워진다. 이렇게 변환할 수 있게 되면 vtable의 내부 구현이 [그림 3-5]보다 훨씬 복잡해진다.

그렇다고 이 아이템의 핵심 내용이 달라지는 것은 아니다. Any 트레이트보다 상위 트레이트는 없기 때문에 업캐스팅 기능에 의해 달라지는 점은 없다.

아이템 20: 과도한 최적화의 유혹에 저항하라

> 러스트에서 할당도 없고 복사도 없는 매우 멋진 알고리즘을 안전하게 작성할 수 있다고 해서 러스트로 작성하기만 하면 무조건 할당도 없고 복사도 없는 매우 멋진 알고리즘이 되는 것은 아니다.
>
> trentj(https://oreil.ly/fQMfu)

이 책에서 소개하는 아이템은 대부분 다른 언어에 능숙한 프로그래머가 러스트 언어의 문법과 러스트다운 관용 표현에 쉽게 익숙해지게 하는 것이 주목적이다. 다만 이번 아이템은 프로그래머가 너무 극단으로 치우쳐서, 러스트의 잠재 능력을 통해 사용성과 유지 보수성보다 효율성을 높이는 데만 집착할 때 발생하는 문제에 대해 소개한다.

데이터 구조와 할당

러스트의 레퍼런스는 다른 언어의 포인터처럼 데이터를 복사하지 않고도 재사용할 수 있게 한다. 러스트는 레퍼런스 수명과 대여에 대한 규칙을 통해 데이터의 안전한 재사용을 보장한다는

---

[12] 옮긴이_ 번역 시점인 2024년 8월 기준으로 아직 stabilization 상태다.

점에서 다른 언어와 다르다. 하지만 대여 검사 규칙(아이템 15)에 맞게 코드를 작성하다 보면 사용하기가 힘들어진다.

특히 데이터 구조가 영향을 많이 받는다. 데이터 구조를 구성하는 항목에 대해 복사본을 새로 만들어서 할당할지, 아니면 기존 복사본에 대한 레퍼런스로 만들지 선택할 수 있기 때문이다.

예를 들어 바이트 데이터 스트림을 파싱해서 타입-길이-값(TLV) 구조의 데이터로 추출한 뒤, 다음과 같은 포맷으로 전송하는 경우를 살펴보자.

- 첫 번째 바이트는 값의 타입을 나타낸다. 코드의 type_code 필드에 저장된다.[13]
- 두 번째 바이트는 값의 길이를 바이트 단위로 표현한다. 주어진 길이로 된 슬라이스를 생성하는 데 사용된다.
- 그 뒤에는 값을 나타내는 바이트가 지정된 수만큼 나온다. 코드의 value 필드에 저장된다.

```rust
/// 데이터 스트림으로부터 추출한 타입-길이-값(TLV) 구조체
#[derive(Clone, Debug)]
pub struct Tlv<'a> {
    pub type_code: u8,
    pub value: &'a [u8],
}

pub type Error = &'static str; // 몇 가지 로컬 오류 타입

/// `input`에서 다음 TLV를 추출한다.
/// 이때 처리되지 않은 나머지 데이터도 반환한다.
pub fn get_next_tlv(input: &[u8]) -> Result<(Tlv, &[u8]), Error> {
    if input.len() < 2 {
        return Err("too short for a TLV");
    }
    // TLV의 TL 부분은 각각 한 바이트다.
    let type_code = input[0];
    let len = input[1] as usize;
    if 2 + len > input.len() {
        return Err("TLV longer than remaining data");
    }

    let tlv = Tlv {
```

---

[13] 이 필드 이름을 type으로 지을 수 없다. 러스트에서 예약된 키워드이기 때문이다. 이 제약 사항을 피하려면 원시 식별자 접두사(raw identifier prefix)인 r#을 사용해 필드 이름을 r#type: u8과 같이 지정하면 되지만, 그냥 다른 필드 이름으로 짓는 편이 더 쉽다.

```
            type_code,
            // 입력 데이터에서 관련 있는 부분에 대한 레퍼런스를 구한다.
            value: &input[2..2 + len],
        };
        Ok((tlv, &input[2 + len..]))
}
```

Tlv 구조는 입력 데이터를 복사하지 않고 레퍼런스를 사용하기 때문에 효율적이다. 또한 러스트의 메모리 안전 규칙을 통해 이 레퍼런스가 항상 유효하다는 것을 보장한다. 하지만 일부 시나리오에는 적합하지만, 아이템 15에서 설명한 것처럼 데이터 구조의 인스턴스가 필요한 경우에는 상당히 불편하다.

예를 들어 TLV 형태로 메시지를 받는 네트워크 서버를 생각해 보자. 받은 데이터는 Tlv 인스턴스로 파싱할 수 있지만, 이런 인스턴스의 수명이 받은 메시지의 수명과 일치하게 된다. 메시지는 힙에 일시적인으로 존재하는 **Vec\<u8\>**일 수도 있고, 여러 메시지에 재사용되는 어딘가에 있는 버퍼일 수도 있다.

이때 서버 코드가 들어온 메시지를 나중에 참조하기 위한 목적으로 저장하면 문제가 발생한다.

```
pub struct NetworkServer<'a> {
    // ...
    /// 가장 최근의 max_size 메시지
    max_size: Option<Tlv<'a>>,
}

/// SET_MAX_SIZE 메시지에 대한 메시지 타입 코드
const SET_MAX_SIZE: u8 = 0x01;

impl<'a> NetworkServer<'a> {
    pub fn process(&mut self, mut data: &'a [u8]) -> Result<(), Error> {
        while !data.is_empty() {
            let (tlv, rest) = get_next_tlv(data)?;
            match tlv.type_code {
                SET_MAX_SIZE => {
                    // 가장 최근의 `SET_MAX_SIZE` 메시지를 저장한다.
                    self.max_size = Some(tlv);
                }
                // (다른 메시지 타입을 처리한다.)
                // ...
                _ => return Err("unknown message type"),
```

```
            }
            data = rest; // 다음번 반복에 나머지 데이터를 처리한다.
        }
        Ok(())
    }
}
```

컴파일 오류는 발생하지 않지만 실제로 사용할 수는 없다. `NetworkServer`의 수명이 `process()` 메서드에 공급되는 모든 데이터의 수명보다 작아지기 때문이다. 따라서 다음과 같이 단순히 루프로 처리하면 컴파일 오류가 발생한다.

오류가 발생하는 코드

```
let mut server = NetworkServer::default();
while !server.done() {
    // 새 벡터로 데이터를 읽어 들인다.
    let data: Vec<u8> = read_data_from_socket();
    if let Err(e) = server.process(&data) {
        log::error!("Failed to process data: {:?}", e);
    }
}
```

서버 인스턴스의 긴 수명이 임시 데이터의 짧은 수명에 맞춰지기 때문이다.

```
error[E0597]: `data` does not live long enough
   --> src/main.rs:375:40
    |
372 |       while !server.done() {
    |             ------------- borrow later used here
373 |           // Read data into a fresh vector.
374 |           let data: Vec<u8> = read_data_from_socket();
    |               ---- binding `data` declared here
375 |           if let Err(e) = server.process(&data) {
    |                                          ^^^^^ borrowed value does not live
    |                                                long enough
...
378 |       }
    |       - `data` dropped here while still borrowed
```

수명이 긴 버퍼를 재사용하도록 코드를 수정해도 문제는 여전하다.

> **오류가 발생하는 코드**
>
> ```rust
> let mut perma_buffer = [0u8; 256];
> let mut server = NetworkServer::default(); // `perma_buffer` 이내의 수명
>
> while !server.done() {
>     // 동일한 버퍼를 다음번 데이터에 재사용한다.
>     read_data_into_buffer(&mut perma_buffer);
>     if let Err(e) = server.process(&perma_buffer) {
>         log::error!("Failed to process data: {:?}", e);
>     }
> }
> ```

이렇게 하면 컴파일러는 현재 코드가 동일한 버퍼에 대한 레퍼런스를 유지하는 동시에, 그 버퍼에 대한 가변 레퍼런스를 제공한다는 오류 메시지를 출력한다.

```
error[E0502]: cannot borrow `perma_buffer` as mutable because it is also
              borrowed as immutable
    --> src/main.rs:353:31
     |
 353 |             read_data_into_buffer(&mut perma_buffer);
     |                                   ^^^^^^^^^^^^^^^^^ mutable borrow occurs here
 354 |             if let Err(e) = server.process(&perma_buffer) {
     |                                            -------------
     |                                            |
     |                                            immutable borrow occurs here
     |                                            immutable borrow later used here
```

문제의 핵심은 Tlv 구조가 임시 데이터를 참조하는 데 있다. 임시 데이터를 처리하는 것 자체는 문제가 되지 않지만, 나중에 사용하기 위해 상태를 저장하는 것과는 근본적으로 맞지 않다. 이 Tlv 구조가 콘텐츠를 소유하도록 바꿔보자.

```rust
#[derive(Clone, Debug)]
pub struct Tlv {
    pub type_code: u8,
    pub value: Vec<u8>, // owned heap data
}
```

그에 따라 .to_vec()을 추가로 호출하도록 get_next_tlv() 코드를 다음과 같이 수정하면

서버 코드의 부담을 크게 덜 수 있다.

```
// ...
let tlv = Tlv {
    type_code,
    // 데이터의 관련 부분을 힙에 복사한다.
    // TLV에서 길이에 대한 필드는 `u8` 하나(8비트) 크기다.
    // 따라서 복사본의 최대 길이는 256바이트다.
    value: input[2..2 + len].to_vec(),
};
```

데이터를 소유하는 Tlv 구조에는 수명 매개변수가 없으므로 서버 데이터 구조에도 수명 매개변수가 없어도 된다. 그 결과, 두 버전의 루프 모두 정상 작동한다.

누가 크고 나쁜 복사를 두려워하랴

프로그래머가 복사 줄이기에 지나치게 집착하는 이유 중 하나는 러스트에서 복사와 할당을 명시적으로 하기 때문이다. 러스트에서 .to_vec()이나 .clone()과 같은 메서드나, Box::new()와 같은 함수를 명시적으로 호출하면 복사와 할당이 발생한다는 것이 분명히 드러난다. C++에서는 복사 생성자나 대입 연산자에서 무심코 할당하는 코드를 작성하기 쉬운 점과 대조적이다.

할당이나 복사 연산이 숨어 있지 않고 명확히 드러난다고 해서 무조건 최적화할 필요는 없다. 특히 사용성을 해치면서까지 그럴 필요는 더더욱 없다. 대부분의 경우에는 사용성을 가장 높은 우선순위에 두고 정말 성능이 문제가 되는 경우에만, 거기에 복사를 줄이면 성능을 크게 높일 수 있다는 벤치마킹(아이템 30) 결과도 있을 때 튜닝하는 것이 바람직하다.

또한 코드의 효율성은 광범위하게 사용하도록 확장할 때만 의미가 있다. 사용자가 수백만 명으로 늘어나면서 사용성과 효율성 사이의 트레이드오프 관계가 달라지기 시작하는 시점에 효율을 높이는 작업을 하는 것이 좋다.

그런데 여기서 명심할 점이 있다. 첫째, 일반적으로 복사본이 명시적이라는 말에서 '일반적으로'라는 애매한 단어 뒤에 숨은 의미에 주의하자. 일반적이지 않은 대표적인 예외로 Copy 타입이 있다. 컴파일러는 이 타입에 대해 멋대로 복사본을 만들면서, 이동 의미론에서 복사 의미론으로 전환시킨다. 따라서 아이템 10에서 했던 조언을 여기서 다시 한번 강조하면, 비트 단위 복사가 정확하고 빠르지 않다면 Copy를 구현하지 마라. 그런데 그 반대도 성립한다. **비트 단위 복사가 정확하고 빠르다면 Copy 구현을 고려하라.** 예를 들어 추가 데이터가 없는 enum 타입에서 Copy를 derive하면 사용하기 쉬워진다.

두 번째 명심할 사항은 no_std 사용에 트레이드오프가 발생할 수 있다는 점이다. 아이템 33에서 소개할 조언에 따르면 약간의 수정만으로 no_std에 호환되는 코드를 작성할 수 있는 경우가 많으며, 할당을 아예 없애면 코드 작성이 훨씬 쉬워진다. 하지만 아이템 33에서도 설명하는 alloc 라이브러리를 통해 힙 할당을 지원하는 no_std 환경이 대상이라면, 사용성과 no_std 지원의 균형을 가장 잘 맞출 수 있다.

레퍼런스와 스마트 포인터

> 최근에 가상의 완벽한 코드에 대해 신경 쓰지 않는 실험을 해봤다. 필요하다면 .clone()을 호출하고, Arc를 사용해 로컬 객체를 스레드와 퓨처^{future}에 더욱 부드럽게 전달했다. 그리고 나니 정말 멋졌다.
>
> 조시 트리플릿 Josh Triplett

데이터 구조가 내부 항목을 직접 소유하도록 설계하면 사용하기는 훨씬 쉬워지지만, 동일한 정보를 여러 데이터 구조가 사용해야 하는 경우에는 문제가 발생할 가능성이 있다. 데이터가 불변형이라면 각자 복사본을 갖고 있어도 괜찮지만, 대부분의 경우처럼 정보가 변경될 가능성이 있다면 여러 복사본의 일관성을 보장하기 위해 수정할 부분이 많아진다.

러스트에서 제공하는 스마트 포인터 타입을 사용하면 단일 소유자 모델에서 공유 소유자 모델로 전환할 수 있어 앞선 문제를 해결할 때 유용하다. 싱글 스레드 코드를 위한 Rc나 멀티 스레드 코드를 위한 Arc 스마트 포인터는 이러한 공유 소유자 모델을 지원하도록 레퍼런스 카운트를 제공한다. 가변성이 필요하다면, 러스트의 대여 검사 규칙과 무관하게 내부 가변성을 허용하는 내부 타입과 쌍을 이루는 것이 일반적이다.

- RefCell: 싱글 스레드 코드의 내부 가변성을 위해 일반적인 Rc<RefCell<T>> 조합을 제공한다.
- Mutex: 아이템 17에 따르면 멀티 스레드 코드의 내부 가변성을 위해 일반적인 Arc<Mutex<T>> 조합을 제공한다.

이렇게 전환하는 방법에 대해서는 아이템 15에 나오는 GuestRegister 예제에서 자세히 다루지만, 여기서는 일단 러스트의 스마트 포인터를 최후의 수단으로 취급할 필요가 없다는 사실만 알고 넘어가자. 레퍼런스 수명이 복잡하게 얽혀 있지 않고 스마트 포인터를 사용하도록 설계했다고 해서 패배감을 가질 필요가 없다. **스마트 포인터를 사용하면 설계를 더 간단하고 유지 보수하기 좋고 사용성 높게 만들 수 있다.**

CHAPTER 4

의존성

> 신은 우리에게 벌을 내리고자 할 때 우리 기도에 응답한다.
>
> — 오스카 와일드 Oscar Wilde

코드 재사용은 수십 년 동안 뜬구름 같은 개념이었다. 한 번 작성한 코드를 라이브러리로 패키징해서 다양한 애플리케이션에서 재사용한다는 것은 몇몇 표준 라이브러리나 사내용 도구에서나 가능한 꿈같은 일이었다.

하지만 인터넷의 성장과 오픈 소스 소프트웨어의 등장으로 마침내 그 꿈은 실현됐다. 1995년에 등장한 최초의 공개 저장소인 CPAN(Comprehensive Perl Archive Network)은 유용한 라이브러리와 도구, 헬퍼 등을 쉽게 재사용할 수 있도록 패키지로 묶어서 온라인으로 제공한다. 지금은 거의 모든 언어가 광범위한 오픈 소스 라이브러리를 제공하며, 새로운 의존성(dependency)을 쉽고 빠르게 추가할 수 있도록 패키지 저장소 형태로 운영하고 있다.[1]

그러나 쉽고 빠르고 편리하다는 장점과 함께 새로운 문제가 발생한다. 여전히 기존 코드를 재사용하는 것이 처음부터 새로 작성하는 것보다 대체로 쉽지만, 다른 누군가가 작성한 코드에 의존하면 위험과 함정이 뒤따를 수 있다. 이번 장을 통해 여기에 대해 자세히 알아보자.

---

[1] 이와 달리 C와 C++는 패키지 관리가 다소 파편화돼 있다.

4장에서는 러스트에서 cargo 도구를 활용하는 방법 위주로 설명하며, 이 과정에서 언급한 주의 사항과 이슈는 다른 도구뿐만 아니라 다른 언어에도 적용할 수 있다.

아이템 21: 시맨틱 버저닝의 의미를 이해하라

> SemVer는 정보 일부가 사라질 수 있는 손실 추정치이고 변경의 의미 역시 완벽하게 표현할 수 없음을 깨닫는다면 무딘 도구로 보이기 시작합니다.
>
> 타이터스 윈터스, 『구글 엔지니어는 이렇게 일한다』(한빛미디어, 2022)

러스트의 패키지 관리자인 카고^{Cargo}를 사용하면 러스트 코드에 적합한 의존성(아이템 25)을 **시맨틱 버저닝**semantic versioning(셈버semver)에 따라 자동으로 선택하게 만들 수 있다. `Cargo.toml`에 다음과 같이 스탠자stanza를 작성한다.

```
[dependencies]
serde = "1.4"
```

그러면 여기에 명시한 의존성에 적합한 셈버 버전의 범위를 cargo에 알려준다. 이 범위를 정확히 지정하는 방법은 공식 문서(https://oreil.ly/fchXS)에 자세히 나와 있지만, 가장 자주 사용하는 몇 가지 방법은 다음과 같다.

- **"1.2.3"**: 1.2.3과 셈버 호환semver-compatible되는 버전을 모두 허용한다.
- **"^1.2.3"**: "1.2.3"과 동일한 내용을 더 명시적으로 지정하는 방법이다.
- **"=1.2.3"**: 지정한 버전만 허용하고 다른 버전으로 대체할 수 없다.
- **"~1.2.3"**: 1.2.3과 셈버 호환되는 버전 중에서 마지막 숫자만 다른 버전을 허용한다. 예를 들어 1.2.4는 허용하지만, 1.3.0은 허용하지 않는다.
- **"1.2.*"**: 와일드카드에 해당되는 버전은 모두 허용한다.

[표 4-1]은 각 지정 방법에 허용되는 구체적인 버전 예시다.

표 4-1 카고 의존성 버전 사양

사양	1.2.2	1.2.3	1.2.4	1.3.0	2.0.0
"1.2.3"	X	O	O	O	X
"^1.2.3"	X	O	O	O	X
"=1.2.3"	X	O	X	X	X
"~1.2.3"	X	O	O	X	X
"1.2.*"	O	O	O	X	X
"1.*"	O	O	O	O	X
"*"	O	O	O	O	O

카고는 위와 같은 셈버 호환 버전 중에서 대체로 가장 큰 버전을 선택한다. 시맨틱 버저닝은 cargo의 의존성 결정 프로세스의 핵심이므로 더 자세히 살펴보자.

셈버의 핵심 사항

셈버 문서의 요약본(https://oreil.ly/sBrbZ)에 나와 있는 시맨틱 버저닝의 핵심 사항을 소개하면 다음과 같다.

> 메이저(MAJOR).마이너(MINOR).패치(PATCH) 번호는 다음과 같이 증가한다.
> - 호환되지 않는 API 변경이 발생하면 메이저 버전을 높인다.
> - 이전 버전과 호환되는 방식으로 기능을 추가하면 마이너 버전을 높인다.
> - 이전 버전과 호환되는 방식으로 버그를 수정하면 패치 버전을 높인다.

세부 사항을 보면 중요한 포인트가 숨어 있다.

> 3. 버전이 지정된 패키지를 릴리스하고 나서는 해당 버전에서 내용을 수정하면 안 된다. 모든 수정 사항은 반드시 새로운 버전으로 릴리스해야 한다.

다르게 표현하면 다음과 같다.

- 하나라도 변경하면 패치 버전을 높인다.
- 기존 크레이트 사용자가 문제없이 컴파일하고 작업할 수 있는 방식으로 API에 추가하면 마이너 버전을 높인다.

- API에서 뭔가를 삭제하거나 변경하면 메이저 버전을 높인다.

셈버 규칙에는 다음과 같은 중요한 추가 사항이 하나 더 있다.

4. 메이저 버전이 0.y.z와 같이 영이면 초기 개발을 나타낸다. 모든 부분이 언제든지 변경될 수 있다. 공개 API는 안정 버전으로 간주해서는 안 된다.

카고는 마지막에 나온 규칙을 '왼쪽 시프트[left-shift]' 버전으로 살짝 변형해서 적용한다. 즉, 0이 아닌 가장 왼쪽 숫자가 바뀌면 호환되지 않은 변경 사항이 있음을 나타낸다. 예를 들어 0.2.3에서 0.3.0으로 바뀔 때나 0.0.4에서 0.0.5로 바뀔 때는 호환되지 않은 API 변경이 있다는 뜻이다.

크레이트 작성자를 위한 셈버

> 이론적으로는 이론과 실제가 같아야 한다. 하지만 실제로는 그렇지 않다.
>
> **알베르트 아인슈타인**

앞서 언급한 규칙 중 첫 번째 규칙은 이론적으로는 크레이트 작성자가 쉽게 따를 수 있다. 뭐라도 건드렸다면 그냥 새 버전으로 릴리스하면 된다. 깃[Git]의 태그[tag]와 릴리스 버전을 맞추는 방식으로 할 수 있다. 기본적으로 태그는 특정 커밋에 고정되며 옮기려면 --force 옵션을 사용해야 한다. crates.io에 게시된 크레이트도 이러한 정책이 그대로 적용된다. 그래서 기존 크레이트와 같은 버전으로 중복 게시하면 레지스트리에서 거부한다. 이 규칙을 어기기 가장 쉬운 경우는 릴리스 직후에 실수를 발견할 때다. 이때 곧바로 수정하고 싶은 유혹에 넘어가면 안 된다.

셈버 명세는 API 호환성을 다루기 때문에 API가 바뀌지 않는 범위에서 사소한 동작만 변경할 때는 패치 버전만 높여도 된다. 하지만 실전에서 수정하려는 크레이트에 의존하는 코드가 굉장히 많은 경우에는 코드 변경이 아무리 사소하고 심지어 API도 바뀌지 않더라도, 이전 동작에 의존하는 코드가 어디엔가 있기 마련이라는 하이럼의 법칙[Hyrum's Law]을 명심해야 한다.

이처럼 변경 사항의 하위 호환 여부를 정확히 판단해야 하는 것이 크레이트 작성자에게 어려운

부분이다. 공개 진입점이나 타입을 제거하거나, 메서드 시그니처를 변경하는 것처럼 호환성이 명백히 깨지거나, 구조체에 메서드나 상수를 추가하는 것처럼 명백히 하위 호환되는 경우도 있지만, 그 중간의 회색 지대에 해당하는 경우도 상당히 많다.

'The Cargo Book(https://oreil.ly/Y6ZLJ)'에는 호환성이 깨지는 경우와 그렇지 않은 경우를 판단하는 데 도움 되는 자세한 설명이 있다. 대부분은 쉽게 판단 가능하지만, 다음과 같은 몇 가지 사항은 주목할 필요가 있다.

- 크레이트에 새 항목을 추가하는 것은 대체로 안전하지만, 새 이름이 해당 크레이트를 사용하는 코드에서 이미 사용하고 있다면 충돌이 발생할 수 있다.
  - 특히 사용자가 크레이트 안에서 와일드카드 임포트wildcard import를 사용할 때 위험하다. 크레이트에 있는 모든 항목이 사용자의 메인 네임스페이스 안에 자동으로 포함되기 때문이다. 따라서 아이템 23에서는 와일드카드 임포트를 사용하지 말라고 조언한다.
  - 와일드카드 임포트를 사용하지 않더라도 트레이트 메서드(디폴트 구현 포함, 아이템 13 참조)나 내재적 메서드를 새로 추가할 때 기존 이름과 충돌할 가능성이 있다.
- 러스트에서 모든 가능성을 고려해야 한다는 말은 현재 주어진 가능성의 내용이 바뀌는 것만으로도 **중대한 변경**breaking change에 해당된다는 뜻이다.
  - enum에서 match를 수행할 때 반드시 모든 가능성을 고려해야 한다. 즉, 크레이트에 enum의 배리언트를 추가하는 것은 중대한 변경에 해당한다. 단, enum이 이미 non_exhaustive로 표시돼 있지 않은 경우에 그렇다. non_exhaustive를 추가하는 것도 중대한 변경이다.
  - struct 인스턴스를 명시적으로 만들기 위해서는 모든 필드에 초깃값이 있어야 한다. 따라서 외부에서 인스턴스화할 수 있는 구조체에 필드를 추가하는 것은 중대한 변경에 해당한다. 비공개private 필드가 있는 구조체는 상관없다. 그런 구조체의 인스턴스는 어차피 크레이트 사용자가 명시적으로 만들 수 없기 때문이다. 또한 구조체를 non_exhaustive로 표시해서 외부 사용자가 명시적으로 만들 수 없게 할 수도 있다.
- 객체 안전성이 깨지도록 트레이트를 변경하는 것(아이템 12)도 중대한 변경에 해당한다. 이렇게 변경하면 해당 트레이트에 대해 트레이트 객체를 만들어 사용하던 코드는 갑자기 컴파일 오류가 발생한다.
- 트레이트에 대해 포괄적 구현을 새로 추가하는 것도 중대한 변경에 해당한다. 해당 트레이트를 구현한 코드가 이미 있었다면 새로 추가된 포괄적 구현과 충돌할 수 있다.
- 오픈 소스 크레이트의 라이선스를 변경하는 것은 **호환되지 않는 변경**incompatible change에 해당한다. 이 크레이트를 사용하는 코드가 허용 라이선스를 엄격히 제한하는 경우에는 크레이트의 라이선스 변경으로 피해가 발생할 수 있다. **라이선스를 API의 일부처럼 여겨야 한다.**
- 크레이트의 디폴트 피처(아이템 26)를 변경하는 것은 중대한 변경이 될 수 있다. 이미 작동하지 않는 상태인 경우를 제외하고 디폴트 피처를 제거하면 거의 대부분 문제가 발생한다. 디폴트 피처를 추가하는

것도 그 피처에 따라 중대한 변경이 될 수 있다. **디폴트 피처를 API의 일부처럼 여겨야 한다.**

- 라이브러리 코드에서 러스트의 새 기능을 사용하도록 변경하는 것도 호환되지 않는 변경이 될 수 있다. 왜냐하면 기존 크레이트 사용자가 아직 새 기능을 지원하는 컴파일러로 업그레이드하지 않았다면, 이런 코드 변경에 의해 중대한 변경이 발생하게 된다. 하지만 러스트의 크레이트에서는 대부분 최소 지원 러스트 버전(MSRV^{minimum supported Rust version})이 높아지는 것을 중대한 변경으로 취급하지 않기 때문에 **MSRV를 API의 일부로 취급할지 잘 판단한다.**

이런 규칙으로부터 다음과 같은 보조 규칙을 도출할 수 있다. 크레이트에 공개 항목이 적을수록 호환되지 않는 변경이 발생할 요인도 적다(아이템 22).

하지만 두 릴리스 사이의 호환성 보장을 위해 모든 공개^{public} API 항목을 비교하는 작업은 상당한 시간을 잡아먹을 뿐만 아니라, 그렇게 하고 나서도 변경 수준(메이저/마이너/패치 중 어디에 해당하는지)을 개략적으로만 판단하게 될 가능성이 높다. 이 비교 과정이 다소 기계적이어서 도구(아이템 31)를 활용하면 간편하게 처리할 수 있다.[2]

메이저 버전 변경을 발생시키는 호환되지 않는 변경이 꼭 필요하다면, 그 코드 사용자가 전반적인 기능을 이전과 똑같이 사용할 수 있도록 보장하는 것이 좋다. 설사 API가 크게 바뀌더라도 말이다. 가능하다면 다음과 같은 순서로 진행해야 크레이트의 사용자의 편의를 극대화할 수 있다.

1. 새 버전의 API를 포함하고, 이전 버전의 API는 마이그레이션 방법에 대한 안내와 함께 deprecated로 표시해서 마이너 버전 업데이트를 릴리스한다.
2. API에서 deprecated로 표시된 부분을 제거한 메이저 버전 업데이트를 릴리스한다.

여기서 주의할 점은 **중대한 변경을 확실히 중대하게 만들어야 한다**는 것이다. 기존 크레이트 사용자에게 실제로는 호환되지 않는 방식으로 동작을 변경하면서 동일한 API를 재사용할 수 있게 하면 안 된다. 사용자들이 실수로 새 버전을 잘못 사용하지 않도록 강제로 타입을 변경하고 메이저 버전을 바꿔야 한다.

MSRV나 라이선스처럼 API에서 덜 중요한 부분에 대한 변경은 CI 검사(아이템 32)로 자동으로 감지하게 설정하는 것도 좋다. 필요하다면 아이템 25에 나오는 `cargo-deny`와 같은 도구도 활용한다.

---

[2] 이처럼 처리 과정을 도와주기 위한 목적으로 나온 도구로 `cargo-semver-checks`가 있다.

마지막으로 1.0.0 버전을 릴리스하는 데 너무 겁먹지 말기 바란다. 단지 API가 이제 고정되었음을 선언하는 정도의 의미이기 때문이다. 영원히 0.x 버전에 머무르는 함정에 빠지는 경우가 많은데, 그렇게 하면 세 가지 범주(메이저/마이너/패치)로만 제한된 셈버의 표현력이 두 가지 범주(유효-메이저/유효-마이너)로 더 줄어든다.

크레이트 사용자를 위한 셈버

크레이트 사용자로서는 의존성 버전이 바뀔 때 이론적으로 다음과 같은 결과가 발생할 수 있다.

- 패치 버전이 달라진 의존성 크레이트는 **그냥 돼야 한다.**[3]
- 마이너 버전이 달라진 의존성 크레이트는 그대로 작동하지만, 크레이트를 더 깔끔하게 잘 사용하는 방법은 없는지 API에서 바뀐 부분을 좀 더 검토할 필요가 있다. 하지만 새로 바뀐 부분을 사용하면, 의존성을 다시 이전 버전으로 되돌릴 수 없다.
- 의존성 코드의 메이저 버전이 달라진 경우에는 어떠한 일도 일어날 수 있다. 기존 코드가 컴파일되지 않아서 새 API와 호환되도록 코드 일부를 다시 작성해야 할 가능성이 높다. 설사 컴파일되더라도 **메이저 버전이 달라진 API를 정확하게 사용하는지 확인해야 한다.** 라이브러리의 제약 조건과 선행 조건이 달라질 수 있기 때문이다.

실전에서는 하이럼의 법칙에 의해 첫 번째와 두 번째 항목의 경우 의도하지 않은 동작 변화가 발생할 수 있다. 심지어 제대로 컴파일되는 코드에서도 그렇다.

이 때문에 일반적으로 "1.4.3"이나 "0.7"과 같이 후속 호환 버전을 포함하는 형식을 취하게 된다. "*"나 "0.*"와 같이 **의존성 버전을 완전히 와일드카드로 지정하는 것을 피하자.** 이렇게 하면 해당 크레이트에서 모든 버전의 의존성을 모든 API와 함께 사용할 수 있다는 의미가 되는데, 실제로 그런 경우는 거의 없다. `crates.io`에 게시할 때도 와일드카드를 사용하면 안 된다. "*" 와일드카드가 담긴 채 제출하면 거부된다.

장기적으로 보면 의존성의 메이저 버전 변경을 무시하는 것은 안전하지 않다. 라이브러리의 메이저 버전이 변경되면, 그 이전 버전에 대해 더 이상 버그 픽스bug fix도 없고, 더 심각하게는 보

---

3 옮긴이_ '그냥 된다'의 원문 Just Work™는 개발자들 사이에서 소프트웨어, 라이브러리, 프레임워크, 도구 등이 사용자가 특별한 설정이나 추가적인 작업 없이 바로 잘 작동해야 한다는 기대나 이상을 나타내는 데 사용된다. 즉, 개발자들 사이에서 이상적인 상황을 지칭하면서도, 때로는 현실과의 괴리를 빗대어 표현할 때 사용한다. 애플 CEO가 데모 발표에서 자주 사용하던 표현으로, 베데스다 소프트웍스 CEO인 토드 하워드(Todd Howard)가 〈폴아웃 4〉 시연 당시 'It Just Works'라고 한 말이 유명한 밈이 됐다.

안 업데이트도 없을 가능성이 높다. 가령, 2.x 릴리스가 새로 출시됐을 때 "1.4" 같은 버전은 해결되지 않은 보안 문제를 가진 채 점점 더 뒤처지게 된다.

따라서 이전 버전에 갇히는 위험을 감수하거나 의존성을 메이저 버전에 맞게 업그레이드하거나 둘 중 하나를 선택해야 한다. `cargo update` 또는 `Dependabot`(아이템 31)과 같은 도구를 사용하면 업데이트가 제공되는 시기를 알 수 있고, 원하는 시간에 업그레이드를 예약할 수 있다.

고찰

시맨틱 버저닝에는 비용이 발생한다. 크레이트에 대한 모든 변경 사항을 자체 기준에 따라 평가해서 버전 올림(버전 범프)version bump 유형을 잘 결정해야 한다. 시맨틱 버저닝은 무딘 도구이기도 하다. 크레이트 소유자가 생각하기에 현재 릴리스가 세 가지 범주 중 어디에 속하는지만 알려 줄 뿐이다. 항상 정확하게 표현할 수 없고, 정확하게 판단하기 힘든 경우도 있으며 설사 정확하게 분류했더라도 하이럼의 법칙에 어긋날 가능성은 항상 존재한다.

하지만 고도로 테스트된 구글의 거대한 내부 모노레포monorepo와 같은 환경을 누릴 수 없는 이들에게 주어진 의존성 관리 방법은 셈버밖에 없다. 따라서 의존성 관리를 위해서는 셈버의 개념과 한계를 명확히 이해해야 한다.

아이템 22: 가시성을 최소화하라

러스트에서는 가시성visibility을 조절하는 메커니즘을 통해 코드의 요소를 코드베이스에서 볼 수 있거나 없게 할 수 있다. 이번 아이템에서는 러스트에서 어떤 메커니즘을 제공하고 이를 언제 어디서 사용해야 하는지 조언한다.

가시성 구문

러스트에서 가시성은 모듈 단위로 제어한다. 모듈의 구성 요소(타입, 메서드, 상수)는 디폴트로 비공개private 상태이며, 같은 모듈과 그 하위 모듈에 속한 코드만 접근할 수 있다.

공개 범위를 넓히고 싶은 코드는 pub 키워드로 표시해 다른 스코프에서도 사용할 수 있게 공개한다. 러스트에서 pub로 만든다고 해서 무조건 내용까지 자동으로 공개되는 것은 아니다. 즉, pub mod에 속한 타입이나 함수 또는 pub struct 필드는 공개되지 않는다. 물론 예외적으로 이런 가시성 설정이 내용까지 영향을 미치는 경우도 있다.

- enum을 공개로 설정하면 배리언트variant도 그 안에 있는 모든 필드와 함께 자동으로 공개된다.
- trait를 공개로 설정하면 그 트레이트에 속한 메서드도 공개된다.

예를 들어 다음과 같이 정의된 모듈을 보자.

```rust
pub mod somemodule {
    // `struct`를 `pub`로 설정해도 그 안에 있는 필드까지 `pub`가 되는 것은 아니다.
    #[derive(Debug, Default)]
    pub struct AStruct {
        // 필드는 디폴트로 비공개다.
        count: i32,
        // 필드를 공개하려면 `pub`를 명시적으로 붙여야 한다.
        pub name: String,
    }

    // struct의 메서드도 마찬가지로 `pub`를 명시적으로 붙여야 한다.
    impl AStruct {
        // 메서드는 디폴트로 비공개다.
        fn canonical_name(&self) -> String {
            self.name.to_lowercase()
        }
        // 메서드를 공개하려면 `pub`를 명시적으로 붙여야 한다.
        pub fn id(&self) -> String {
            format!("{}-{}", self.canonical_name(), self.count)
        }
    }

    // `enum`을 `pub`로 설정하면 모든 배리언트가 `pub`로 설정된다.
    #[derive(Debug)]
    pub enum AnEnum {
        VariantOne,
        // 배리언트 안의 필드 역시 `pub`가 된다.
        VariantTwo(u32),
        VariantThree { name: String, value: String },
    }
```

```rust
    // `trait`를 `pub`로 설정하면 그 안의 모든 메서드도 `pub`로 설정된다.
    pub trait DoSomething {
        fn do_something(&self, arg: i32);
    }
}
```

여기 나온 타입 중 pub 항목과 앞서 언급한 예외에 해당하는 항목은 접근할 수 있다.

```rust
use somemodule::*;

let mut s = AStruct::default();
s.name = "Miles".to_string();
println!("s = {:?}, name='{}', id={}", s, s.name, s.id());

let e = AnEnum::VariantTwo(42);
println!("e = {e:?}");

#[derive(Default)]
pub struct DoesSomething;
impl DoSomething for DoesSomething {
    fn do_something(&self, _arg: i32) {}
}

let d = DoesSomething::default();
d.do_something(42);
```

pub로 지정하지 않은 것은 대부분 접근할 수 없다.

```rust
let mut s = AStruct::default();
s.name = "Miles".to_string();
println!("(inaccessible) s.count={}", s.count);
println!("(inaccessible) s.canonical_name()={}", s.canonical_name());
```

```
error[E0616]: field `count` of struct `somemodule::AStruct` is private
   --> src/main.rs:230:45
    |
230 |         println!("(inaccessible) s.count={}", s.count);
    |                                                 ^^^^^ private field

error[E0624]: method `canonical_name` is private
   --> src/main.rs:231:56
```

```
86  |         fn canonical_name(&self) -> String {
    |         --------------------------------- private method defined here
...
231 |         println!("(inaccessible) s.canonical_name()={}", s.canonical_name());
    |                                                            private method ^^^^^^^^^^^^^^
Some errors have detailed explanations: E0616, E0624.
For more information about an error, try `rustc --explain E0616`.
```

가장 흔히 사용하는 가시성 마커는 pub 키워드다. 모듈에 담긴 항목 중에서 pub 키워드로 지정한 항목은 해당 모듈을 볼 수 있는 대상에게 드러나게 된다. 여기서 '해당 모듈을 볼 수 있는 대상'이란 점이 중요하다. 모듈 안에 담긴 항목에 아무리 pub를 붙이더라도 애초에 그 모듈을 볼 수 없는 코드는 해당 항목을 볼 수 없다.

그러나 가시성 스코프를 제한하기 위해 pub를 좀 더 구체적으로 변형할 수 있다. 활용도가 높은 순으로 나열하면 다음과 같다.

pub(crate)

항목이 속한 크레이트 내부는 모두 접근할 수 있다. 이 키워드는 특히 외부 크레이트 사용자에게는 드러나면 안 되는 크레이트 범위의 내부 헬퍼 함수에 유용하다.

pub(super)

현재 모듈의 상위 모듈과 하위 모듈이 접근할 수 있다. 이 키워드는 모듈 구조가 깊은 크레이트에서 가시성을 선택적으로 높이는 데 유용하다. 또한 모듈에 대한 가시성 단계로 효과적이다. 그냥 `mod mymodule`이라고 하면 상위 모듈이나 크레이트와 하위 모듈에서 접근할 수 있다.

pub(in <path>)

<path>에 있는 코드에서 접근할 수 있으며, 여기서 <path>는 현재 모듈의 조상인 다른 모듈을 가르킨다. 이 키워드를 통해 기능의 일부를 공개 API에서 드러낼 필요가 없는 하위 모듈 안으로 옮길 수 있기 때문에 소스 코드를 정리할 때 유용하다. 예를 들어 러스트 표준 라이브러리는 모든 반복자 어댑터를 내부 하위 모듈인 `std::iter::adapters`로 통합해 다음과 같이 제공한다.

- std::iter::adapters::map::Map::new와 같은 하위 모듈의 모든 필수 어댑터 메서드에 붙어 있는 pub(in crate::iter) 마커
- 외부 std::iter 모듈에 있는 모든 adapters:: 타입의 pub use

pub(self)

pub이 아닌 pub(in self)와 같다. 코드 생성 매크로에서 특수한 경우의 수를 줄일 때처럼 매우 드물게 사용된다.

러스트 컴파일러는 모듈 안의 항목을 비공개로 설정했는데, 그 모듈과 하위 모듈 안에서 사용하지 않고 있으면 경고 메시지를 출력한다.

```
pub mod anothermodule {
    // 현재 모듈 안에서 사용되지 않는 비공개 함수
    fn inaccessible_fn(x: i32) -> i32 {
        x + 3
    }
}
```

다음과 같이 경고 메시지를 보면 현재 코드가 속한 모듈 안에서 '전혀 사용하고 있지 않다(never used)'고 말하지만, 실전에서는 가시성 제한으로 인해 모듈 외부에서 해당 코드를 사용할 수 없다는 뜻인 경우가 많다.

```
warning: function `inaccessible_fn` is never used
  --> src/main.rs:56:8
   |
56 |     fn inaccessible_fn(x: i32) -> i32 {
   |        ^^^^^^^^^^^^^^^
   |
   = note: `#[warn(dead_code)]` on by default
```

가시성 의미론

가시성을 높이는 방법과 별개로 **가시성을 높여야 할 시점**도 중요하다. 일반적으로 가시성이 높은 부분을 최소화하는 것이 좋다. 나중에 사용되거나 재사용될 가능성이 있는 코드만큼은 그래

야 한다.

이렇게 조언하는 첫 번째 이유는 한 번 가시성을 높이면 다시 되돌리기 어렵기 때문이다. 어떤 크레이트 항목을 공개해버리면, 나중에 다시 비공개로 전환하기 위해서는 그 크레이트를 사용하는 코드를 수정할 수밖에 없어서 결국 메이저 버전 올림(아이템 21)을 해야 한다. 하지만 그 반대는 괜찮다. 비공개로 한 상태에서 나중에 공개로 전환할 때는 마이너 버전 올림만으로도 충분한 경우가 많아서 크레이트 사용자에게는 아무런 영향을 미치지 않는다. 러스트의 API 호환성 가이드라인(`https://oreil.ly/CkFWN`)을 읽어 보면 대부분 `pub` 항목에 대한 내용이다.

비공개가 바람직한 중요하고도 미묘한 두 번째 이유는 선택권이 있기 때문이다. 공개된 항목이 많을수록 (호환되지 않는 변경이 없는 한) 나중에도 계속 고정돼야 할 항목도 많아진다. 데이터 구조의 내부 구현 세부 사항을 공개해버리면, 나중에 더 효율적인 알고리즘을 적용할 기회가 생길 때 중대한 변경이 발생할 수밖에 없다. 내부 헬퍼 함수를 공개하면, 그 함수의 세부 사항에 의존하는 외부 코드가 생길 수밖에 없다.

물론 이런 문제는 수명이 길고 사용자도 많은 라이브러리 코드에서만 발생한다. 하지만 임시 해결책이 결국 영구적으로 남기 마련이므로 이 조언을 따라 작성하는 습관을 들이는 것이 좋다.

또한 가시성을 제한하라는 조언은 이번 아이템 22나 러스트 언어에만 적용되는 것은 아니다.

- 러스트 API 가이드라인(`https://oreil.ly/nSrkD`)을 보면 구조체의 필드는 비공개하라는 조언이 있다.
- 『이펙티브 자바』(인사이트, 2018)에서는 다음과 같이 조언한다.
  - 아이템 15: 클래스와 멤버의 접근 권한을 최소화하라.
  - 아이템 16: 공개 클래스에서는 공개 필드가 아닌 접근자 메서드를 사용하라.
- 『이펙티브 C++』(프로텍 미디어, 2015)에서는 다음과 같이 조언한다.
  - 아이템 18: 인터페이스는 최대한 완전하고 최소한으로 설계하라.
  - 아이템 20: 공개 인터페이스에 데이터 멤버를 넣지 마라.

아이템 23: 와일드카드 임포트를 쓰지 마라

러스트에서는 다른 크레이트나 모듈에 있는 이름 있는 아이템을 use 문으로 가져와서, 그 이름을 로컬 모듈의 코드에서 본래 소속qualification을 명시하지 않고 사용할 수 있다. **와일드카드 임포트**wildcard import (또는 **글롭 임포트**glob import)는 use somecrate::module::* 형식의 구문으로서, 여기서 명시한 모듈에 속한 모든 공개 심벌symbol을 로컬 네임스페이스에 추가한다.

아이템 21에서 설명한 것처럼 외부 크레이트는 마이너 버전 업그레이드로 API에 항목을 새로 추가할 수 있다. 이는 **하위 호환 변경**backward compatible change에 해당하기 때문이다.

이 두 가지가 결합하면 의존성을 해치지 않는 변경이 오히려 코드를 손상시키는 문제가 발생할 수 있다. 만약 이러한 의존성에 의해 새로 추가한 심벌이 기존에 사용하고 있던 이름과 충돌하면 어떻게 될까?

다음과 같이 단순한 코드에서는 문제가 되지 않는다. 와일드카드 임포트를 통해 가져온 이름들은 우선순위가 가장 낮기 때문에, 기존 코드에 있던 이름이 우선 적용된다.

```rust
use bytes::*;

// 로컬에 있는 `Bytes` 타입은 `bytes::Bytes`와 충돌하지 않는다.
struct Bytes(Vec<u8>);
```

하지만 충돌이 발생할 가능성이 여전히 있다. 예를 들어 의존성에 의해 새로 추가된 트레이트가 어떤 타입을 구현하는 경우를 생각해 보자.

```rust
trait BytesLeft {
    // 와일드카드 임포트를 통해 들어온 `bytes::Buf` 트레이트에 있는
    // `remaining` 메서드와 이름이 충돌한다.
    fn remaining(&self) -> usize;
}

impl BytesLeft for &[u8] {
    // 구현 코드는 `impl bytes::Buf for &[u8]`와 충돌한다.
    fn remaining(&self) -> usize {
        self.len()
    }
}
```

새로 추가된 트레이트에 있는 메서드 이름이 해당 타입에 적용되는 기존 메서드 이름과 충돌하는 경우, 어느 메서드를 의미하는지를 컴파일러가 명확히 판단할 수 없다.

오류가 발생하는 코드

```
let arr = [1u8, 2u8, 3u8];
let v = &arr[1..];

assert_eq!(v.remaining(), 2);
```

따라서 다음과 같이 컴파일 타임 오류가 발생한다.

```
error[E0034]: multiple applicable items in scope
  --> src/main.rs:40:18
   |
40 |       assert_eq!(v.remaining(), 2);
   |                    ^^^^^^^^^ multiple `remaining` found
   |
note: candidate #1 is defined in an impl of the trait `BytesLeft` for the
      type `&[u8]`
  --> src/main.rs:18:5
   |
18 |       fn remaining(&self) -> usize {
   |       ^^^^^^^^^^^^^^^^^^^^^^^^^^^^
   = note: candidate #2 is defined in an impl of the trait `bytes::Buf` for the
           type `&[u8]`
help: disambiguate the method for candidate #1
   |
40 |       assert_eq!(BytesLeft::remaining(&v), 2);
   |                  ~~~~~~~~~~~~~~~~~~~~~~~~
help: disambiguate the method for candidate #2
   |
40 |       assert_eq!(bytes::Buf::remaining(&v), 2);
   |                  ~~~~~~~~~~~~~~~~~~~~~~~~~
```

따라서 **직접 제어할 수 없는 크레이트로부터 와일드카드 임포트를 하면 안 된다.**

와일드카드 임포트로 가져올 대상을 제어할 수 있다면, 앞에서 언급한 위험은 발생하지 않는다. 예를 들어 test 모듈에서 use super::*;를 사용하는 경우가 흔하다. 모듈을 주로 코드 분할 수단으로 사용하는 크레이트는 내부 모듈에서 와일드카드 임포트로 가져올 수도 있다.

```
mod thing;
pub use thing::*;
```

와일드카드 임포트가 적합한 또 다른 예외로, 크레이트 중에서 공통 항목에 대해 프렐류드prelude 모듈을 다시 익스포트export하는 관례를 따르는 경우가 있다. 이럴 때는 의도적으로 와일드카드 임포트를 사용한다.

```
use thing::prelude::*;
```

이론적으로 이 경우에도 똑같은 문제가 발생할 수 있지만, 실제로는 프렐류드 모듈이 신중하게 구성됐을 가능성이 높고 향후에 문제가 발생할 위험보다 그로 인해 얻는 편리함이 훨씬 크다.

만약 이 아이템의 조언을 따르지 않는다면, 의존성의 마이너 버전 업그레이드가 자동으로 허용되지 않도록 **와일드카드 임포트로 가져온 의존성을 구체적인 버전으로 고정시키는 방법**(아이템 21 참조)도 고려하길 바란다.

아이템 24: API에 타입으로 나오는 의존성을 다시 익스포트하라

제목이 다소 난해하지만, 예제를 보면 무슨 말인지 이해할 수 있다.[4]

아이템 25에서는 한 라이브러리 크레이트에 대한 다양한 버전을 바이너리 하나에 투명하게 연결하는 방법을 cargo에서 어떻게 제공하고 있는지 설명한다. 예를 들어 다음과 같이 0.8 버전의 rand 크레이트를 사용하는 바이너리가 있다.

```
# 최상위 바이너리 크레이트에 대한 Cargo.toml 파일
[dependencies]
# 이 바이너리는 crates.io의 `rand` 크레이트에 의존한다.
rand = "=0.8.5"

# 또한 몇 가지 다른 크레이트(`dep-lib`)에도 의존한다.
dep-lib = "0.1.0"
```

---

[4] 이번 아이템의 예제는 RustCrypto 크레이트(https://oreil.ly/7w1iF)에 적용된 접근 방식을 토대로 구성했다.

```
// 소스 코드는 다음과 같다.
let mut rng = rand::thread_rng(); // rand 0.8
let max: usize = rng.gen_range(5..10);
let choice = dep_lib::pick_number(max);
```

이 코드에서 마지막 줄은 dep-lib 크레이트라는 또 다른 의존성을 사용한다. 이 크레이트는 crates.io에서 제공하는 것일 수도 있고, Cargo의 path 메커니즘에 명시된 위치에 있는 로컬 크레이트일 수도 있다.

이 dep-lib 크레이트는 내부적으로 rand 크레이트 0.7 버전을 사용한다.

```
# `dep-lib` 라이브러리 크레이트에 대한 Cargo.toml
[dependencies]
# 이 라이브러리는 crates.io의 `rand` 크레이트에 의존한다.
rand = "=0.7.3"
```

```
// 소스 코드는 다음과 같다.
//! `dep-lib` 크레이트는 숫자 선택 기능을 제공한다.
use rand::Rng;

/// 0보다 크고 n보다 작은 숫자 하나를 고른다.
pub fn pick_number(n: usize) -> usize {
    rand::thread_rng().gen_range(0, n)
}
```

눈썰미가 좋은 독자라면 두 코드의 차이를 눈치챌 것이다.

- dep-lib 라이브러리 크레이트에서 사용하는 0.7.x 버전의 rand에 있는 rand::gen_range() 메서드는 low와 high라는 매개변수 두 개를 받는다.
- 바이너리 크레이트에서 사용하는 0.8.x 버전의 rand에 있는 rand::gen_range() 메서드는 range라는 매개변수 하나만 받는다.

이런 차이는 하위 호환성을 보장하지 않기 때문에, 시맨틱 버저닝에 따라(아이템 21) rand 버전의 가장 왼쪽 숫자를 높였다. 하지만 서로 호환되지 않는 두 버전을 통합한 바이너리는 정상 작동한다. cargo가 알아서 처리하기 때문이다.

그런데 dep-lib 라이브러리 크레이트의 API에서 의존성에 있는 타입을 공개하면 그 의존성이 **공개 의존성**public dependency이 되어 상황이 상당히 꼬이게 된다.

예를 들어 dep-lib 진입점에 다음과 같이 **Rng** 항목(구체적으로 버전 0.7)이 있다.

```
/// 제공된 `Rng` 인스턴스를 이용해 0보다 크고 n보다 작은 숫자 하나를 고른다.
pub fn pick_number_with<R: Rng>(rng: &mut R, n: usize) -> usize {
    rng.gen_range(0, n) // Method from the 0.7.x version of Rng
}
```

여기서 잠시 한 가지 조언을 하면, **API에서 다른 크레이트에 있는 타입을 사용하기 전에 신중하게 검토해야 한다.** 일단 사용하게 되면 현재 크레이트가 의존성에 있는 크레이트와 밀접하게 연결되기 때문이다. 예를 들어 이러한 의존성에 대한 메이저 버전을 올리게 되면(아이템 21) 현재 크레이트에 대해서도 메이저 버전을 올려야 한다.

여기서 사용하는 rand는 널리 사용되는 준-표준semi-standard 크레이트여서 적은 수의 의존성만 가져오기 때문에(아이템 25), 이 크레이트 API에 있는 타입을 추가해도 적절히 균형을 유지하므로 문제없다.

다시 예제로 돌아가 최상위 바이너리에서 이 진입점을 사용하면 오류가 발생한다.

> **오류가 발생하는 코드**
>
> ```
> let mut rng = rand::thread_rng();
> let max: usize = rng.gen_range(5..10);
> let choice = dep_lib::pick_number_with(&mut rng, max);
> ```

러스트의 다른 컴파일 오류 메시지와 달리, 여기 나온 내용은 별로 도움 되지 않는다(https://github.com/rust-lang/rust/issues/22750).

```
error[E0277]: the trait bound `ThreadRng: rand_core::RngCore` is not satisfied
  --> src/main.rs:22:44
   |
22 |     let choice = dep_lib::pick_number_with(&mut rng, max);
   |                  ------------------------- ^^^^^^^^ the trait
   |                                    |       `rand_core::RngCore` is not
   |                                    |       implemented for `ThreadRng`
   |                                    |
```

```
   |                        required by a bound introduced by this call
   |
   = help: the following other types implement trait `rand_core::RngCore`:
             &'a mut R
```

이렇게 혼란스럽게 만드는 타입을 가만히 살펴보면 관련 트레이트가 구현될 것처럼 보이지만, 실제로 호출자는 개념적인(notional) RngCore_v0_8_5를 구현하고 라이브러리는 RngCore_v0_7_3 구현을 기대한다.

오류 메시지를 열심히 분석한 끝에 근본적인 원인이 버전 충돌 때문임을 알아냈다고 하자. 그렇다면 이 문제를 어떻게 해결할 수 있을까?[5] 여기서 핵심은 바이너리에서는 동일한 크레이트에 대한 두 가지 버전을 직접 사용할 수는 없지만, (앞서 원본 예제에서 본 것처럼) 간접적으로는 사용할 수 있다는 것이다.

바이너리 작성자의 관점에서 보면, 이 문제는 rand v0.7 타입을 대놓고 사용하는 부분을 숨겨주는 중간 래퍼 크레이트를 추가하는 방식으로 해결할 수도 있다. 이런 래퍼 크레이트(wrapper crate)는 바이너리 크레이트와는 별개다. 따라서 바이너리 크레이트는 rand v0.8에 의존하더라도, 래퍼 크레이트는 rand v0.7에 의존해도 된다.

라이브러리 크레이트 작성자 입장에서는 이보다 훨씬 나은 방법으로 해결할 수 있다. 즉, 다음과 같은 두 가지 중 하나를 명시적으로 다시 익스포트하는 방법이 사용자에게는 더 좋다.

- API와 관련된 타입
- 전체 의존성 크레이트

이 예제에서는 후자의 접근 방식이 가장 효과적이다. 0.7 버전의 Rng와 RngCore 타입을 사용할 수 있을 뿐만 아니라, 이 타입의 인스턴스를 생성하는 메서드(예: thread_rng())도 사용할 수 있기 때문이다.

```
// 현재 크레이트 API에서 사용하는 버전의 `rand`를 다시 익스포트한다.
pub use rand;
```

---

5   이런 종류의 오류는 의존성 그래프 안에 동일한 버전을 가진 크레이트에 대한 두 가지 대안이 있을 때, 빌드 그래프 안의 누군가가 path 필드에 crates.io 주소 대신 로컬 디렉터리를 지정했을 때 발생한다.

이렇게 하면 호출하는 측의 코드에서는 `dep_lib::rand`를 이용해 0.7 버전의 `rand`를 직접 참조하는 다른 방법을 갖게 된다.

```
let mut prev_rng = dep_lib::rand::thread_rng(); // v0.7 Rng 인스턴스
let choice = dep_lib::pick_number_with(&mut prev_rng, max);
```

이 예제를 이해했다면 이번 아이템의 제목인 'API에 타입으로 나오는 의존성을 다시 익스포트하라'는 조언이 조금씩 이해될 것이다.

아이템 25: 의존성 그래프를 관리하라

대부분의 최신 프로그래밍 언어와 마찬가지로 러스트도 외부 라이브러리를 쉽게 가져오는 메커니즘을 제공한다. 러스트는 이 기능을 크레이트 형태로 제공한다. 어느 정도 규모 있는 러스트 프로그램이라면 대부분 외부 크레이트를 사용한다. 이런 크레이트 역시 나름대로 의존성을 가진 경우가 많아서 프로그램 전체로 보면 **의존성 그래프**dependency graph를 형성하게 된다.

카고는 기본적으로 Cargo.toml 파일의 `[dependencies]` 부분에 명시된 크레이트를 모두 `crates.io`에서 다운로드한 뒤, Cargo.toml에 명시된 요구 사항과 일치하는 크레이트 버전을 찾는다.

이 간단한 문장 안에는 몇 가지 주의 사항이 담겨 있다. 가장 먼저 눈에 띄는 것은 `crates.io`에 있는 크레이트 이름은 하나의 플랫flat 네임스페이스를 형성하는 점이다. 이런 글로벌 네임스페이스는 크레이트 안에 있는 피처feature 이름과도 겹친다(아이템 26).[6]

크레이트를 `crates.io`에 게시할 계획이라면, 일반적으로 이름이 선착순으로 할당된다는 점에 주의한다. 여러분이 공개할 크레이트에 붙이고 싶은 이름을 이미 다른 크레이트가 차지했을 수 있다. 그렇다고 조만간 코드를 릴리스할 계획도 없으면서 빈 크레이트를 미리 등록해서 크레이트 이름을 확보하는 이름 선점(네임 스쿼팅)name squatting 행위는 바람직하지 않다.

이름과 관련된 사소한 문제로, 크레이트 네임스페이스에서 허용하는 크레이트 이름과 코드에

---

[6] 대체용 크레이트 레지스트리(registry)(예: 회사 내부용 레지스트리)를 구성할 수도 있다. 그러면 Cargo.toml에 지정된 각 의존성 항목은 `registry` 키를 사용해 해당 의존성이 속한 레지스트리를 표시할 수 있다.

서 허용하는 식별자 이름은 좀 다르다는 문제도 있다. 크레이트 이름은 some-crate라고 지어도 되지만, 코드에서는 언더바(_)를 사용해 some_crate와 같이 표시된다. 다시 말해, 코드에 some_crate라고 나온 크레이트의 이름은 some-crate일 수도 있고 some_crate일 수도 있다.

두 번째로 주의할 점은 카고에서는 동일한 크레이트에 대해 셈버 호환이 되지 않는 버전이 빌드 안에 여러 개 존재할 수 있다는 것이다. 이러한 점이 처음에는 이상할 수 있다. 각 `Cargo.toml` 파일마다 주어진 의존성에 대해 한 가지 버전만 가질 수 있기 때문이다. 하지만 간접적인 의존성에 대해서는 이런 상황이 자주 발생한다. 즉, 현재 크레이트가 some-crate 버전 3.x뿐만 아니라 older-crate도 의존하는데, 그 크레이트가 다시 some-crate 버전 1.x에 의존하는 상황이 발생할 수 있다.

의존성이 내부적으로만 사용되지 않고 어떤 식으로든 외부에 공개된다면(아이템 24) 상황은 더욱 꼬이게 된다. 컴파일러는 이 두 버전이 서로 다른 크레이트로 취급하지만 오류 메시지에는 이 사실이 명확히 드러나지 않기 때문이다.

여러 버전의 크레이트가 허용된다는 점은 러스트의 FFI 메커니즘(아이템 34)을 통해 접근하는 C/C++ 코드가 크레이트에 포함된 경우에도 문제가 된다. 러스트 툴체인은 내부적으로 러스트 코드의 버전을 구분할 수 있지만, 그 안에 담긴 C/C++ 코드는 '함수나 상수나 글로벌 변수는 한 가지 버전만 존재할 수 있다'는 단일 정의 규칙one definition rule을 따른다.

카고의 다중 버전 지원에는 몇 가지 제약 조건이 있다. 동일 크레이트에 대해 셈버 호환 범위 안에서 여러 버전을 가질 수 없다(아이템 21).

- some-crate 1.2와 some-crate 3.1은 동시에 존재할 수 있다.
- some-crate 1.2와 some-crate 1.3은 동시에 존재할 수 없다.

또한 카고는 1.0 이전 버전에 대해 확장된 시맨틱 버저닝 규칙을 적용해서 첫 번째로 0이 아닌 하위 버전을 메이저 버전으로 취급하기 때문에, 다음과 같이 유사한 제약 조건이 적용된다.

- other-crate 0.1.2와 other-crate 0.2.0은 동시에 존재할 수 있다.
- other-crate 0.1.2와 other-crate 0.1.4는 동시에 존재할 수 없다.

카고는 버전 선택 알고리즘version selection algorithm을 통해 어떤 버전을 포함할지 알아내는 작업을 수행한다. 각 `Cargo.toml`마다 의존성 문장을 통해 허용되는 버전의 범위를 시맨틱 버저닝 규칙에 따라 지정하며, 카고는 동일한 크레이트가 의존성 그래프 안의 여러 곳에서 등장할 때 이 범위를 고려해 판단한다. 허용 범위가 겹치고 셈버 호환된다면, 카고는 기본적으로 겹치는 범위 안에서 가장 최신 버전의 크레이트를 선택한다. 셈버 호환되는 중복이 없다면, 카고는 서로 다른 버전에서 해당 의존성에 대한 복사본을 만든다.

카고에서 모든 의존성에 대해 적합한 버전을 선택하고 나면, 그 내용이 `Cargo.lock` 파일에 기록된다. 이후 빌드에서는 `Cargo.lock`에 인코딩된 버전을 재사용하므로 안정적으로 빌드되어 새로 다운로드할 필요가 없다.

따라서 `Cargo.lock` 파일을 버전 관리 시스템에 커밋할지 여부를 선택해야 하는데, 카고 개발자는 다음과 같이 조언한다.

- 최종 제품 생성에 관련된 것들, 즉 애플리케이션과 바이너리가 항상 일정하게 빌드되도록 보장하려면 `Cargo.lock`을 커밋해야 한다.
- 라이브러리 크레이트는 `Cargo.lock` 파일을 커밋하면 안 된다. 그 라이브러리의 다운스트림 소비자와는 아무 상관이 없기 때문이다. 이들은 각자 `Cargo.lock` 파일을 갖는다. **라이브러리 사용자는 라이브러리 크레이트에 대한 `Cargo.lock` 파일을 무시한다는 사실을 명심하라.**

라이브러리 크레이트의 경우에도 `Cargo.lock` 파일을 체크인하면 정기 빌드나 CI(아이템 32)에서 목표가 변하지 않게 보장할 수 있다. 이론적으로 시맨틱 버저닝(아이템 21)을 통해 실패를 막을 수 있지만, 현실에서는 실수를 저지르기 마련이고 최근에 누군가 어디서 의존성에 대한 의존성을 변경하는 바람에 빌드가 실패하는 상황이 발생하면 상당히 힘이 빠진다.

`Cargo.lock`을 버전 관리 시스템에 추가해 업그레이드를 처리하는 프로세스(예: 깃허브의 `Dependabot`)를 마련하자. 그렇지 않으면 여러분이 사용하는 의존성이 갈수록 오래되어 안전하지 않은 버전으로 고정돼버린다.

체크인된 `Cargo.lock` 파일에 버전을 고정한다고 해서 의존성 업그레이드를 처리하는 고통을 피할 수는 없지만, 업스트림 크레이트가 변경될 때 즉시 처리하지 않고 여러분이 원하는 시점에 처리할 수 있다. 또한 의존성 업그레이드 문제 중 일부가 저절로 해결되기도 한다. 문제가 있는 채 릴리스된 크레이트는 얼마 안 되어 수정된 두 번째 버전이 릴리스되는 경우가 많고, 배치 방식 업그레이드 프로세스는 후자의 버전만 보게 될 수 있다.

카고의 결정resolution 프로세스에서 주의해야 할 세 번째 미묘한 점은 피처 통합feature unification이다. 즉, 의존하는 크레이트에 대해 활성화되는 피처는 의존성 그래프상의 여러 곳에서 선택된 피처를 모두 합친 것과 같다. 자세한 내용은 아이템 26을 참조하자.

버전 명세

의존성에 대한 버전 명세 조항은 허용하는 버전의 범위를 정의하며, 'The Cargo Book'에서 설명하는 규칙(`https://oreil.ly/9YHm-`)을 따른다.

의존성 버전을 너무 구체적으로 지정하는 것을 가급적 피하라

특정 버전("=1.2.3")으로 고정하는 것은 대체로 좋지 않다. 보안 수정 사항을 포함한 최신 버전을 볼 수 없고, 동일한 의존성에 의존하는 그래프에서 다른 크레이트와 겹칠 수 있는 범위가 크게 줄어든다. 앞서 설명했듯이 카고는 셈버 호환 범위 안에서는 한 가지 버전의 크레이트만 사용할 수 있다. 빌드에서 일관된 의존성 집합을 사용하도록 보장하고 싶다면 `Cargo.lock` 파일을 활용하는 것이 적합하다.

의존성 버전을 너무 광범위하게 지정하는 것을 가급적 피하라

모든 버전의 의존성을 사용할 수 있게 지정("*")할 수는 있지만 바람직하지 않다. 의존성의 새 릴리스에서 API의 모든 측면이 완전히 변경돼서 크레이트의 메이저 버전이 달라졌다면, `cargo update`로 새 버전을 가져온 후에도 기존 코드가 정상 작동할 가능성은 낮다.

가장 널리 적용되는 너무 정확하지도, 너무 모호하지도 않은 최적의 명세는 크레이트의 셈버 호환 버전("1")을 허용하는 것이다. 여기에 필요한 기능이나 수정 사항이 포함된 특정 최소 버전("1.4.23")이 포함될 수 있다. 이러한 두 가지 버전 명세는 지정된 버전과 셈버 호환되는 버전을 허용하는 카고의 디폴트 동작을 활용한다. 다음과 같이 캐럿(^)을 추가해 이를 좀 더 명확하게 할 수 있다.

- "1" 버전은 모든 1.x 버전을 허용하는 "^1"과 같다. 따라서 "1.*"과도 같다.
- "1.4.23" 버전은 1.4.23보다 큰 1.x 버전은 모두 허용하는 "^1.4.23" 버전과 같다.

도구를 활용해 문제 해결하기

아이템 31에서는 러스트 생태계에서 제공하는 다양한 도구를 활용할 것을 권장한다. 이번 절에서는 의존성 그래프 관련 문제를 해결할 때 도구를 활용하는 방법 몇 가지를 소개한다.

컴파일러는 코드에서 사용하려는 의존성이 Cargo.toml에 추가되어 있지 않은 경우는 매우 빨리 알려준다. 그렇다면 그 반대도 그럴까? Cargo.toml에 있는 의존성 중에서 현재 코드에 사용하고 싶지 않은 것이 있다면, 또는 그보다 더 흔한 경우인 현재 코드에서 더 이상 사용하지 않고 있더라도 카고는 그냥 무시한다. 이 문제를 해결하기 위해 cargo-udeps(https://crates.io/crates/cargo-udeps) 도구가 나왔다. 이 도구는 Cargo.toml에 사용되지 않는 의존성("udep")이 있으면 경고한다.

cargo-deny(https://crates.io/crates/cargo-deny)는 cargo-udeps보다 더 다재다능하다. 의존성 그래프에서 전이transitive 관계까지 분석한 결과로 나온 의존성 집합에서 다음과 같은 문제가 발생하는지 찾아낸다.

- 현재 포함된 버전에 알려진 보안 문제가 있는 의존성
- 허용되지 않는 라이선스를 사용하는 의존성
- 허용되지 않는 의존성
- 의존성 트리 안에 다른 버전이 여러 개 포함된 의존성

이 기능은 각각 설정할 수 있고 예외도 지정할 수 있다. 이러한 예외 메커니즘은 대체로 대규모 프로젝트에 필요하며 특히 다중 버전 경고에 유용하다. 즉, 의존성 그래프가 커지면 동일한 크레이트의 다른 버전에 (전이 관계에 의해) 간접적으로 의존할 가능성도 높아진다. 바이너리 크기와 컴파일 타임 등을 위해 이런 중복은 가능하면 줄이는 것이 좋지만, 때로는 중복을 피하도록 의존성 버전을 조합할 방법이 없는 경우가 있다.

이런 도구는 일회성으로 활용해도 되지만, 가급적 CI 시스템에 포함시켜 정기적으로 실행하는 것이 좋다(아이템 32). 그러면 코드 밖이나 업스트림 의존성에서 이미 발생한 문제(예: 새로 보고된 취약점)를 발견하는 데 도움 된다.

이렇게 여러 도구를 활용하다가 어느 한 곳에서 문제를 발견했을 때, 그 문제가 의존성 그래프의 어느 지점에서 발생했는지 정확히 파악하기 힘든 경우가 있다. 이때 카고에 포함된 cargo tree 명령을 사용하면 의존성 그래프를 트리 구조로 확인할 수 있다.

```
dep-graph v0.1.0
├── dep-lib v0.1.0
│   └── rand v0.7.3
│       ├── getrandom v0.1.16
│       │   ├── cfg-if v1.0.0
│       │   └── libc v0.2.94
│       ├── libc v0.2.94
│       ├── rand_chacha v0.2.2
│       │   ├── ppv-lite86 v0.2.10
│       │   └── rand_core v0.5.1
│       │       └── getrandom v0.1.16 (*)
│       └── rand_core v0.5.1 (*)
└── rand v0.8.3
    ├── libc v0.2.94
    ├── rand_chacha v0.3.0
    │   ├── ppv-lite86 v0.2.10
    │   └── rand_core v0.6.2
    │       └── getrandom v0.2.3
    │           ├── cfg-if v1.0.0
    │           └── libc v0.2.94
    └── rand_core v0.6.2 (*)
```

cargo tree에는 다음과 같은 특정 문제를 해결하는 데 유용한 옵션을 다양하게 제공한다.

- `--invert`: 문제가 되는 특정 의존성에 집중할 수 있도록 특정 패키지에 종속된 항목을 표시한다.
- `--edges features`: 의존성 링크를 통해 어떤 크레이트 피처가 활성화됐는지 표시한다. 이는 피처 통합의 진행 상황을 파악하는 데 유용하다(아이템 26).
- `--duplicates`: 의존성 그래프에 여러 버전이 있는 크레이트를 표시한다.

의존할 대상

이전 절에서는 의존성을 해결하는 과정을 기계적인 관점에서만 살펴봤다. 하지만 이와 관련해 더 철학적인, 그래서 답을 구하기 힘든 문제가 있다. 바로 언제 의존성을 사용해야 하는가다.

대부분의 경우 선택의 여지가 별로 없다. 어떤 크레이트의 기능이 필요한데, 그 크레이트를 사

용하지 않는 다른 방법은 그 기능을 직접 구현하는 것뿐이다.[7]

그러나 새로운 의존성에는 항상 비용이 발생한다. 빌드 시간이 길어지고 바이너리가 커지는 비용도 있지만, 의존성 문제를 해결하는 데 필요한 '개발자의 노력' 비용이 가장 크다.

의존성 그래프가 클수록 이런 문제를 겪게 될 가능성이 높다. 러스트의 크레이트 생태계는 다른 패키지 생태계와 마찬가지로 우발적으로 발생하는 의존성 문제에 취약한데, 지난 역사를 보면 어떤 개발자가 패키지를 제거하거나(https://oreil.ly/8lTZ8), 한 팀에서 담당하던 패키지의 라이선스가 바뀌면(https://oreil.ly/7HjSi) 그로 인한 파급 효과가 광범위하게 미칠 수 있다.

그보다 걱정스러운 것은 **공급망 공격**supply chain attack이다. 예를 들어 악의적인 공격자가 오타 스쿼팅typosquatting이나 관리자의 계정 탈취를 비롯한 여러 가지 정교한 공격을 통해 널리 사용되는 의존성을 고의로 파괴하는 것이다.

이러한 종류의 공격은 컴파일된 코드에만 영향을 주는 데 그치지 않는다. 의존성은 build.rs 스크립트나 절차적 매크로(아이템 28)를 통해 임의의 코드를 빌드 시간에 실행시킬 수 있다는 점에 주의한다. 즉, 손상된 의존성이 나중에 암호화폐 채굴기를 CI 시스템의 일부로서 실행할 수도 있다는 뜻이다.

따라서 단순히 예쁘게 보이기 위해 추가하는 의존성에 대해서는 정말 추가할 필요가 있는지 따져봐야 한다.

대부분의 경우에는 추가할 가치가 있다. 의존성 문제를 해결하는 데 소요되는 시간은 똑같은 기능을 처음부터 직접 구현하는 데 걸리는 시간보다는 훨씬 적기 때문이다.

기억할 사항

- crates.io에 등록된 크레이트 이름은 플랫 네임스페이스를 형성한다. 피처 이름도 마찬가지다.
- 크레이트 이름에는 하이픈을 넣을 수 있지만 코드에서는 언더바로 표시된다.
- 카고는 의존성 그래프에서 동일한 크레이트에 대해 여러 버전이 존재할 수 있지만, 서로 다른 셈버 호환

---

[7] no_std 환경을 대상으로 할 때 이렇게 결정할 수 있다. no_std와 호환되지 않는 크레이트가 많은데, 특히 alloc도 사용할 수 없는 경우(아이템 33)가 그렇다.

버전인 경우에만 가능하다. FFI 코드가 포함된 크레이트라면 문제가 발생할 수 있다.
- 의존성에 대한 셈버 호환 버전들("1" 또는 최소 버전을 포함한 "1.4.23")을 허용하는 것이 좋다.
- Cargo.lock 파일을 사용해 빌드를 반복할 수 있게 만들되, Cargo.lock 파일은 게시된 크레이트와 함께 제공되지 않는다는 점에 주의한다.
- 의존성 문제를 찾거나 해결하는 데 다양한 도구(cargo tree, cargo deny, cargo udep 등)를 활용한다.
- 의존성을 가져오면 코드를 작성하는 시간과 노력을 줄일 수 있지만 그로 인한 비용은 감수해야 한다.

아이템 26: 피처 팽창에 주의하라

러스트는 카고의 피처feature 메커니즘을 통해 동일한 코드베이스에서 다양한 설정을 지원한다. 이 메커니즘은 조건부 컴파일을 위한 저수준 메커니즘을 토대로 구축되었다. 그런데 이런 피처 메커니즘에는 몇 가지 주의해야 할 미묘한 점이 있는데, 이번 아이템에서 자세히 알아보자.

조건부 컴파일

러스트는 조건부 컴파일conditional compilation을 지원하며, `cfg`와 `cfg_attr` 속성으로 동작을 제어한다. C/C++의 라인 기반 전처리기line-based preprocessor와 달리 이 속성으로 함수, 라인, 블록 등과 같은 것들이 연결된 대상이 컴파일된 소스 코드에 포함될지 여부를 결정할 수 있다. 이런 조건부 포함 피처는 일반 이름(예: test)으로 설정하거나, 아니면 이름과 값의 쌍(예: panic = "abort")으로 설정하는가에 따라 달라진다.

참고로 설정 옵션의 이름/값 배리언트는 다중 값을 가질 수 있다. 즉, 같은 이름에 대해 값을 두 개 이상 설정할 수 있다.

```
// `RUSTFLAGS`를 다음과 같이 지정해서 빌드한다.
//    '--cfg myname="a" --cfg myname="b"'
#[cfg(myname = "a")]
println!("cfg(myname = 'a') is set");
#[cfg(myname = "b")]
println!("cfg(myname = 'b') is set");
```

```
cfg(myname = 'a') is set
cfg(myname = 'b') is set
```

이번 아이템에서 설명한 feature 값 말고도 자주 사용되는 설정값은 툴체인이 자동으로 채우는데, 빌드할 대상 환경을 설명하는 값으로 채운다. 예를 들어 OS(target_os), CPU 아키텍처(target_arch), 포인터 너비(target_pointer_width), 엔디안(target_endian) 등이 그렇다. 이런 설정값을 사용하면 특정 타깃에 대해 빌드할 때만 그 타깃에 특화된 피처를 컴파일하게 돼서 코드 이식성code portability을 보장할 수 있다.

표준 옵션인 target_has_atomic 역시 다중 설정값의 예를 보여 준다. 32비트와 64비트 아토믹 연산atomic operation을 모두 지원하는 타깃에 [cfg(target_has_atomic = "32")]와 [cfg(target_has_atomic = "64")]를 모두 설정하면 된다. 아토믹 연산에 대한 자세한 내용은 『러스트 동시성 프로그래밍』(한빛미디어, 2024) 2장을 참고하자.

피처

카고 패키지 관리자는 앞에서 설명한 cfg 이름/값 메커니즘을 토대로 feature 개념을 제공한다. 즉, 크레이트를 빌드할 때 원하는 기능의 이름을 지정하는 방식으로 선택적으로 활성화할 수 있다. 카고는 컴파일 대상인 크레이트마다 설정된 값으로 feature 옵션이 채워지도록 보장한다.

이는 카고만의 특별한 기능이다. 러스트 컴파일러의 입장에서 보면 feature는 그저 설정 옵션 중 하나일 뿐이다.

이 글을 쓰는 시점(2024년 4월)에서 주어진 크레이트에 제공되는 feature를 확인하는 가장 확실한 방법은 해당 크레이트의 Cargo.toml 매니페스트manifest 파일을 살펴보는 것이다. 예를 들어 다음 매니페스트 파일에는 여섯 가지 피처가 담겨 있다.

```
[features]
default = ["featureA"]
featureA = []
featureB = []
# `featureAB`를 활성화하면 `featureA`와 `featureB`도 활성화된다.
```

```
featureAB = ["featureA", "featureB"]
schema = []

[dependencies]
rand = { version = "^0.8", optional = true }
hex = "^0.4"
```

[features] 스탠자에는 다섯 가지 항목뿐이므로 여기에 몇 가지 주의 사항이 숨어 있음을 예상할 수 있다.

첫 번째 주의 사항은 [features] 스탠자의 default 라인은 특수한 피처 이름으로서, 디폴트로 활성화할 피처를 cargo에 알려 주는 용도로 사용한다. 이 피처는 빌드 명령에 --no-default-features 플래그를 지정하는 방식으로 비활성화할 수 있고, 크레이트 소비자가 다음과 같이 Cargo.toml 파일에 인코딩할 수도 있다.

```
[dependencies]
somecrate = { version = "^0.3", default-features = false }
```

그러나 default는 여전히 피처 이름 중 하나이므로 코드에서 테스트할 수 있다.

```
#[cfg(feature = "default")]
println!("This crate was built with the \"default\" feature enabled.");
#[cfg(not(feature = "default"))]
println!("This crate was built with the \"default\" feature disabled.");
```

피처를 정의할 때 주의할 두 번째 사항은 원본 Cargo.toml 예제의 [dependencies] 부분에 숨겨져 있다. rand 크레이트는 optional = true로 표시된 의존성으로, "rand"가 실질적으로 피처의 이름이 된다.[8] --features rand를 지정해서 이 크레이트를 컴파일하면 해당 의존성이 활성화된다.

```
#[cfg(feature = "rand")]
pub fn pick_a_number() -> u8 {
    rand::random::<u8>()
```

---

[8] 이 디폴트 동작은 features 스탠자의 다른 곳에서 "dep:<crate>" 레퍼런스로 비활성화할 수 있다. 자세한 내용은 관련 문서(https://oreil.ly/HnLOJ)를 참고하자.

```
}
#[cfg(not(feature = "rand"))]
pub fn pick_a_number() -> u8 {
    4 // chosen by fair dice roll.
}
```

이렇게 하면 **크레이트 이름과 피처 이름이 동일한 네임스페이스에 속한다**는 뜻이기도 하다. 물론 하나는 대부분 글로벌이고 주로 `crates.io`에서 관리하며, 다른 하나는 해당 크레이트에 속하는 로컬이다. 따라서 나중에 의존성으로 함께 포함될 가능성이 있는 크레이트 이름과 충돌하지 **않도록 피처 이름을 신중하게 선택해야 한다**. 임포트한 크레이트의 이름을 변경할 수 있는 메커니즘(`package` 키)이 카고에 포함되어 있어서 충돌을 해결할 수는 있지만, 애초에 그럴 일을 만들지 않는 것이 좋다.

따라서 **크레이트의 `Cargo.toml` 파일에서 `optional` `[dependencies]`와 `[features]`를 확인하면 크레이트의 피처를 확인할 수 있다**. 의존성의 특정 피처를 활성화하려면 자체 매니페스트 파일의 `[dependencies]` 스탠자 안의 해당 라인에 `features` 옵션을 추가하면 된다.

```
[dependencies]
somecrate = { version = "^0.3", features = ["featureA", "rand"] }
```

이렇게 하면 `featureA`와 `rand` 피처 둘 다 활성화된 상태로 `somecrate`가 빌드된다. 하지만 해당 피처만 활성화되는 것이 아니라 **피처 통합**feature unification에 의해 다른 피처도 활성화될 수 있다. 즉, 빌드 그래프에서 요청한 모든 피처의 합집합에 대해 크레이트가 빌드된다. 다르게 표현하면 빌드 그래프에서 어떤 의존성이 `somecrate`를 의존하는데 `featureB`만 활성화되어 있다면, 모두 만족시키기 위해 `featureA`, `featureB`, `rand`를 모두 활성화한 상태로 크레이트가 빌드된다.[9] 디폴트 피처도 마찬가지다. 현재 크레이트에서 의존성에 대해 `default-features = false`라고 설정했는데, 빌드 그래프의 다른 곳에서 그 디폴트 피처가 활성화된 상태로 남아 있다면 해당 피처는 활성화된다.

피처 통합에서 **피처가 가산적**additive**으로 추가**돼야 한다. 즉, 서로 호환되지 않는 피처가 함께 있는 것은 바람직하지 않다. 왜냐하면 사용자에 의해 호환되지 않는 피처가 얼마든지 동시에 활

---

[9] `cargo tree --edges features` 명령을 사용하면 어떤 크레이트의 어떤 피처가 활성화돼 있고 왜 그런지 파악할 수 있다.

성화될 위험이 있기 때문이다.

예를 들어 크레이트에서 구조체와 해당 필드를 공개할 때, 그 필드가 피처에 종속적으로 만드는 것은 좋지 않다.

> **의도하지 않은 동작 발생**
>
> ```
> /// 구조체의 내용이 공개됐으므로 외부 사용자는 인스턴스를 만들 수 있다.
> #[derive(Debug)]
> pub struct ExposedStruct {
>     pub data: Vec<u8>,
>
>     /// `schema` 피처가 활성화된 경우에만 필요한 부가 데이터
>     #[cfg(feature = "schema")]
>     pub schema: String,
> }
> ```

구조체 인스턴스를 빌드하려는 크레이트 사용자는 schema 필드를 채워야 할지 말아야 할지 고민한다. 이 문제를 해결하는 한 가지 방법은 사용자의 Cargo.toml에 해당 피처를 추가해 보는 것이다.

```
[features]
# 여기서 `use-schema` 피처는 `somecrate`의 `schema` 피처를 켠다.
# (이 예제는 명확한 표현을 위해 다른 피처 이름을 사용한다.
# 실전 코드에서는 같은 피처 이름을 여러 곳에서 재사용할 가능성이 높다.)
use-schema = ["somecrate/schema"]
```

그리고 구조체 구성이 이 피처에 의존하게 만든다.

> **의도하지 않은 동작 발생**
>
> ```
> let s = somecrate::ExposedStruct {
>     data: vec![0x82, 0x01, 0x01],
>
>     // `somecrate/schema`에 대한 활성화 요청을 받을 때만 이 필드를 채운다.
>     #[cfg(feature = "use_schema")]
>     schema: "[int int]",
> };
> ```

하지만 이 코드만으로 모든 경우를 다룰 수 없다. 가령, somecrate/schema를 활성화하지 않

앉는데 전이 관계에 있는 다른 의존성이 활성화했다면 컴파일되지 않는다. 문제의 핵심은 해당 피처가 있는 크레이트만 그 피처를 확인할 수 있다는 데 있다. 해당 크레이트의 사용자로서는 카고가 somecrate/schema를 켰는지 여부를 확인할 방법이 없다. 따라서 **구조체에서 피처에 의해 조건부로 활성화되는**feature-gating **공개 필드를 가급적 사용하지 마라.**

트레이트가 정의된 크레이트 밖에서 사용하기 위한 공개 트레이트에 대해서도 마찬가지다. 예를 들어 다음과 같이 소속 메서드 중 하나에 피처 게이트feature-gate가 포함된 트레이트를 생각해 보자.

의도하지 않은 동작 발생

```
/// CBOR 직렬화를 지원하는 항목에 대한 트레이트
pub trait AsCbor: Sized {
    /// 이 항목을 CBOR 직렬화된 데이터로 변환한다.
    fn serialize(&self) -> Result<Vec<u8>, Error>;

    /// CBOR 직렬화된 데이터로부터 이 항목의 인스턴스를 생성한다.
    fn deserialize(data: &[u8]) -> Result<Self, Error>;

    /// 이 항목에 대한 스키마를 반환한다.
    #[cfg(feature = "schema")]
    fn cddl(&self) -> String;
}
```

이 경우에도 외부 트레이트 구현자는 cddl(&self) 메서드를 구현해야 할지 말아야 할지 고민에 빠진다. 이 트레이트를 구현하려는 외부 코드는 이렇게 조건에 따라 피처가 활성화되는 메서드의 구현 여부를 알 수 없다.

따라서 **공개 트레이트에 대해 피처에 의해 조건부로 활성화되는 메서드를 가급적 사용하지 말아야 한다.** 디폴트 구현이 있는 트레이트 메서드(아이템 13)는 예외가 될 수 있다. 단, 외부 코드에서 이러한 디폴트 구현을 오버라이드하는 것이 적합하지 않은 경우에만 그래야 한다.

피처 통합에 따르면, 현재 크레이트에 독립 피처가 N개 있을 때,[10] 실제로는 2^N가지 빌드 조합이 가능하다. 의도하지 않은 결과를 피하려면 CI 시스템(아이템 32)의 모든 테스트에서(아이템 30) 2^N가지 조합을 모두 확인하도록 설정한다.

---

10 피처를 통해 다른 피처를 강제로 활성화할 수 있다. 원래 예제에서 featureAB 피처는 featureA와 featureB를 모두 강제로 활성화한다.

그러나 옵션 피처를 사용하면 확장된 의존성 그래프에 대한 공개 수준을 제어하는 데 상당히 도움 된다(아이템 25). 특히 no_std 환경(아이템 33)에서 사용될 수 있는 저수준 크레이트에 유용하다. 그런 크레이트에서는 std나 alloc 피처를 추가해서 해당 라이브러리에 의존하는 피처를 활성화하는 것이 일반적이다.

기억할 사항

- 피처 이름은 의존성 이름과 겹친다.
- 피처 이름은 나중에 의존성 이름과 충돌하지 않도록 신중하게 선택해야 한다.
- 피처는 가산적이어야 한다.
- `pub`인 구조체 필드나 트레이트 메서드가 피처에 의해 조건부로 활성화되지 않게 한다.
- 독립적인 피처가 많으면 빌드 설정에 대한 조합이 폭발적으로 증가할 수 있다.

CHAPTER 5

도구 활용

구글의 C++ 라이브러리 책임자인 타이터스 윈터스(Titus Winters)는 소프트웨어 엔지니어링은 시간이 지남에 따라 점진적으로 통합되는 프로그래밍이라고 말한다. 때로는 시간뿐만 아니라 여러 사람을 거치기도 한다. 그 시간이 길어지고 팀의 규모도 커질수록 코드베이스에는 코드 이외의 많은 것들이 담기게 된다.

이런 관점에서 러스트를 비롯한 최신 언어에서는 프로그램을 실행 가능한 바이너리 코드로 변환하는 컴파일러만 제공하는 데 그치지 않고, 다양한 도구로 구성된 생태계도 함께 제공한다.

이번 장에서는 러스트의 도구 생태계를 살펴보고 이 인프라를 최대한 활용하는 방법을 조언한다. 물론 목적과 용도에 맞게 활용해야 한다. 한두 번만 실행하고 버릴 프로그램에 CI와 문서화 빌드, 여섯 가지 유형의 테스트를 구축하는 것은 과하다. 이 장에서는 '가성비'가 뛰어난 방법 위주로 소개한다. 도구 활용에 대한 약간의 투자만으로도 상당한 효과를 거둘 수 있다.

아이템 27: 공개 인터페이스는 문서화하라

여러분이 작성한 크레이트를 다른 프로그래머가 사용한다면 크레이트 내용에 대해, 특히 공개 API에 대해 문서화하는 것이 좋다. 잠깐만 사용하다가 버릴 크레이트가 아니라면, 코드에 대한 세부 사항을 잊어버린 '다른 프로그래머'가 바로 자신이 될 수도 있다.

이 조언은 러스트에만 해당되는 것도 아니고, 이 책에서 처음 하는 조언도 아니다. 『이펙티브 자바』(인사이트, 2018)의 아이템 44에서는 '공개된 API 요소에는 항상 문서화 주석을 작성하라'고 조언한다.

러스트는 마크다운 문법에 기반하며 ///나 //!로 구분되는 주석 기반 문서화 기능을 제공한다. 자세한 내용은 『러스트 프로그래밍 공식 가이드』(제이펍, 2024)를 참고하자.

```
/// [`BoundingBox`] 객체 쌍을 정확히 감싸는 [`BoundingBox`]를 계산한다.
pub fn union(a: &BoundingBox, b: &BoundingBox) -> BoundingBox {
    // ...
}
```

문서화 형식에서 주의해야 할 몇 가지 세부 사항은 다음과 같다.

코드 전용 글꼴을 적용한다

소스 코드에 그대로 입력해야 할 내용은 역따옴표^{back quote}(백틱^{backtick})(`` ` ``)로 묶는다. 결과 문서에 고정폭 글꼴로 표시해 code와 텍스트를 명확히 구분한다.

상호 참조를 충분히 추가한다

문서를 읽을 때 문맥 파악에 도움 되는 모든 항목에 마크다운 링크를 추가한다. 특히 [`SomeThing`]이라는 편리한 구문으로 식별자를 상호 참조(크로스 레퍼런스)^{cross-reference} 하면 (SomeThing이 스코프 안에 있다면) 결과 문서에서 해당 부분이 하이퍼링크로 표시된다.

예제 코드도 제공하면 좋다

진입점을 사용하는 방법이 단순하지 않다면 # Examples 섹션을 통해 예제 코드를 제공하면 좋다. 문서화 주석^{doc comment}에 제공한 예제 코드는 cargo test(아이템 30)를 수행할 때 함께 컴파일되어 실행되므로 해당 예제에서 설명하는 코드와 동기화 상태를 유지하기 편하다.

패닉과 unsafe 제약 조건을 문서화한다

함수를 패닉 상태에 빠뜨리는 입력이 있다면 해당 panic!을 방지하는 데 필요한 사전 조건을 # Panics 섹션에 문서화한다. 마찬가지로 unsafe 코드에 대한 요구 사항은 모두 # Safety 섹션에 문서화한다.

러스트의 표준 라이브러리(https://doc.rust-lang.org/std/index.html) 문서에서 제공하는 예제를 보면 이와 관련된 세부 사항이 잘 나와 있다.

도구 활용

문서 주석에 사용되는 마크다운 포맷은 세련된 형태로 출력되지만, 대신 명시적인 변환 단계(cargo doc)를 거쳐야 한다. 하지만 이 과정에서 문제가 발생할 수 있다.

이를 방지하기 위한 가장 간단한 방법은 주석을 작성하고 나서 **렌더링된 문서를 읽어 보는 것이다.** 문서를 생성하려면 cargo doc --open을, 또는 현재 크레이트에 대한 문서만 생성하려면 cargo doc --no-deps --open을 실행하면 된다.

생성된 하이퍼링크의 유효성을 직접 확인할 수 있지만, broken_intra_doc_links 크레이트 속성을 통해 기계적으로 처리하는 것이 좋다.[1]

의도하지 않은 동작 발생

```
#![deny(broken_intra_doc_links)]

/// [`Polygone`]에 대한 바운딩 박스
#[derive(Clone, Debug)]
pub struct BoundingBox {
    // ...
}
```

이 속성을 활성화하면 cargo doc으로 유효하지 않은 링크를 찾아낼 수 있다.

```
error: unresolved link to `Polygone`
  --> docs/src/main.rs:4:30
   |
4  | /// The bounding box for a [`Polygone`].
```

---

1 예전에는 이 옵션을 intra_doc_link_resolution_failure라고 불렀다.

```
      |                      ^^^^^^^^ no item named `Polygone` in scope
      |
```

해당 크레이트에 대해 #![warn(missing_docs)] 속성을 활성화하면 반드시 문서화하게 만들 수 있다. 이 속성을 활성화하면 컴파일러는 문서화되지 않은 모든 공개 항목에 경고한다. 하지만 이로 인해 쏟아지는 컴파일러 경고에 대응하기 위해 급조된 주석으로 대충 해결하다 보면 전반적인 문서화 수준이 떨어질 위험이 있다. 이와 관련해서는 뒤에서 더 자세히 설명한다.

항상 그렇듯이 잠재적인 문제를 감지하는 도구는 CI 시스템의 일부로 추가해(아이템 32) 빌드할 때마다 발견하게 만드는 것이 좋다.

추가 문서 위치

크레이트에 대한 문서화는 주로 cargo doc의 출력 결과물이 대부분을 차지하지만, 사용자가 코드 사용법을 쉽게 파악하는 데 도움 되는 것이라면 카고 프로젝트의 다른 부분에서도 얼마든지 문서화할 수 있다.

카고 프로젝트의 examples/ 디렉터리를 통해 여러분이 작성한 크레이트를 사용하는 스탠드얼론standalone 바이너리 코드를 제공할 수 있다. 여기에 담긴 프로그램은 통합 테스트(아이템 30)와 굉장히 유사한 방식으로 빌드되어 실행되는데, 크레이트 인터페이스의 올바른 사용법을 보여 주는 예제 코드를 담는 목적으로 지정된 위치다.

참고로 tests/ 디렉터리에 있는 통합 테스트는 본래 크레이트의 외부 인터페이스를 테스트하는 것이지만, 사용자가 코드 사용법을 파악하는 데도 도움 된다.

게시된 크레이트 문서

크레이트를 crates.io에 게시하면 프로젝트에 관해 작성된 문서를 docs.rs에서 볼 수 있다. docs.rs는 게시된 크레이트에 대한 문서를 빌드하고 호스팅하는 공식 러스트 프로젝트다.

crates.io와 docs.rs는 타깃 사용자가 서로 다르다. crates.io는 크레이트를 추가해서 사용하려는 이들을 대상으로 하는 반면, `docs.rs`는 이미 코드에 포함된 크레이트를 사용하는 방법을 알고 싶은 이들이 대상이다. 물론 두 사용자층이 상당 부분 겹치는 경향이 있다.

따라서 크레이트 홈페이지에 표시되는 내용은 다음과 같이 다르다.

- `docs.rs`: 최상위 `src/lib.rs` 파일의 `//!` 주석으로부터 생성된 `cargo doc` 출력 결과의 최상위 페이지를 표시한다.
- `crates.io`: 프로젝트의 저장소에 포함된 최상위 `README.md` 파일의 내용을 표시한다.[2]

문서화하면 안 되는 것들

앞서 '도구 활용' 절에서 설명했듯이 모든 공개 항목에 대해 반드시 문서화하도록 프로젝트를 설정하면 문서 공간을 낭비하기 쉽다. 이처럼 누락된 문서화 주석에 대한 컴파일러 경고 기능은 유용한 문서화를 위한 한 가지 수단일 뿐이다. 오히려 이 기능에 의해 프로그래머들이 경고 메시지 제거에 필요한 최소한의 수정만 하게 만들 위험이 있다.

올바른 문서화 주석은 사용자가 코드를 이해하는 데 도움을 주지만, 잘못된 문서화 주석은 관리 부담만 가중시키고 코드와의 동기화가 깨지면 오히려 사용자를 헷갈리게 만든다. 그렇다면 어떤 것이 올바른 문서화 주석이고, 어떤 것이 잘못된 문서화 주석일까?

이와 관련된 가장 핵심적인 조언은 **코드에 명확히 드러난 것은 최대한 생략하라**는 것이다. 아이템 1에서는 가능한 한 많은 의미를 러스트의 타입 시스템으로 인코딩하라고 강조했다. 이렇게 인코딩했다면 타입 시스템을 통해 의미가 자연스럽게 문서화된다. 이 책에서 제시하는 러스트의 효과적인 사용법을 숙지한 덕분에 러스트에 익숙해진 상태라면, 코드의 시그니처와 타입을 통해 분명히 드러나는 내용을 굳이 문서화할 필요 없다.

이전 예제 코드에 다음과 같이 문서화 주석이 지나치게 장황하게 작성됐다고 가정하자.

> **의도하지 않은 동작 발생**
>
> ```
> /// [`BoundingBox`] 객체 쌍을 정확히 감싸는 [`BoundingBox`]를 계산한다.
> ///
> /// 매개변수:
> ///   - `a`: `BoundingBox`에 대한 불변 레퍼런스
> ```

---

2 `README.md`를 자동으로 포함시키는 디폴트 동작을 바꾸고 싶다면 `Cargo.toml`의 `readme` 필드를 수정한다.

```
/// - `b`: `BoundingBox`에 대한 불변 레퍼런스
/// 반환: 새로운 `BoundingBox` 객체
pub fn union(a: &BoundingBox, b: &BoundingBox) -> BoundingBox {
```

이 주석은 함수 시그니처만 봐도 명확히 알 수 있는 세부 사항을 반복하기만 할 뿐, 더 좋아지는 것은 없다.

더 심한 경우는 인수 중 하나에 결과를 저장하도록 코드를 리팩터링하는 과정에서 아이템 21에서 언급한 중대한 변경이 발생할 때 나타난다. 이렇게 수정된 코드와 주석이 어긋난 부분을 찾아주는 컴파일러나 도구는 없다. 결국 주석과 코드의 동기화가 깨질 가능성이 높다.

> **의도하지 않은 동작 발생**
> ```
> /// [`BoundingBox`] 객체 쌍을 정확히 감싸는 [`BoundingBox`]를 계산한다.
> ///
> /// 매개변수:
> /// - `a`: `BoundingBox`에 대한 불변 레퍼런스
> /// - `b`: `BoundingBox`에 대한 불변 레퍼런스
> /// 반환: 새로운 `BoundingBox` 객체
> pub fn union(a: &mut BoundingBox, b: &BoundingBox) {
> ```

반면 다음과 같이 작성한 주석은 코드를 리팩터링하더라도 여전히 유효하다. 주석에서 설명하는 내용이 코드의 동작에 대한 것이지 구체적인 구문에 대한 것이 아니기 때문이다.

```
/// [`BoundingBox`] 객체 쌍을 정확히 감싸는 [`BoundingBox`]를 계산한다.
pub fn union(a: &mut BoundingBox, b: &BoundingBox) {
```

앞에서 소개한 핵심의 반대 상황도 문서화 향상에 도움 된다. 즉, **코드에 명확히 드러나지 않는 것은 모두 적어라.** 여기에는 선행 조건(사전 조건)precondition, 불변성invariant, 패닉, 오류 상태error condition를 비롯해 사용자를 놀라게 할 수 있는 모든 것이 포함된다. 작성한 코드가 놀람 최소화 원칙principle of least astonishment을 따를 수 없다면, 놀람이 발생하는 부분을 반드시 문서화해서 최소한 사용자에게 경고하는 것이 좋다.

문서화 주석의 또 다른 흔한 실수는 메서드가 수행하는 일이 아닌, 다른 코드에서 메서드를 사용하는 방법을 적는 것이다.

```rust
/// 두 [`BoundingBox`] 객체의 교집합을 반환한다.
/// 교집합이 없으면 `None`을 반환한다. `hits.rs`에 있는 충돌 감지 코드는
/// `objects_overlap`에서 다소 오버헤드가 큰 픽셀 단위 검사를 수행하기 전에
/// 이 메서드를 이용해 두 객체에 겹치는 부분이 있는지에 대한 초기 검사를 수행한다.
pub fn intersection(
    a: &BoundingBox,
    b: &BoundingBox,
) -> Option<BoundingBox> {
```

이렇게 주석을 달면 코드 동기화가 깨질 확률이 거의 100%다. 이 메서드를 사용하는 코드(여기서는 `hits.rs`)가 변경되면, 이 주석에서 설명한 내용과 전혀 맞지 않게 된다.

'왜'에 더 초점을 맞춰 주석을 수정하면 향후 코드 변경에 영향을 덜 받을 수 있다.

```rust
/// 두 [`BoundingBox`] 객체의 교집합을 반환한다.
/// 교집합이 없으면 `None`을 반환한다.
/// 여기서 바운딩 박스의 교집합은 객체 충돌에 대한 필요조건일 뿐 충분조건은 아니다.
/// 중복을 확인하려면 여전히 픽셀 단위 검사를 수행해야 한다.
pub fn intersection(
    a: &BoundingBox,
    b: &BoundingBox,
) -> Option<BoundingBox> {
```

프로그램 코드는 '미래 시제'로 작성하는 것이 좋다.[3] 즉, 코드의 구조를 향후 변화에 대응하도록 구성한다. 이 원칙은 문서화에도 똑같이 적용된다. 왜 그런지, 왜 그러면 안 되는지 등과 같은 의미에 초점을 맞추고, 그대로 둬도 장기적으로 유효할 가능성이 높은 문장을 작성한다.

기억할 사항

- 공개 API 항목에 대해 문서화 주석을 추가한다.
- 코드 자체에 명확히 드러나지 않는 것(예: 패닉이나 안전 기준 등)을 주석에서 설명한다.
- 코드 자체에 명확히 드러나는 내용은 주석에 적지 않는다.
- 상호 참조를 제공하고 식별자를 눈에 띄게 만들어 쉽게 검색하게 만든다.

---

[3] 『More Effective C++』(정보문화사, 2007), 아이템 32를 참고하자.

아이템 28: 매크로를 신중하게 사용하라

> 함수보다는 매크로로 작성해야 한다고 결정하기 쉬운 경우가 있는데, 그건 매크로만이 할 수 있는 일이기 때문이다.
>
> 폴 그레이엄Paul Graham, 『On Lisp』(Prentice Hall, 1993)

러스트의 **매크로**macro를 사용하면 **메타프로그래밍**metaprogramming을 할 수 있다. 즉, 코드를 생성하는 코드를 작성할 수 있다. 내용이 확실하고 반복적이며 매크로 없이는 일일이 동기화시켜줘야 하는 **보일러플레이트**boilerplate 코드에 특히 유용하다.

러스트를 처음 접하는 프로그래머라면 입력 텍스트를 토큰 단위로 바꾸는 방식으로 수행하는 C/C++의 전처리기의 매크로 기능을 써 본 적이 있을 것이다. 러스트의 매크로는 좀 다른 능력을 갖고 있다. 토큰 단위로 파싱된 프로그램 코드를 처리할 수 있을 뿐만 아니라, 프로그램의 추상 구문 트리abstract syntax tree(AST)도 다룰 수 있다.

즉, 러스트의 매크로가 코드 구조를 인식할 수 있어서 매크로 관련 문제를 모두 피할 수 있다는 뜻이다. 특히 다음 절에서 보겠지만 러스트의 선언적 매크로는 위생적hygienic이다.[4] 즉, 주변 코드에 있는 로컬 변수를 참조(캡처)하는 실수를 저지를 수 없다.

매크로는 코드에 대한 또 다른 차원의 추상화다. 간단한 형태의 추상화로는 함수가 있다. 함수는 특정 타입에 속한 다양한 값을 추상화해서, 연산에 어떤 값이 사용되더라도 해당 타입으로 된 모든 메서드나 기능을 사용할 수 있게 한다. **제네릭**generic은 이와 다른 차원의 추상화다. 제네릭은 트레이트 바운드를 만족하는 다양한 타입 사이의 차이를 추상화해서 현재 사용 중인 타입이 무엇이든 간에 해당 트레이트 바운드에서 제공하는 모든 메서드를 사용할 수 있게 한다.

매크로는 타입, 식별자, 표현식 등 다양한 프로그램 요소 간의 차이를 추상화해서 동일한 역할끼리 묶는다. 즉, 역할만 같다면 어떠한 요소라도 구현에 활용할 수 있다.

러스트에서 매크로를 정의하는 방법은 두 가지다.

- **선언적 매크로**declarative macro 또는 **예제 매크로**macro by example를 사용하면 AST에서의 역할에 따라 분류되는 입력 매개변수를 기반으로 임의의 러스트 코드를 프로그램에 삽입할 수 있다.

---

[4] https://ko.wikipedia.org/wiki/위생_매크로

- **절차적 매크로**procedural macro를 사용하면 소스 코드에서 파싱된 토큰을 기반으로 임의의 러스트 코드를 프로그램에 삽입할 수 있다. 데이터 구조 정의의 내용을 기반으로 코드를 생성할 수 있는 derive 매크로에서 가장 많이 사용하는 매크로다.

선언적 매크로

선언적 매크로에 대한 문서[5] 내용을 그대로 보여 주는 것이 이번 아이템의 목적은 아니지만, 그래도 특별히 주의해야 할 몇 가지 사항을 먼저 짚고 넘어가자.

첫째, 선언적 매크로를 사용할 때 적용되는 스코프 지정 규칙은 다른 러스트 항목과 다르다. 즉, 선언적 매크로는 소스 파일에 정의된 지점 다음부터 사용할 수 있다.

오류가 발생하는 코드

```rust
fn before() {
    println!("[before] square {} is {}", 2, square!(2));
}

/// 주어진 인수에 대한 제곱을 구하는 매크로
macro_rules! square {
    { $e:expr } => { $e * $e }
}

fn after() {
    println!("[after] square {} is {}", 2, square!(2));
}
```

```
error: cannot find macro `square` in this scope
 --> src/main.rs:4:45
  |
4 |     println!("[before] square {} is {}", 2, square!(2));
  |                                             ^^^^^^
  |
  = help: have you added the `#[macro_use]` on the module/import?
```

#[macro_export] 속성을 사용하면 매크로를 볼 수 있는 범위가 더 넓어지지만 특이한 점도

---

[5] https://oreil.ly/Vm7AZ

발생한다. 즉, 매크로를 모듈에 정의했음에도 불구하고 크레이트의 최상위에 나타난다.

```
mod submod {
    #[macro_export]
    macro_rules! cube {
        { $e:expr } => { $e * $e * $e }
    }
}

mod user {
    pub fn use_macro() {
        // 주의: `crate::submod::cube!`가 아님
        let cubed = crate::cube!(3);
        println!("cube {} is {}", 3, cubed);
    }
}
```

러스트의 선언적 매크로는 위생적hygienic이라고 알려져 있다. 즉, 매크로 본문에서 로컬 변수를 사용할 수 없다. 예를 들어 다음은 x라는 변수가 있다고 가정하고 매크로를 작성한 경우다.

```
// 로컬 변수 `x`의 존재를 가정하는 매크로
macro_rules! increment_x {
    {} => { x += 1; };
}
```

그러면 이 매크로를 사용하는 코드에서 컴파일 오류가 발생한다.

> 오류가 발생하는 코드
```
let mut x = 2;
increment_x!();
println!("x = {}", x);
```

```
error[E0425]: cannot find value `x` in this scope
   --> src/main.rs:55:13
    |
55  |         {} => { x += 1; };
    |                 ^ not found in this scope
...
314 |     increment_x!();
```

```
     |        -------------- in this macro invocation
     |
     = note: this error originates in the macro `increment_x`
```

러스트의 매크로는 위생적이기 때문에 C 언어의 전처리기 매크로보다 훨씬 안전하지만, 그래도 사용 시 주의할 사항이 있다.

가장 먼저 명심할 점은 매크로 호출이 함수 호출처럼 보이긴 해도 함수 호출은 아니라는 것이다. 코드는 매크로를 호출하는 지점에 생성된다. 이렇게 생성된 코드는 주어진 인수를 조작할 수 있다.

```
macro_rules! inc_item {
    { $x:ident } => { $x.contents += 1; }
}
```

다시 말해 매개변수에 대해 이동이나 &를 통한 참조와 같은 개념이 적용되지 않는다.

```
let mut x = Item { contents: 42 }; // `Copy` 타입이 아니다.

// (x) 구문에도 불구하고, Item은 이동하지 않는다.
// 하지만 이 매크로의 본문은 `x`를 수정할 수는 있다.
inc_item!(x);

println!("x is {x:?}");
```

```
x is Item { contents: 43 }
```

매크로를 호출하는 지점에 코드가 추가된다는 사실을 생각하면 당연하다. 여기서는 x.contents를 증가시키는 코드 한 줄만 추가한다. cargo-expand 도구를 이용하면 이 매크로가 적용되고 나서 컴파일러에 입력되는 코드를 볼 수 있다.

```
let mut x = Item { contents: 42 };
x.contents += 1;
{
    ::std::io::_print(format_args!("x is {0:?}\n", x));
};
```

매크로에 의해 생성된 코드를 보면 레퍼런스에 의한 간접적인 수정이 아닌, 소유자를 통한 직접 수정 방식의 코드로 표현된다. `format_args!` 매크로를 사용하는 `println!`의 확장 버전도 한번 살펴보면 흥미롭다. 여기에 대해서는 잠시 후에 설명한다.[6]

코드 속 느낌표(!)는 경고 역할을 한다. 이 매크로에 의해 확장된 코드가 주어진 인수에 대해, 또는 그 인수를 이용해 임의의 작업을 수행할 수 있다.

확장된 코드에는 호출자 코드에서는 볼 수 없는 루프, 조건문, `return` 문, ? 연산자 등과 같은 제어 흐름 연산도 담을 수 있다. 물론 이렇게 하면 놀람 최소화 원칙에 위배될 가능성이 있으므로 **가급적 일반적인 러스트 동작에 맞는 매크로를 사용하라.** 반면 이상한 제어 흐름을 허용하기 위한 매크로라면 그렇게 해도 된다. 단, 이런 제어 흐름 동작을 사용자가 알 수 있도록 문서화해야 한다.

예를 들어 다음과 같이 HTTP 상태 코드를 검사하는 코드에 `return`을 자동으로 추가하도록 작성된 매크로가 있다.

```
/// HTTP 상태가 성공인지 검사한다. 성공이 아니면 함수를 종료한다.
macro_rules! check_successful {
    { $e:expr } => {
        if $e.group() != Group::Successful {
            return Err(MyError("HTTP operation failed"));
        }
    }
}
```

이 매크로를 사용해서 HTTP 연산의 결과를 검사하면 코드의 제어 흐름이 드러나지 않을 수 있다.

```
let rc = perform_http_operation();
check_successful!(rc); // 조용히 함수가 종료될 수 있다.

// ...
```

---

6 눈썰미가 좋은 독자라면 매크로가 확장된 후에도 `format_args!`이 여전히 매크로 호출처럼 보인다는 것을 눈치챌 수 있다. 컴파일러에 내장된 특수 매크로이기 때문이다.

매크로를 이렇게 작성하지 말고, 다음과 같이 Result를 출력하는 코드를 생성하도록 작성해 보자.

```
/// HTTP 상태를 성공 여부를 표현하는 `Result<(), MyError>`로 변환한다.
macro_rules! check_success {
    { $e:expr } => {
        match $e.group() {
            Group::Successful => Ok(()),
            _ => Err(MyError("HTTP operation failed")),
        }
    }
}
```

그러면 코드의 흐름을 파악하기가 훨씬 쉬워진다.

```
let rc = perform_http_operation();
check_success!(rc)?; // 오류 흐름을 `?`를 통해 볼 수 있다.

// ...
```

러스트의 선언적 매크로를 사용할 때 주의해야 할 두 번째 사항은 C 전처리기에도 똑같이 적용되는 사항이다. 즉, 매크로의 인수가 사이드 이펙트^{side effect}가 있는 표현식으로 되어 있다면 매크로 안에서 인수를 중복 사용하지 않도록 주의한다. 앞서 정의한 **square!** 매크로는 임의의 표현식을 인수로 받은 후 그 인수를 두 번 사용하는데, 이렇게 하면 예상과 다른 결과가 발생할 수 있다.

의도하지 않은 동작 발생

```
let mut x = 1;
let y = square!({
    x += 1;
    x
});
println!("x = {x}, y = {y}");
// 실행 결과: x = 3, y = 6
```

이런 동작을 원한 것은 아니다. 이 문제는 표현식을 한 번 평가하고 나서 그 결과를 로컬 변수에 대입하도록 수정하면 쉽게 해결할 수 있다.

```
macro_rules! square_once {
    { $e:expr } => {
        {
            let x = $e;
            x*x // 주의: 여기에 관련된 세부 사항은 뒤에서 설명한다.
        }
    }
}
// 실행 결과: x = 2, y = 4
```

또 다른 방법은 임의의 표현식을 매크로의 입력으로 허용하지 않는 것이다. `expr` 구문 조각 지정자syntax fragment specifier를 `ident` 조각 지정자로 교체하면, 매크로가 식별자만 입력으로 받는다. 만약 임의의 표현식을 입력하면 컴파일 오류가 발생한다.

> **값 서식 지정**
>
> 선언적 매크로에 대한 한 가지 흔한 스타일은 코드의 현재 상태에서 여러 값을 담은 메시지를 조합하는 것이다. 예를 들어 표준 라이브러리의 `format!`은 `String`을 조합하고, `println!`은 표준 출력을 화면에 표시하고, `eprintln!`는 표준 오류를 화면에 표시한다. 이 문서(https://doc.rust-lang.org/std/fmt/index.html)를 보면 서식 지정 지시자formatting directive의 구문이 나와 있는데, C의 `printf` 문과 거의 비슷하다. 하지만 이러한 서식 인수는 타입에 안전하며 컴파일 타임에 검사한다. 이 매크로의 구현에서는 아이템 10에서 설명한 `Display`와 `Debug` 트레이트를 사용해 개별 값의 서식을 지정한다.[7]
>
> 이와 비슷한 기능을 수행하는 자체 매크로는 이와 동일한 서식 지정 구문을 사용할 수 있고, 또 그래야 한다. 예를 들어 `log` 크레이트에서 제공하는 로깅 매크로는 `format!`과 동일한 구문을 사용한다. 이렇게 하려면 이미 만들어진 것을 또 만들지 말고, **인수의 서식을 지정하는 매크로에 `format_args!`을 사용한다.**

---

[7] `std::fmt` 모듈에는 데이터를 특정 서식으로 표시할 때 적용할 수 있는 다양한 트레이트도 있다. 예를 들어 LowerHex는 서식 지정자 x가 소문자 16진수 출력이 필요하다는 것을 나타내는 경우에 사용된다.

```
/// 오류를 코드 위치와 함께 로그에 남긴다.
/// 이때 `format!`과 유사한 인수를 사용한다.
/// 실전에서는 이렇게 하지 않고 `log` 크레이트를 사용할 것이다.
macro_rules! my_log {
    { $($arg:tt)+ } => {
        eprintln!("{}:{}: {}", file!(), line!(), format_args!($($arg)+));
    }
}
let x = 10u8;
// 서식 지정자:
// - `x`는 16진수로 출력하라는 뜻이다.
// - `#`는 '0x' 접두어를 추가하라는 뜻이다.
// - `04`는 최소 폭이 4가 되도록 앞에 0을 붙이라는 뜻이다.
//       (여기에는 '0x' 접두어가 포함된다.)
my_log!("x = {:#04x}", x);
```

```
src/main.rs:331: x = 0x0a
```

절차적 매크로

러스트는 절차적 매크로procedural macro(줄여서 **proc** 매크로)도 제공한다. 절차적 매크로도 선언적 매크로처럼 프로그램의 소스 코드에 임의의 러스트 코드를 삽입할 수 있다. 하지만 매크로 입력에 특정한 인수를 전달하는 것뿐만 아니라, 원본 소스 코드를 구성하는 파싱된 토큰에도 접근할 수 있다. 이 기능을 통해 리스프Lisp처럼 유연한 동적 언어와 유사한 표현력을 제공할 뿐만 아니라 컴파일 타임에 처리한다. 또한 아이템 19에서 설명했듯이 러스트의 부족한 리플렉션 기능도 보완해 준다.

절차적 매크로는 사용되는 위치와는 별개인 **proc-macro** 타입의 크레이트에 정의해야 한다. 이때 크레이트는 입력 토큰을 처리할 수 있도록 표준 툴체인에서 제공하는 **proc-macro**나 데이비드 톨네이가 제공하는 **proc-macro2**를 사용해야 한다.

절차적 매크로에는 다음과 같이 세 가지 유형이 있다.

- **함수형 매크로**function-like macro: 인수를 주고 호출한다.
- **속성형 매크로**attribute macro: 프로그램의 일부 구문에 연결된다.
- **파생형 매크로**derive macro: 데이터 구조의 정의에 연결된다.

함수형 매크로

함수형 매크로function-like macro는 함수처럼 생긴 절차적 매크로다. 호출될 때 인수를 받을 수 있으며, 매크로 정의 안에서 인수를 구성하는 파싱된 토큰에 접근할 수 있고, 실행 결과로 임의의 토큰을 생성할 수 있다. 여기서 주의할 점은 함수형 매크로가 인수를 여러 개 받는 것처럼 보여도 실제로는 하나만 받는다는 것이다.

```
my_func_macro!(15, x + y, f32::consts::PI);
```

이 매크로가 받는 인수는 파싱된 토큰 스트림 하나다. 이 스트림의 내용을 컴파일 타임에 출력하도록 다음과 같이 작성된 매크로를 보자.

```
use proc_macro::TokenStream;

// 입력 스트림을 컴파일 타임에 출력하기만 하는 함수형 매크로
#[proc_macro]
pub fn my_func_macro(args: TokenStream) -> TokenStream {
    println!("Input TokenStream is:");
    for tt in args {
        println!("  {tt:?}");
    }
    // 매크로 호출문과 교체될 빈 토큰 스트림을 반환한다.
    TokenStream::new()
}
```

이 매크로를 실행하면 다음과 같이 입력된 스트림을 화면에 표시한다.

```
Input TokenStream is:
  Literal { kind: Integer, symbol: "15", suffix: None,
           span: #0 bytes(10976..10978) }
  Punct { ch: ',', spacing: Alone, span: #0 bytes(10978..10979) }
  Ident { ident: "x", span: #0 bytes(10980..10981) }
  Punct { ch: '+', spacing: Alone, span: #0 bytes(10982..10983) }
```

```
Ident { ident: "y", span: #0 bytes(10984..10985) }
Punct { ch: ',', spacing: Alone, span: #0 bytes(10985..10986) }
Ident { ident: "f32", span: #0 bytes(10987..10990) }
Punct { ch: ':', spacing: Joint, span: #0 bytes(10990..10991) }
Punct { ch: ':', spacing: Alone, span: #0 bytes(10991..10992) }
Ident { ident: "consts", span: #0 bytes(10992..10998) }
Punct { ch: ':', spacing: Joint, span: #0 bytes(10998..10999) }
Punct { ch: ':', spacing: Alone, span: #0 bytes(10999..11000) }
Ident { ident: "PI", span: #0 bytes(11000..11002) }
```

여기 나온 입력 스트림은 저수준으로 구성되므로 매크로 구현에서 직접 파싱해야 한다. 예를 들어 매크로에서 별도의 인수처럼 보이는 것을 분리하려면 인수를 구분하는 쉼표가 담긴 `TokenTree::Punct` 토큰을 찾아야 한다. 데이비드 톨네이가 제공하는 `syn` 크레이트에서 제공하는 파싱 라이브러리를 사용하면 쉽게 처리할 수 있다. '파생 매크로' 절에서 더 자세히 살펴본다.

이러한 이유로 함수형 매크로보다 선언적 매크로가 더 사용하기 쉽다. 매크로 입력에 대해 확장된 구조를 매칭 패턴으로 표현할 수 있기 때문이다.

하지만 함수형 매크로가 직접 처리해야 한다는 점을 반대로 생각하면, 일반 러스트 코드처럼 파싱되지 않는 입력을 받을 수 있는 유연함이 있다는 뜻이기도 하다. 하지만 그래야 하는 경우는 드물어서 함수형 매크로의 사용 빈도는 낮은 편이다.

속성형 매크로

속성형 매크로^{attribute macro}를 어떤 프로그램 항목 앞에 적으면, 그 항목에 대해 파싱된 토큰이 매크로로 입력되고 대상 항목 앞의 매크로 호출 부분은 매크로 실행 결과로 교체된다. 이 매크로도 임의의 토큰을 생성해 출력으로 반환할 수 있는데, 주로 입력을 변환한 결과를 출력하는 용도로 활용한다.

예를 들어 속성형 매크로는 함수의 본문을 감싸는 데 사용한다.

```
#[log_invocation]
fn add_three(x: u32) -> u32 {
    x + 3
}
```

그러면 함수 호출이 로그에 기록된다.

```
let x = 2;
let y = add_three(x);
println!("add_three({x}) = {y}");
```

```
log: calling function 'add_three'
log: called function 'add_three' => 5
add_three(2) = 5
```

이 매크로는 입력 토큰의 구조를 검사하고 출력 토큰을 새로 만들어야 하기 때문에 구현 코드가 상당히 길다. 따라서 지면에 담지 않았지만, syn 크레이트를 활용하면 이런 작업을 쉽게 처리할 수 있다.

파생 매크로

마지막으로 소개할 절차적 매크로인 파생 매크로derive macro는 생성된 코드를 데이터 구조 정의(struct, enum, union)와 자동으로 연결해 준다. 이 점은 속성형 매크로와 비슷하지만, derive 매크로만이 가진 몇 가지 주의할 특성이 있다.

첫째, derive 매크로는 입력 토큰을 교체하는 것이 아니라 입력 토큰에 추가한다. 즉, 데이터 구조 정의는 그대로 두고 일부 코드를 매크로가 추가하는 것이다.

둘째, derive 매크로로 헬퍼 속성을 선언할 수 있으며 이 속성은 특수 처리가 필요한 데이터 구조의 일부분을 표시하는 데 사용할 수 있다. 예를 들어 파생 매크로인 serde의 Deserialize는 역직렬화 프로세스에 관련된 메타데이터를 제공할 수 있는 serde 헬퍼 속성을 제공한다.

```
fn generate_value() -> String {
    "unknown".to_string()
}

#[derive(Debug, Deserialize)]
struct MyData {
    // 역직렬화 과정에서 `value`가 없다면,
    // `generate_value()`를 호출해 해당 필드를 채워 넣는다.
```

```
        #[serde(default = "generate_value")]
        value: String,
}
```

derive 매크로에서 마지막으로 주의해야 특성은 입력 토큰을 해당 AST 노드로 파싱하는 부담스러운 작업을 syn 크레이트가 상당 부분 처리해 준다는 것이다. syn::parse_macro_input! 매크로는 입력 토큰을 해당 항목의 내용을 설명하는 syn::DeriveInput 데이터 구조로 변환하는데, 원시 스트림보다는 DeriveInput가 훨씬 다루기 쉽다.

절차적 매크로 중에서도 derive 매크로를 실전에서 가장 많이 사용한다. struct의 경우 필드 단위로, enum의 경우 배리언트 단위로 구현 코드를 생성하기 때문에 프로그래머는 적은 노력으로 많은 기능을 제공할 수 있다. 예를 들어 #[derive(Debug, Clone, PartialEq, Eq)]와 같이 문장 하나만 추가하면 된다.

derive 구현은 자동으로 생성되므로 데이터 구조 정의와 자동으로 동기화된다. 예를 들어 struct에 필드를 새로 추가할 때 Debug를 수동으로 구현했다면 직접 수정 사항을 작업해야 하지만, derive로 자동 생성된 구현은 추가 작업 없이 새 필드를 표시할 수 있다. 표시할 수 없다면 컴파일 오류가 발생한다.

매크로가 필요한 경우

매크로는 주로 코드 반복을 줄이기 위해 사용한다. 특히 같은 코드가 여러 곳에 퍼져 있고 이들을 일일이 동기화해야 하는 경우에 적합하다. 이런 점에서 볼 때 매크로 작성은 프로그래밍을 통해 일상적으로 수행하는 작업을 좀 더 일반화한 것에 불과하다.

- 한 가지 타입으로 된 값들을 같은 코드로 처리하는 부분이 많다면, 해당 코드를 공통 함수로 캡슐화해서 그 코드를 사용하던 모든 지점을 함수 호출문으로 대체한다.
- 여러 가지 타입을 같은 코드로 처리하는 부분이 많다면, 해당 코드를 트레이트 바운드가 지정된 제네릭으로 캡슐화해서 그 코드를 사용하던 모든 지점을 제네릭으로 대체한다.
- 구조가 똑같은 코드가 여러 곳에 나온다면, 해당 코드를 매크로로 캡슐화해서 그 코드를 사용하던 모든 지점을 매크로로 대체한다.

예를 들어 다양한 enum 배리언트에 실행되는 코드가 반복되지 않게 하는 유일한 방법은 다음과 같이 매크로를 사용하는 것이다.

```rust
enum Multi {
    Byte(u8),
    Int(i32),
    Str(String),
}

/// 특정 enum 배리언트에 대한 모든 값의 복사본을 추출한다.
#[macro_export]
macro_rules! values_of_type {
    { $values:expr, $variant:ident } => {
        {
            let mut result = Vec::new();
            for val in $values {
                if let Multi::$variant(v) = val {
                    result.push(v.clone());
                }
            }
            result
        }
    }
}

fn main() {
    let values = vec![
        Multi::Byte(1),
        Multi::Int(1000),
        Multi::Str("a string".to_string()),
        Multi::Byte(2),
    ];

    let ints = values_of_type!(&values, Int);
    println!("Integer values: {ints:?}");

    let bytes = values_of_type!(&values, Byte);
    println!("Byte values: {bytes:?}");

    // 실행 결과:
    //   Integer values: [1000]
    //   Byte values: [1, 2]
}
```

반복되는 코드를 제거하는 데 매크로가 도움 되는 또 다른 경우는 데이터 값 묶음에 대한 정보가 여러 곳에 분산됐을 때다.

예를 들어 HTTP 상태 코드 정보를 인코딩하는 데이터 구조를 생각해 보자. 매크로를 사용하면 관련 정보를 모두 한 곳에서 관리할 수 있다.

```rust
// http.rs 모듈

#[derive(Debug, PartialEq, Eq, Clone, Copy)]
pub enum Group {
    Informational, // 1xx
    Successful,    // 2xx
    Redirection,   // 3xx
    ClientError,   // 4xx
    ServerError,   // 5xx
}

// HTTP 응답 코드에 대한 정보
http_codes! {
    Continue          => (100, Informational, "Continue"),
    SwitchingProtocols => (101, Informational, "Switching Protocols"),
    // ...
    Ok                => (200, Successful, "Ok"),
    Created           => (201, Successful, "Created"),
    // ...
}
```

각 HTTP 상태 코드에 대한 관련 정보(숫잣값, 그룹, 설명)가 모두 매크로 호출에 담겨 있다. 원본 데이터$^{source-of-truth}$를 담은 도메인 특화 언어$^{domain-specific\ language}$(DSL) 역할을 하는 셈이다.

이렇게 정의한 매크로는 생성될 코드를 표현한다. 즉, $(...)+ 형식으로 된 각 라인은 매크로의 인수마다 생성되어 여러 라인의 코드로 만들어진다.

```rust
macro_rules! http_codes {
    { $( $name:ident => ($val:literal, $group:ident, $text:literal), )+ } => {
        #[derive(Debug, Clone, Copy, PartialEq, Eq, Hash)]
        #[repr(i32)]
        enum Status {
            $( $name = $val, )+
        }
```

```
impl Status {
    fn group(&self) -> Group {
        match self {
            $( Self::$name => Group::$group, )+
        }
    }
    fn text(&self) -> &'static str {
        match self {
            $( Self::$name => $text, )+
        }
    }
}
impl core::convert::TryFrom<i32> for Status {
    type Error = ();
    fn try_from(v: i32) -> Result<Self, Self::Error> {
        match v {
            $( $val => Ok(Self::$name), )+
            _ => Err(())
        }
    }
}
```

이렇게 작성된 매크로로 생성된 코드는 다음과 같은 원본값으로부터 파생되는 모든 코드를 표현한다.

- 모든 배리언트를 담은 enum 정의
- group() 메서드 정의. HTTP 상태가 속하는 그룹을 가리킨다.
- text() 메서드 정의. 상태와 텍스트 설명을 매핑한다.
- 숫자를 상태 enum 값으로 변환하기 위한 TryFrom<i32> 구현

나중에 값을 더 추가하고 싶다면 다음과 같이 한 줄만 추가하면 된다.

```
ImATeapot => (418, ClientError, "I'm a teapot"),
```

매크로가 없었다면 네 지점을 모두 수동으로 업데이트해야 한다. `match` 표현식이 모든 경우를 커버해야 하므로 그중 몇 군데는 컴파일러가 알려 주겠지만, 모두 알려 줄 수는 없다.

TryFrom<i32>을 잊기 쉽기 때문이다.

매크로는 호출 지점에 코드를 생성하므로 추가 진단 정보를 자동으로 생성할 때도 활용할 수 있다. 특히, 표준 라이브러리의 file!()과 line!() 매크로를 사용하면 소스 코드 위치 정보를 출력할 수 있다.

```
macro_rules! log_failure {
    { $e:expr } => {
        {
            let result = $e;
            if let Err(err) = &result {
                eprintln!("{}:{}: operation '{}' failed: {:?}",
                          file!(),
                          line!(),
                          stringify!($e),
                          err);
            }
            result
        }
    }
}
```

오류가 발생하면 문제가 되는 항목과 위치에 대한 세부 정보가 로그 파일에 자동으로 기록된다.

```
use std::convert::TryInto;

let x: Result<u8, _> = log_failure!(512.try_into()); // `u8`을 담기에는 너무 크다.
let y = log_failure!(std::str::from_utf8(b"\xc3\x28")); // 잘못된 UTF-8
```

```
src/main.rs:340: operation '512.try_into()' failed: TryFromIntError(())
src/main.rs:341: operation 'std::str::from_utf8(b"\xc3\x28")' failed:
                Utf8Error { valid_up_to: 0, error_len: Some(1) }
```

매크로의 단점

매크로를 사용할 때의 가장 큰 단점은 코드 가독성readability과 유지 보수성에 영향을 미친다는 것이다. 앞서 '선언적 매크로' 절에서 설명했듯이 매크로를 사용하면 코드와 데이터의 핵심 기능을 간결하게 표현하는 DSL을 만들 수 있다. 하지만 코드를 읽거나 관리하는 사람의 입장에서 러스트 코드뿐만 아니라, 이런 DSL과 매크로 정의 코드도 이해할 줄 알아야 한다. 예를 들어 이전 절에서 본 `http_codes!` 예제는 `Status`라는 이름의 러스트 `enum`을 생성하지만, 매크로 호출에 사용되는 DSL에는 보이지 않는다.

매크로 기반 코드의 잠재적 취약성은 다른 엔지니어에게도 영향을 미친다. 더 이상 러스트 코드의 구문 규칙을 따르지 않기 때문에 러스트 코드를 분석하고 상호 작용하던 다양한 도구 입장에서는 코드가 불투명해진다. 앞에서 본 `square_once!` 매크로는 이러한 간단한 예를 보여 준다. 다음 매크로 본문의 서식이 일반적인 `rustfmt` 규칙을 따르지 않고 있다.

```
{
    let x = $e;
    // `rustfmt` 도구는 매크로에 있는 코드를 제대로 처리하지 못한다.
    // 따라서 서식이 `x * x`로 수정되지 않는다.
    x*x
}
```

또 다른 예는 앞에서 본 `http_codes!` 매크로다. 이 매크로에서 DSL은 `Group::` 접두사나 `use` 문이 없는 `Informational`처럼 `Group enum` 배리언트 이름을 사용한다. 이렇게 하면 일부 코드 탐색 도구가 헷갈릴 수 있다.

컴파일러도 별로 도움 되지 않는다. 오류 메시지가 항상 매크로 사용과 정의에 대한 체인에 따라 생성되지 않기 때문이다. 하지만 이와 관련된 도움을 주는 도구도 있다(아이템 31). 대표적으로 앞에서 본 데이비드 톨네이의 `cargo-expand`가 있다.

매크로를 사용할 때의 또 다른 단점으로 코드가 비대해질code bloat 가능성이 있다. 단 한 줄의 매크로 호출이 수백 줄의 코드를 생성할 수 있다는 사실도 코드를 대충 보면 놓치기 쉽다. 처음 코드를 작성할 때는 문제가 될 가능성이 적다. 초기에는 코드가 필요하고, 관련된 사람이 직접 코드를 작성하지 않아도 되기 때문이다. 하지만 시간이 지나 해당 코드가 더 이상 필요 없어졌을 때, 쓸데없는 코드가 엄청나게 많이 포함된 사실이 명확히 드러나지 않는다.

조언

여러 절에 걸쳐 설명했듯이 매크로는 단점이 좀 있지만 동기화 상태를 유지해야 할 코드가 여러 곳에 퍼져 있을 때, 이들을 하나로 묶을 적당한 방법이 없는 경우에 유용하다. 따라서 **여러 코드를 동기화된 상태로 유지하기 위한 방법이 매크로뿐이라면 매크로를 사용하라.**

또한 보일러플레이트 코드를 제거하는 데도 매크로가 유용하다. 즉, 함수나 제네릭으로 통합할 수 없는 **보일러플레이트 코드가 반복된다면 매크로를 사용하라.**

가독성에 미치는 영향을 최소화하려면 러스트의 구문 규칙과 충돌하는 구문을 매크로에서 사용하지 않는 것이 좋다. 매크로 호출을 일반 코드처럼 보이게 하거나, 아니면 헷갈리지 않도록 일반 코드와는 완전히 다르게 만든다. 특히 다음 규칙을 따르길 바란다.

- **레퍼런스를 삽입하는 매크로 확장은 피하라.** my_macro!(list) 호출 내부에서 레퍼런스를 삽입하지 않고 my_macro!(&list)와 같이 매크로 호출 시에 레퍼런스로 이용하는 것을 알 수 있게 해야 일반적인 러스트 코드처럼 보인다.
- **매크로에서 로컬이 아닌 제어 흐름 연산은 가급적 피하라.** 코드를 읽는 누구나 매크로의 세부 사항을 몰라도 이 흐름을 따라갈 수 있게 한다.

러스트와 같은 가독성에 대한 선호도는 선언적 매크로와 절차적 매크로 사이의 선택에 영향을 미치기도 한다. 구조체의 각 필드나 enum의 각 배리언트에 대해 코드를 제공할 필요가 있다면, (앞서 '매크로가 필요한 경우' 절에서 소개한 예제와 달리) **타입을 생성하는 절차적 매크로보다는 파생 매크로를 사용한다.** 그러면 코드가 더 관용적이면서 읽기도 쉬워진다.

그러나 프로젝트에 종속적이지 않은 기능에 대해 파생 매크로를 추가하기 전에, 해당 기능을 제공하는 외부 크레이트는 없는지 먼저 확인해야 한다(아이템 25). 예를 들어 정숫값을 C와 같은 형태의 enum의 적절한 배리언트로 변환하는 문제를 해결하는 매크로는 이미 많다. enumn::N, num_enum::TryFromPrimitive, num_derive::FromPrimitive, strum::FromRepr 등이 모두 이런 문제를 부분적으로 다루고 있다.

아이템 29: 클리피가 하는 말에 귀 기울여라

> 편지를 쓰고 계신 것 같은데, 도와드릴까요?
>
> 마이크로소프트 클리피[8]

아이템 31에서 러스트 툴박스에서 제공하는 유용한 도구 생태계를 살펴보겠지만, 그중에서도 클리피Clippy[9]는 별도 아이템을 할애해 설명할 정도로 중요하고 유용한 도구다.

클리피는 카고(`cargo clippy`)의 추가 구성 요소로서 러스트로 작성한 코드에서 다음 항목에 대한 경고 메시지를 제공한다.

- **정확성**correctness: 일반적인 프로그래밍 오류에 대해 경고한다.
- **관용구**idiom: 표준 러스트 스타일에서 벗어난 코드를 경고한다.
- **간결성**concision: 보다 간결한 코드 표현을 제시한다.
- **성능**performance: 불필요한 처리나 할당을 피할 수 있는 대안을 제시한다.
- **가독성**readability: 사람이 더 쉽게 읽고 이해할 수 있도록 코드를 변경하는 방법을 제시한다.

예를 들어 다음 코드는 문제없이 빌드된다.

의도하지 않은 동작 발생

```
pub fn circle_area(radius: f64) -> f64 {
    let pi = 3.14;
    pi * radius * radius
}
```

하지만 클리피는 π에 대한 로컬 근삿값이 필요 없고 정확하지도 않다고 지적한다.

```
error: approximate value of `f{32, 64}::consts::PI` found
  --> src/main.rs:5:18
   |
 5 |         let pi = 3.14;
```

---

8 옮긴이_ 지금은 단종된 예전 마이크로소프트 오피스에는 도움말을 제공하는 대화형 캐릭터인 Clippit을 사람들은 Clippy(클리피)라고도 불렀다.

9 https://github.com/rust-lang/rust-clippy#clippy

```
  |                          ^^^^
  |
  = help: consider using the constant directly
  = help: for further information visit
    https://rust-lang.github.io/rust-clippy/master/index.html#approx_constant
  = note: `#[deny(clippy::approx_constant)]` on by default
```

경고 메시지의 링크에 접속해 보면 문제에 대한 설명과 적절한 코드 수정 방법을 볼 수 있다.

```
pub fn circle_area(radius: f64) -> f64 {
    std::f64::consts::PI * radius * radius
}
```

클리피가 제시하는 경고 메시지에는 발생한 오류에 대한 웹 페이지 링크도 함께 제공되는데, 웹 페이지는 현재 코드가 왜 나쁜지를 알려준다. 설명을 통해 현재 코드에 적합한 경고인지, 아니면 코드와 관련 없는 메시지를 출력한 특별한 이유가 있는지를 판단할 수 있다. 때로는 클리피에 대해 알려진 문제도 함께 알려 주기 때문에 오탐false positive 여부를 사용자가 판단할 수 있다.

클리피의 경고가 코드와 관련이 없다고 판단되면 해당 항목만 비활성화하거나(#[allow(clippy::some_lint)]), 크레이트 전체를 비활성화할 수 있다(#![allow(clippy::some_lint)], 최상위 수준에서는 !를 추가한다). 하지만 경고 메시지의 오탐 여부를 따지느라 너무 많은 시간과 에너지를 쏟는 것보다는 일단 받아들이고 코드를 약간 리팩터링하는 것이 대체로 낫다.

경고를 수용해서 코드를 수정하거나, 경고를 보이지 않게 해서라도 **코드에서 클리피 경고가 발생하지 않게 만들어라.** 그래야 나중에 경고가 발생하더라도 최근 수정한 코드 때문인지, 아니면 클리피 업그레이드에 의해 새로 추가된 검사 때문인지를 분명히 알 수 있다. CI 시스템에서도 클리피를 활성화하자(아이템 32).

클리피 경고는 러스트를 익히는 데 특히 유용하다. 미처 발견하지 못했던 오류를 알려 주고 러스트 관용구를 익히는 데 도움이 된다.

이 책의 아이템에서 언급한 문제 중 상당수는 클리피의 경고 메시지를 통해 발견할 수 있다.

- 아이템 1에서 bool보다 표현력이 풍부한 타입을 사용할 것을 권장했다. 마찬가지로 클리피는 함수 매개변수와 구조체에서 bool을 많이 사용하면 경고한다.

- 아이템 3에서는 Option과 Result 타입을 다루는 방법을 설명했는데, 클리피는 다음과 같은 군더더기 표현을 찾아낸다.
  - 이유 없이 Result를 Option으로 변환하기
  - unwrap_or_default 사용 과정에서 발생하는 중복 코드
- 가능하면 오류를 호출자에게 반환하라는 아이템 3의 조언처럼, 코드를 그렇게 작성하지 않으면 클리피가 지적한다.
- Into보다는 From으로 구현하라는 아이템 5의 조언을 클리피도 똑같이 따른다.
- 아이템 5에서 설명한 캐스트 관련 이슈에 대해 클리피는 다음과 경우를 경고한다. 이 경고는 디폴트로 비활성화돼 있다.
  - from으로 대체 가능한 as 캐스트
  - 절단truncate 가능한 as 캐스트
  - 래핑 가능한 as 캐스트
  - 정밀도가 떨어지는 as 캐스트
  - 부호가 있는 음수를 큰 양수로 변환할 수 있는 as 캐스트
  - 그 밖의 다른 as 사용
- 클리피는 아이템 8에서 설명한 팻 포인터 타입과 관련해서 쓸데없이 추가된 포인터 간접 참조에 대해서도 경고한다.
  - 힙 할당 컬렉션을 Box에 보유하기
  - Box 항목에 대한 힙 할당 컬렉션 보유하기
  - Box에 대한 레퍼런스 만들기
- 아이템 9에서 설명한 다양한 Iterator 인스턴스 조작 방법과 관련해 클리피는 간결하게 만들 수 있는 반복자 메서드 조합을 경고하는 린트를 엄청나게 많이 제공한다.
  - needless_range_loop, search_is_some, map_clone, manual_find_map, unnecessary_fold, unnecessary_filter_map, suspicious_map, skip_while_next, iter_next_loop, manual_filter_map, iter_not_returning_iterator, iter_count, explicit_into_iter_loop, filter_map_identity, explicit_iter_loop, from_iter_instead_of_collect, into_iter_on_ref, explicit_counter_loop
- 아이템 10에서 설명한 러스트 표준 트레이트의 구현 요구 사항 중에서 클리피는 다음과 같은 부분을 만족하는지 검사한다.
  - Ord는 반드시 PartialOrd와 일치해야 한다.
  - PartialEq::ne는 디폴트가 아닌 구현을 요구하면 안 된다(아이템 13).
  - Hash와 Eq는 반드시 일관성이 있어야 한다.

- Copy 타입에 대한 Clone은 일치해야 한다.
- 아이템 18에서 조언한 것처럼 panic!, expect와 같은 메서드를 남용하는지 검사한다.
- 크레이트를 와일드카드 방식으로 불러오는 것은 바람직하지 않다는 아이템 21의 조언을 따르고 있는지 검사한다.
- 와일드카드 형태의 임포트 문을 쓰지 말라는 아이템 23의 조언을 따르고 있는지도 검사한다.
- 아이템 24와 아이템 25에서 의존성 그래프에 동일한 크레이트가 다양한 버전으로 여러 개 존재할 수 있다고 설명한 적 있다. 클리피는 이런 부분을 발견하면 경고하도록 설정할 수 있다.
- 아이템 26에서 설명한 카고의 가산적[additive] 특성과 관련해, 클리피는 '부정적인' 피처 이름(예: "no_std")을 발견하면 경고한다.
- 아이템 26에서 크레이트의 선택적 의존성이 피처 집합에 포함된다고 설명했는데, 클리피는 이를 대체할 명시적 피처 이름(예: "use-crate-x")을 발견하면 경고한다.
- 아이템 27에서 설명한 문서화 주석 관례와 관련해 클리피는 다음과 같은 경우를 발견하면 경고한다.
  - panic!에 대한 설명 누락
  - unsafe 위험에 대한 설명 누락

클리피가 검사하는 항목은 매우 많다. 클리피 경고 목록(https://oreil.ly/Nt5zE)을 읽어 보면 러스트를 익히는 데 큰 도움이 된다. 그중에는 지나치게 규칙을 따지거나 오탐률이 높다는 이유로 기본적으로 비활성화된 검사 항목도 있다. 그런 항목을 실제로 활성화하지는 않더라도, 경고 대상이 된 이유를 살펴보면 러스트와 관용구를 더욱 깊이 이해할 수 있다.

아이템 30: 단위 테스트에만 머물지 마라

> 회사마다 테스트 환경이 있다.
> 운이 좋은 회사라면 프로덕션 환경이 테스트 환경과 분리되어 있다.
>
> @FearlessSon(https://oreil.ly/UzBRq)

다른 최신 언어와 마찬가지로 러스트 역시 코드의 정상 작동 여부를 검사하는 테스트를 쉽게 작성하는 기능을 제공한다. 이런 테스트는 주로 대상 코드와 나란히 위치한다.

테스트의 중요성을 설명하는 자리가 아닌 만큼 핵심만 간단히 말하면, 테스트를 거치지 않은 코드는 의도대로 작동할 가능성이 낮다. 따라서 여기서는 **코드에 대해 테스트를 작성하는 것이 당연하다**는 전제로 설명한다.

테스트 중에서도 가장 핵심은 단위 테스트와 통합 테스트다. 각각에 대해 별도 절에서 설명한다. 러스트 툴체인과 확장 기능을 활용하면 다양한 종류의 테스트를 할 수 있다. 이번 아이템 30에서는 각 테스트의 고유한 절차와 필요성에 대해 살펴본다.

단위 테스트

러스트 코드에서 가장 많이 볼 수 있는 테스트는 **단위 테스트**unit test다. 작성 방법은 다음과 같다.

```rust
// ... (자연수 뺄셈을 제공하는 `nat_subtract*` 함수를 정의하는 코드)

#[cfg(test)]
mod tests {
    use super::*;
    #[test]
    fn test_nat_subtract() {
        assert_eq!(nat_subtract(4, 3).unwrap(), 1);
        assert_eq!(nat_subtract(4, 5), None);
    }

    #[should_panic]
    #[test]
    fn test_something_that_panics() {
        nat_subtract_unchecked(4, 5);
    }
}
```

이 예제를 통해 단위 테스트의 특징을 엿볼 수 있다.

- 단위 테스트는 함수 묶음으로 구성된다.
- 테스트 함수마다 #[test] 속성을 붙인다.
- 테스트 함수가 테스트 모드에서만 빌드되도록 테스트 함수가 있는 모듈에 #[cfg(test)] 속성을 붙인다.

다음과 같은 이 예제의 특징은 특정 테스트에만 해당되는 선택 사항이다.

- 여기 나온 테스트 코드는 일반적으로 tests 또는 test라는 이름의 별도 모듈에 보관된다. 이 모듈은 테스트 코드를 여기 나온 것처럼 직접 담고 있거나, 별도의 tests.rs 파일에 보관할 수 있다. 테스트 모듈에 대한 파일을 별도로 만들어서 사용하면, 어떤 함수를 사용하는 코드가 테스트 코드인지 아니면 '실제' 코드인지를 쉽게 파악할 수 있다.
- 테스트 모듈에 와일드카드 use super::*가 있어서 부모 모듈에 담긴 모든 코드를 함께 테스트할 수 있다. 이렇게 하면 테스트를 더 편리하게 추가할 수 있다. 이 경우에는 와일드카드 임포트를 쓰지 말라는 아이템 23의 조언이 적용되지 않는다.
- 모듈에 흔히 적용되는 가시성 규칙에 따르면 단위 테스트는 pub 여부와 관계없이 부모 모듈에 있는 것을 모두 사용할 수 있다. 이를 통해 일반 사용자에게는 보이지 않는 내부 기능을 단위 테스트에서 검사하는, 오픈 박스open-box 테스트를 수행할 수 있다.
- 테스트 코드는 expect()나 unwrap()을 통해 예상 결과를 활용할 수 있다. 아이템 18의 조언과 달리 테스트 전용 코드에서는 panic!으로 실패를 알려도 된다. 마찬가지로 테스트 코드 역시 예상 결과를 assert_eq!로 확인하는데, 테스트에 실패할 경우 패닉을 발생시킨다.
- 특정한 종류의 잘못된 입력에 대해 패닉을 일으키는 함수가 테스트 대상 코드에 포함돼 있다. #[should_panic] 속성이 표시된 단위 테스트 함수가 그렇다. 코드에서 불변성과 선행 조건을 유지해야 하는 내부 함수를 테스트하거나, 아이템 18의 조언이 적용되지 않는 공개 함수에 대해 이렇게 한다. 아이템 27에서 설명한 것처럼 그런 함수의 문서화 주석에는 Panics 섹션을 넣어야 한다.

아이템 27에 따르면 이미 타입 시스템으로 표현된 대상은 문서화할 필요 없다. 마찬가지로 타입 시스템에 의해 보장되는 항목도 테스트할 필요가 없다. 만일 enum 타입이 허용된 배리언트 목록에 없는 값을 가질 수 있다면, 단위 테스트에 실패하는 것보다 더 큰 문제가 발생한다.

하지만 작성한 코드가 의존성의 특정 기능에 의존한다면 해당 기능에 대한 기본 테스트를 제공하는 것이 좋다. 이때 의존성 자체에서 이미 수행한 테스트를 또 작성하지 말고, 시맨틱 버전 번호로 표시되는 것처럼(아이템 21) 공개 API 시그니처가 변경되는 것과는 별개로 의존성에서 필요한 동작이 변경될 경우에 사전 경고하는 것이 중요하다.

통합 테스트

러스트 프로젝트에서 흔히 적용되는 또 다른 테스트로 **통합 테스트**integration test가 있다. 통합 테스트 코드는 tests/에 저장된다. 여기에 담긴 각 파일은 #[test]가 표시된 함수를 모두 실행하는 별도의 테스트 프로그램으로 실행된다.

통합 테스트는 크레이트 내부에 접근할 수 없다. 따라서 크레이트의 공개 API만 검사하는 동작 테스트를 수행한다.

문서 테스트

특정한 공개 API 항목을 사용하는 방법을 보여 주는 짤막한 예제 코드를 문서화 주석에 포함하라고 아이템 27에서 조언했다. 이런 예제 코드는 내부적으로 fn main() { ... }로 묶여서 cargo test의 일부로 실행되기에 사실상 코드 테스트라고 볼 수 있으며 **문서 테스트**doc test라고도 부른다. cargo test --doc <item-name>으로 원하는 테스트를 하나씩 골라서 실행할 수도 있다.

CI 환경(아이템 32)에 테스트를 설정해서 정기적으로 수행하게 만들면 예제 코드가 항상 API의 최신 상태와 일치하게 보장할 수 있다.

예제

아이템 27에서 공개 API에 대한 실행 예제를 제공하는 방법을 설명했다. examples/ 아래 또는 main.rs를 비롯한 examples/ 아래의 각 하위 디렉터리에 있는 모든 러스트 파일은 cargo run --example <name>이나 cargo test --example <name>을 통해 스탠드얼론 바이너리로 실행할 수 있다.

이런 예제 프로그램은 크레이트의 공개 API에만 접근할 수 있으며, 작성한 API 사용법을 보여 주기 위해 제공된다. 예제에는 #[test], #[cfg(test)]가 붙어 있지 않고, 테스트 코드로만 지정돼 있지 않다. 게다가 cargo test에서 디폴트로 실행되지 않기 때문에 크레이트의 복잡한 부분이나 특수한 경우까지 샅샅이 살펴보는 코드를 여기에 넣기에는 적합하지 않다.

그럼에도 불구하고 `cargo test --examples`로 크레이트에 관련된 모든 예제를 빌드해서 실행하도록 CI 시스템(아이템 32)을 설정하는 것이 좋다. 그러면 많은 사용자에게 영향을 미칠 수 있는 문제를 알리는 조기 경보 시스템 역할을 할 수 있다. API의 주된 사용 예를 보여 주는 예제에서 문제가 발생한다면 뭔가 심각한 문제가 있다는 뜻이다.

- 진짜 버그라면 상당히 많은 사용자에게 영향을 미치게 된다. 예제 코드의 특성상 사용자는 예제를 복사해서 붙여넣기한 후 적절히 수정하는 식으로 사용했을 가능성이 높기 때문이다.
- API를 의도적으로 변경한 경우라면 예제도 그에 맞게 업데이트해야 한다. API를 변경하면 이전 버전과 호환되지 않기 때문에 크레이트를 게시할 때 시맨틱 버전 번호도 업데이트에 맞춰 변경해야 한다(아이템 21).

사용자가 예제 코드를 복사해서 붙여넣는 방식으로 사용했을 가능성이 높기 때문에 테스트 코드와는 다른 스타일로 작성해야 한다. 아이템 18에서 설명한 것처럼 Result에 대해 `unwrap()` 호출을 하지 말고, 각 예제의 `main()` 함수가 `Result<(), Box<dyn Error>>`와 같은 것을 반환하게 만들고, 그 후로는 물음표 연산자를 사용하는 방식으로 작성해서(아이템 3) 사용자에게 바람직한 스타일을 보여줘야 한다.

벤치마크

아이템 20에서는 코드 성능에 대한 완전한 최적화를 항상 할 필요가 없다고 조언했다. 하지만 성능이 매우 중요한 경우라면 성능을 측정하고 관리하는 것이 좋다. 예를 들어 아이템 32에서 설명한 CI의 일부로 벤치마크를 실행하는 것처럼 주기적으로 벤치마크benchmark를 수행하게 만들면, 코드나 툴체인 변경으로 성능에 악영향을 미치는 부분을 찾아낼 수 있다.

`cargo bench` 명령은 특정 연산을 반복적으로 수행하는 특수한 테스트 케이스를 실행한 뒤, 연산의 평균 수행 시간을 출력한다. 이 글을 쓰는 시점에는 벤치마크에 대한 지원이 안정적이지 않아서 정확하게 실행해 보려면 `cargo +nightly bench` 명령을 사용해야 할 수 있다. `test` 기능처럼 아직 안정 상태가 아닌 기능에 대해서는 'The Unstable Book(https://oreil.ly/tDaYl)'을 참고하자.

그런데 컴파일러 최적화에 의해 오히려 잘못된 결과를 초래할 위험이 있다. 특히 연산을 실제 코드의 일부분에서만 수행할 때 그렇다. 예를 들어 다음과 같이 간단히 작성된 산술 함수가 있다.

```rust
pub fn factorial(n: u128) -> u128 {
    match n {
        0 => 1,
        n => n * factorial(n - 1),
    }
}
```

이 코드에 대해 단순히 벤치마크를 돌려보자.

```rust
#![feature(test)]
extern crate test;

#[bench]
fn bench_factorial(b: &mut test::Bencher) {
    b.iter(|| {
        let result = factorial(15);
        assert_eq!(result, 1_307_674_368_000);
    });
}
```

다음과 같이 긍정적인 결과가 나온다.

```
test bench_factorial          ... bench:          0 ns/iter (+/- 0)
```

입력을 고정시키고 테스트할 코드의 양을 줄이면, 컴파일러는 반복문을 제거하고 결과를 직접 출력하는 방식으로 최적화하기 때문에 비현실적으로 긍정적인 결과가 나온 것이다.

일종의 항등 함수^{identity function}인 `std::hint::black_box`를 사용하면 이 문제를 해결할 수 있다. 컴파일러는 이 함수의 구현 코드를 최적화하지 않도록 권고하는데, 그렇다고 **최적화가 절대 안 되는 것은 아니다**.

이를 반영해 벤치마크 코드의 위치를 다음과 같이 옮긴다.

```rust
#[bench]
fn bench_factorial(b: &mut test::Bencher) {
    b.iter(|| {
        let result = factorial(std::hint::black_box(15));
        assert_eq!(result, 1_307_674_368_000);
```

        });
    }
```

그러면 다음과 같이 좀 더 현실적인 결과를 얻을 수 있다.

```
test blackboxed::bench_factorial ... bench:          16 ns/iter (+/- 3)
```

컴파일러가 실제로 생성한 기계어를 보여 주는 갓볼트 컴파일러 탐색기^{Godbolt compiler explorer}도 유용하다. 이를 통해 실전용 코드에 적합하지 않은 최적화를 컴파일러가 수행했는지를 정확하게 확인할 수 있다.

마지막으로 여러분이 작성한 러스트 코드에 벤치마크를 추가한다면, 표준 크레이트인 `test::bench::Bencher` 대신 러스트 안정 버전에서 실행되어 편리하고, 통계와 그래프까지 훨씬 풍부한 기능을 제공하는 `criterion` 크레이트를 사용하면 좋다.

퍼즈 테스트

퍼즈 테스트^{fuzz testing}(또는 퍼징^{fuzzing})는 코드에 무작위 입력값을 주입해서 충돌을 유도하는 방식으로 버그를 찾는 기법이다. 특히 특정 입력값으로 악의적인 공격자에 의해 제어될 가능성이 있는 취약한 코드에 중요한 테스트다. **잠재적 공격자에게 노출되는 코드라면 반드시 퍼즈 테스트를 거쳐야 한다.**

지금까지 퍼저(공격자)^{fuzzer}에게 알려진 C/C++ 코드에 대한 결함은 대부분 메모리 안전에 관련된 것이다. 따라서 메모리 접근 패턴에 대한 런타임 인스트루먼테이션^{instrumentation}(예: `AddressSanitizer`나 `ThreadSanitizer`)과 퍼즈 테스트를 결합한 방법으로 결함을 찾는 것이 일반적이다.

러스트는 메모리 안전 문제 중 일부를 막아준다. 특히 `unsafe` 코드가 없다면 더욱 확실히 막아준다(아이템 16). 그렇다고 해서 버그를 완벽히 예방하는 것은 아니며, `panic!`(아이템 18)을 발생시킬 수 있는 경로가 존재한다면 코드베이스 전체에 대한 서비스 거부(DoS) 공격이 발생할 위험은 여전히 있다.

가장 효과적인 퍼즈 테스트는 코드에서 실행되는 부분을 모니터링하다가 새로운 코드 경로를
```

탐색하도록 입력을 무작위로 변형하는 **커버리지 가이드**coverage-guided 퍼즈 테스트다. 이런 테스트 중에서도 특히 **아메리칸 퍼지 롭**American fuzzy lop**(AFL)**이 가장 뛰어났었는데, 최근 LLVM 툴체인에서는 이와 맞먹는 성능의 `libFuzzer`를 제공한다.

러스트 컴파일러는 LLVM을 기반으로 구현됐기 때문에 하위 명령subcommand인 `cargo-fuzz`를 통해 `libFuzzer` 피처를 사용할 수 있다. 단, 일부 플랫폼만 지원한다.

퍼즈 테스트를 위해 가장 먼저 할 일은 임의의 바이트 데이터를 입력으로 받는(또는 받도록 조정할 수 있는) 코드의 진입점entry point을 찾는 것이다.

> **의도하지 않은 동작 발생**
>
> ```
> /// 입력이 "FUZZ"로 시작하는지 검사한다.
> pub fn is_fuzz(data: &[u8]) -> bool {
>     if data.len() >= 3 /* oops */
>     && data[0] == b'F'
>     && data[1] == b'U'
>     && data[2] == b'Z'
>     && data[3] == b'Z'
>     {
>         true
>     } else {
>         false
>     }
> }
> ```

타깃 진입점을 찾았다면 'Rust Fuzz Book(https://oreil.ly/xF0Ex)'에 나온 방법대로 하위 프로젝트에 퍼즈 테스트를 적용한다. 이때 타깃 진입점과 퍼징 인프라를 연결하는 작은 드라이버가 핵심적인 역할을 한다.

```
// fuzz/fuzz_targets/target1.rs 파일
#![no_main]
use libfuzzer_sys::fuzz_target;

fuzz_target!(|data: &[u8]| {
    let _ = somecrate::is_fuzz(data);
});
```

`cargo +nightly fuzz run target1`을 실행하면 임의의 데이터에 대한 퍼즈 타깃 실행을

반복하다가, 충돌을 발견하면 멈춘다. 예제 코드에서 충돌이 발생하는 경우는 다음과 같이 금방 찾을 수 있다.

```
INFO: Running with entropic power schedule (0xFF, 100).
INFO: Seed: 1607525774
INFO: Loaded 1 modules: 1624 [0x108219fa0, 0x10821a5f8),
INFO: Loaded 1 PC tables (1624 PCs): 1624 [0x10821a5f8,0x108220b78),
INFO:        9 files found in fuzz/corpus/target1
INFO: seed corpus: files: 9 min: 1b max: 8b total: 46b rss: 38Mb
#10 INITED cov: 26 ft: 26 corp: 6/22b exec/s: 0 rss: 39Mb
thread panicked at 'index out of bounds: the len is 3 but the index is 3',
    testing/src/lib.rs:77:12
stack backtrace:
   0: rust_begin_unwind
             at /rustc/f77bfb7336f2/library/std/src/panicking.rs:579:5
   1: core::panicking::panic_fmt
             at /rustc/f77bfb7336f2/library/core/src/panicking.rs:64:14
   2: core::panicking::panic_bounds_check
             at /rustc/f77bfb7336f2/library/core/src/panicking.rs:159:5
   3: somecrate::is_fuzz
   4: _rust_fuzzer_test_input
   5: ___rust_try
   6: _LLVMFuzzerTestOneInput
   7: __ZN6fuzzer6Fuzzer15ExecuteCallbackEPKhm
   8: __ZN6fuzzer6Fuzzer6RunOneEPKhmbPNS_9InputInfoEbPb
   9: __ZN6fuzzer6Fuzzer16MutateAndTestOneEv
  10: __ZN6fuzzer6Fuzzer4LoopERNSt3__16vectorINS_9SizedFileENS_
      16fuzzer_allocatorIS3_EEEE
  11: __ZN6fuzzer12FuzzerDriverEPiPPPcPFiPKhmE
  12: _main
```

이때 충돌을 발생시킨 입력도 함께 출력된다.

하지만 실전에서는 이렇게 빨리 찾을 수 없다. 따라서 퍼즈 테스트를 CI의 일부로 실행하기에는 적합하지 않다. 테스트가 끝나는 시점을 알 수 없으며 그로 인한 컴퓨팅 비용을 고려하면 퍼즈 테스트를 언제 어떻게 실행할지를 신중하게 결정해야 한다. 대체로 새로운 릴리스나 메이저 변경이나 제한된 기간 동안에만 퍼즈 테스트를 한다.[10]

---

[10] 널리 사용되는 오픈 소스 크레이트에 대해서는 구글의 OSS-Fuzz 프로그램(https://google.github.io/oss-fuzz/getting-started/accepting-new-projects)으로 퍼징을 실행할 수 있다.

또한 새로운 코드 경로를 탐색할 수 있게 만든 이전 입력을 말뭉치corpus로 저장했다가 재사용하는 방식으로, 나중에 다시 퍼징 인프라를 실행할 때 더욱 효율적으로 처리할 수 있게 만들 수도 있다. 그러면 나중에 다시 실행할 때 최근 탐색했던 경로를 다시 테스트하지 않고, 이전에 탐색하지 않았던 새로운 경로부터 테스트할 수 있다.

테스트 관련 조언

테스트에 대해 설명하다 보니 러스트에만 국한되지 않고 일반적으로 모든 프로그래밍 언어에 적용할 수 있는 테스트 관련 조언을 자연스럽게 소개한다.

- 이번 아이템 30에서 지겹도록 반복하면서 강조했듯이 **변경 사항이 발생할 때마다 CI를 통해 모든 테스트를 실행한다**. 단, 퍼즈 테스트는 제외한다.
- 버그를 수정하기 전에 버그를 드러내는 테스트부터 작성한다. 그러면 버그가 수정됐는지 확실히 알 수 있고 나중에 실수로 같은 버그가 다시 발생하는 것을 방지할 수 있다.
- 작성한 크레이트에 피처(아이템 26)가 있다면, **제공되는 피처의 가능한 모든 조합에 대해 테스트를 실행한다**.
- 좀 더 일반적으로 크레이트에 설정 관련 코드(예: `#[cfg(target_os = "windows")]`)가 포함되어 있다면, **해당 코드와 관련된 모든 플랫폼에 대해 테스트한다**.

이번 아이템에서 다양한 테스트 유형을 소개했다. 그중 어느 것이 여러분의 프로젝트와 관련 있고 도움 될지 결정하는 것은 여러분의 몫이다.

`crates.io`에 게시할 크레이트에 테스트 코드가 많다면, 게시될 크레이트에 포함하기에 적절한 테스트를 신중하게 선별해야 한다. 카고는 단위 테스트, 통합 테스트, 벤치마크, 예제 등을 기본으로 제공하며 사용자가 필요한 것보다 훨씬 많을 수 있다(단, 퍼즈 테스트는 제공하지 않는다. `cargo-fuzz` 도구에서 하위 디렉터리에 별도의 크레이트로 퍼즈 테스트를 관리하고 있기 때문이다). 이럴 때는 일부 파일을 제거(`exclude`)하거나, 동작 테스트를 위해 테스트를 크레이트 밖으로 빼내서 별도의 테스트 크레이트에 담는다.

기억할 사항

- 광범위한 테스트를 수행하는 단위 테스트를 작성한다. 내부 전용 코드에도 작성한다. 테스트는 `cargo test`로 실행한다.
- 공개 API를 실행하는 통합 테스트를 작성한다. 테스트는 `cargo test`로 실행한다.
- 공개 API에서 개별 항목을 사용하는 방법을 예제로 보여 주는 문서 테스트를 작성한다. 테스트는 `cargo test`로 실행한다.
- 공개 API 전체에 대한 사용 방법을 보여 주는 예제 프로그램을 작성한다. 예제는 `cargo test --examples` 또는 `cargo run --example <name>`으로 실행한다.
- 성능이 특히 중요한 코드에 대해서는 벤치마크를 작성한다. 벤치마크는 `cargo bench`로 실행한다.
- 코드에 악의적인 입력값이 들어올 가능성이 있다면 퍼즈 테스트를 수행한다. 퍼즈 테스트는 `cargo fuzz`로 연속적으로 실행한다.

아이템 31: 도구 생태계를 최대한 활용하라

러스트 생태계에서 제공하는 다양한 도구를 사용하면 러스트 코드를 기계어로 변환하는 핵심 작업뿐만 아니라 다양한 기능을 수행할 수 있다.

러스트 개발 환경을 설정할 때 흔히 사용하는 기본 도구는 다음과 같다.[11]

- 의존성을 구성하고 컴파일러를 구동하는 `cargo`(아이템 25)
- 설치된 러스트 툴체인을 관리하는 `rustup`
- 러스트를 지원하는 IDE, 코드베이스를 빠르게 탐색하고 코드 자동 완성 기능을 제공하는 IDE 플러그인 (예: `rust-analyzer`)
- 러스트의 구문을 검색하고 결과물을 동료와 공유할 수 있는 러스트 플레이그라운드(https://play.rust-lang.org)
- 러스트 표준 라이브러리 문서(https://doc.rust-lang.org/std)에 대한 링크

러스트에서는 이런 기본 도구뿐만 아니라, 코드베이스의 유지 관리와 품질 개선처럼 광범위

---

11 이 중 몇 가지 항목은 일부 환경에 적용되지 않을 수 있다. 예를 들어 안드로이드에서 러스트로 개발할 때는 중앙에서 제어되는 툴체인을 사용한다(그래서 `rustup`이 없다). 이 환경은 안드로이드의 Soong 빌드 시스템과 통합돼 있다(그래서 `cargo`가 없다).

한 작업을 돕는 도구를 다양하게 제공한다. 공식 카고 툴체인에 포함된 도구만 봐도 기본 기능(`cargo build`, `cargo test`, `cargo run` 등) 이상의 다양한 작업을 처리할 수 있다.

- `cargo fmt`: 러스트 코드의 서식을 표준 규칙에 맞게 바꾼다.
- `cargo check`: 기계어 생성 없이 컴파일 검사를 수행해 구문 검사를 빠르게 수행하는 데 유용하다.
- `cargo clippy`: 비효율적이거나 관용구에 맞지 않는 코드를 찾아내는 린트 검사를 수행한다(아이템 29).
- `cargo doc`: 문서를 생성한다(아이템 27).
- `cargo bench`: 벤치마크 테스트를 실행한다(아이템 30).
- `cargo update`: 의존성을 최신 버전으로 업그레이드한다. 디폴트 동작은 시맨틱 버저닝(아이템 21)에 맞는 버전을 선택하는 것이다.
- `cargo tree`: 의존성 그래프(아이템 25)를 보여 준다.
- `cargo metadata`: 워크스페이스와 의존성에 있는 패키지에 대한 메타데이터를 출력한다.

그중에서도 특히 마지막 도구가 간접적이긴 하지만 유용하다. 크레이트에 대한 정보를 잘 정의된 형식으로 내보내서 다른 사람들이 그 정보를 활용하는 도구를 훨씬 쉽게 만들 수 있게 한다. 일반적으로 메타데이터 정보를 담을 러스트 타입 집합을 제공하는 `cargo_metadata`를 활용한다.

아이템 25에서 소개했듯이 이런 메타데이터를 통해 사용할 수 있는 도구도 있다. 예를 들어 사용하지 않는 의존성을 감지하는 `cargo-udeps`나 중복 의존성, 허용된 라이선스, 보안 권고 등과 같은 다양한 검사를 제공하는 `cargo-deny`가 있다.

러스트 툴체인의 확장성은 패키지 메타데이터에만 국한되지 않는다. 컴파일러의 추상 구문 트리 역시 `syn` 크레이트와 같은 도구를 기반으로 구축하는 경우가 많다. 이런 정보를 활용하면 절차적 매크로(아이템 28)를 비롯한 다양한 도구를 더욱 강력하게 만들 수 있다.

- `cargo-expand`: 매크로 확장으로 생성된 소스 코드를 모두 표시한다. 특히 까다로운 매크로 정의 디버깅에 굉장히 유용하다.
- `cargo-tarpaulin`: 코드 커버리지 정보의 생성과 추적을 지원한다.

이처럼 유용한 도구의 종류는 다분히 주관적이며, 시간에 따라 변해서 절대적이지 않다. 따라서 **사용 가능한 도구를 항상 찾아보는 자세가 중요하다.**

예를 들어 'cargo-<something> 도구'란 키워드로 검색하면 수십 가지 결과가 나오는데 적합하지 않거나 개발과 관리가 중단된 것도 있겠지만, 그중 일부는 여러분이 원하는 기능을 정확히 제공할 수 있다.

러스트 코드에 대해 정형 검증formal verification을 적용하는 방법도 다양하게 시도하고 있다. 정형 검증을 할 수 있다면 여러분이 작성한 코드의 정확성을 더욱 높은 수준으로 보장할 수 있다.

마지막으로 다시 한번 강조하면, 한 번만 쓰고 버릴 코드가 아니라면 **CI 시스템에 연동하자**(아이템 32). 빠르고 오탐이 없는 도구라면 편집기나 IDE에 통합하는 것도 좋은 방법이다. 러스트 도구 페이지(https://rust-lang.org/tools)에서 이와 관련된 다양한 문서 링크를 확인할 수 있다.

기억할 도구

이 책에서는 코드베이스에 주기적으로 자동 실행되도록 구성하는 것이 적합한 도구(아이템 32)뿐만 아니라, 그 밖의 다양한 도구도 소개한다. 간단히 정리하면 다음과 같다. 하지만 여기 나온 것 말고도 다양한 도구가 존재한다는 사실을 명심하자.

- 아이템 16에서는 미묘한 unsafe 코드 작성 시 Miri를 사용할 것을 권장한다.
- 아이템 21과 아이템 25에서는 의존성 업데이트를 관리하는 Dependabot에 대해 언급한다.
- 아이템 21에서는 시맨틱 버저닝이 올바르게 수행되고 있는지 검사하는 cargo-semver-checks를 언급한다.
- 아이템 28에서는 매크로 관련 문제를 디버깅하는 데 도움 되는 cargo-expand에 대해 설명한다.
- 아이템 29에서는 클리피 사용법을 설명한다.
- 아이템 30에서 설명한 것처럼 갓볼트 컴파일러 탐색기 사용하면 작성한 소스 코드에 대응되는 기계어를 탐색할 수 있다.
- 아이템 30에서는 퍼즈 테스트를 수행하는 cargo-fuzz와 벤치마크를 위한 criterion 등을 소개한다.
- 아이템 35에서는 C 코드로부터 러스트 FFI 래퍼를 자동으로 생성하는 bindgen 사용법을 소개한다.

아이템 32: CI 시스템을 설정하라

CI^{continuous integration} 시스템은 코드베이스에 대해 도구를 자동으로 실행하는 메커니즘으로서, 코드베이스에 변경 사항이 발생할 때마다 구동된다.

CI 시스템을 설정하라는 조언은 러스트에만 국한된 것이 아니다. 따라서 이번 아이템은 다른 언어에도 적용할 수 있는 일반적인 조언과 추천하는 러스트 전용 도구를 소개한다.

CI 단계

CI 시스템을 구성하는 단계부터 살펴보자. 가장 첫 단계는 당연히 다음과 같다.

- 코드를 빌드한다.
- 코드에 대한 테스트를 실행한다.

CI 단계는 주어진 케이스에 대해 깔끔하고, 빠르고, 일정하고, 오탐 없이 실행되어야 한다. 여기에 대한 자세한 사항은 다음 절에서 설명한다.

일정하게^{deterministic} 실행하려면 `rust-toolchain.toml`을 사용해 CI 빌드에 고정된 버전의 툴체인을 지정하라는 빌드 단계의 조언을 적용한다.

이러한 `rust-toolchain.toml` 파일은 코드 빌드에 사용할 버전을 지정한다. 1.70과 같이 버전을 지정할 수도 있고, 채널(`stable`, `beta`, `nightly` 등)에 필요하다면 날짜를 붙여서 지정할 수도 있다(예: `nightly-2023-09-19`).[12] 여기서 유동적인 채널 값^{floating channel value}을 지정하면 새로운 툴체인 버전이 릴리스될 때마다 CI 결과가 달라지고, 고정값을 지정하면 보다 일정하게 작동하고 툴체인 업그레이드를 개별적으로 처리할 수 있다.

이 책에서는 코드베이스를 향상하는 데 도움이 되는 도구와 기법을 여러 아이템에서 소개한다. 가능하면 이런 도구를 CI 시스템에 포함시키자. 예를 들어 앞서 언급한 CI 시스템의 두 가지 핵심 요소를 다음과 같이 향상할 수 있다.

---

[12] 실험 단계 버전(nightly)의 컴파일러로만 빌드할 수 있는 기능에 의존하는 경우라도 `rust-toolchain.toml` 파일을 통해 관련 툴체인 의존성을 명확히 드러낼 수 있다.

- 코드를 빌드한다.
  - 아이템 26에서는 특정 조건에 따라 코드 조각을 포함하는 피처에 대해 설명한다. 크레이트에 피처가 있다면 **유효한 모든 피처 조합을 CI로 빌드한다.** 참고로 이런 조합이 2^N가지나 될 수 있으니, 항상 피처 팽창에 주의한다.
  - 아이템 33에서는 라이브러리 코드를 최대한 no_std에 호환되게 작성하라고 조언한다. CI의 no_std 테스트를 통과해야만 코드가 진정으로 no_std에 호환된다고 확신할 수 있다. 한 가지 방법은 러스트 컴파일러의 크로스 컴파일 기능을 사용해 명시적으로 no_std를 타깃으로 빌드하는 것이다(예: thumbv6m-none-eabi).
  - 아이템 21에서는 여러분이 작성한 코드에 대해 최소 지원 러스트 버전(MSRV)을 선언하는 데 관련된 이슈를 설명한다. 그런 문제가 있다면 **MSRV를 CI에서 확인한다.** 여기에는 특정 러스트 버전으로 테스트하는 단계도 포함된다.
- 코드에 대한 테스트를 실행한다.
  - 아이템 30에서는 다양한 테스트 유형에 대해 설명한다. **모든 테스트 유형을 CI에서 실행한다.** 일부 테스트 유형(예: 단위 테스트, 통합 테스트, 문서 테스트)은 cargo test에 자동으로 포함되지만 다른 테스트 유형(예: 예제 프로그램)은 별도로 구동이 필요할 수 있다.

다음과 같이 코드베이스의 품질 개선에 도움 되는 도구와 조언도 있다.

- 아이템 29에서는 여러분이 작성한 코드에 클리피를 실행할 경우의 장점에 대해 침 튀기도록 설명한다. **클리피를 CI에서 실행한다.** 모든 실패를 놓치지 않고 싶다면 -Dwarnings 옵션을 설정한다(예: cargo clippy -- -Dwarnings).
- 아이템 27에서는 공개 API를 문서화하라고 조언한다. cargo doc 도구를 활용해 문서가 올바르게 생성되고 문서에 있는 모든 하이퍼링크가 올바른지 확인한다.
- 아이템 25에서는 의존성 그래프 관리를 돕는 cargo-udeps나 cargo-deny 같은 도구를 소개한다. 이러한 도구를 CI 단계에서 실행하면 회귀 문제를 방지할 수 있다.
- 아이템 31에서는 러스트 도구 생태계를 설명한다. 코드베이스에 주기적으로 실행하면 좋을 도구로 어떤 것이 있는지 생각해 본다. 예를 들어 CI에서 rustfmt/cargo fmt를 실행하면 프로젝트의 스타일 가이드라인을 준수하지 않는 코드를 찾을 수 있다. 이런 부분을 확실히 알 수 있게 하려면 --check 옵션을 설정한다.

코드의 특정 측면을 측정하는 CI 단계도 포함할 수 있다.

- 코드 커버리지 통계(예: cargo-tarpaulin)를 생성해 코드베이스에서 테스트가 실행하는 코드의 비율을 나타낸다.

- 벤치마크를 실행해(예: cargo-bench, 아이템 30) 주요 시나리오에 대한 코드 성능을 측정한다. 하지만 대부분의 CI 시스템은 공유 환경에서 실행되는데, 그런 환경에서는 결과가 외부 요인의 영향을 받을 수 있다. 보다 안정적인 벤치마크 데이터를 얻으려면 전용 환경을 갖추는 것이 좋다.

이러한 측정 환경은 설정이 좀 더 복잡하다. 왜냐하면 측정 단계의 출력을 이전 결과와 비교할 때 더욱 유용하기 때문이다. 가장 이상적인 것은 코드 변경이 완전히 테스트되지 않거나 성능에 부정적인 영향을 미칠 때를 CI 시스템으로 감지하는 것이다. 이렇게 하려면 일반적으로 외부 추적 시스템과의 통합이 필요하다.

CI 단계에 관련된 다음과 같은 조언은 여러분의 코드베이스와 관련이 있을 수도 없을 수도 있다.

- 아이템 25에서 설명한 것처럼 프로젝트가 라이브러리라면 체크인된 Cargo.lock 파일은 모두 라이브러리 사용자가 무시한다. 이론적으로는 Cargo.toml의 시맨틱 버전 제약 조건(아이템 21)으로 인해 모두 정확하게 작동해야 하지만, 실제로는 현재 버전의 의존성이 여전히 올바르게 작동하는지 감지하도록 로컬 Cargo.lock 없이 빌드하는 CI 단계를 포함시킨다.
- 자동 생성되는 리소스 중에서 버전 관리가 되는 것이 프로젝트에 포함되어 있다면(예: prost에 의해 프로토콜 버퍼 메시지로부터 생성되는 코드), 해당 리소스를 다시 생성해서 체크인된 버전과 차이가 없는지 검사하는 CI 단계를 포함한다.
- 코드베이스에 플랫폼 종속적인 코드(예: #[cfg(target_arch = "arm")])가 포함되어 있다면, 그 코드가 해당 플랫폼에서 정상적으로 빌드되어 실행되는지 확인하는 CI 단계를 실행한다. 러스트 툴체인에서 크로스 컴파일을 지원하기 때문에 전자가 후자보다 쉽다.
- 프로젝트에서 액세스 토큰이나 암호화 키와 같은 비밀 값을 조작한다면, 코드베이스에서 실수로 체크인된 비밀 값이 있는지 확인하는 CI 단계를 포함하는 것이 좋다. 특히 공개 프로젝트라면 더욱 이렇게 해야 한다. 이 경우 CI 검사보다는 버전 관리 시스템의 제출 전 검사 기능[13]을 활용하는 것이 좋다.

CI 검사를 반드시 카고나 러스트 툴체인과 통합할 필요는 없다. 간단한 셸 스크립트를 사용하는 것이 훨씬 효과적인 경우도 많다. 특히 보편적으로 따르지 않는 로컬 규칙을 코드베이스에 적용하는 경우라면 그렇다. 예를 들어 코드베이스에 패닉을 유발하는 메서드 호출(아이템 18)에 특수 마커 주석이 있거나, 모든 TODO: 주석에 소유자(사람 또는 추적 ID)가 있어야 한다는 규칙이 있다면 셸 스크립트로 확인하는 것이 가장 좋다.

---

[13] https://git-scm.com/book/en/v2/Customizing-Git-Git-Hooks

마지막으로 공개 러스트 프로젝트의 CI 시스템을 살펴보면 여러분의 프로젝트에 도움 되는 CI 단계에 대한 아이디어를 얻을 수 있다. 예를 들어 카고의 CI 시스템(https://oreil.ly/DOqCc)에는 유용한 단계를 다양하게 제공한다.

CI 원칙

지금까지 살펴본 세부 사항을 일반화하면 CI 시스템과 관련해서 지켜야 할 몇 가지 원칙을 도출할 수 있다.

가장 기본적인 원칙은 **사람의 시간을 낭비하지 않아야 한다**는 것이다. CI 시스템이 시간을 필요 이상으로 잡아먹는다면 사람들은 이를 피하려고 할 것이다.

엔지니어 입장에서 가장 짜증나는 시간 낭비는 설정과 코드베이스는 똑같은데도 불구하고, 어떤 때는 통과하고 어떤 때는 실패하는 불안정한flaky 테스트다. 결함 있는 테스트는 최대한 냉혹하게 취급해야 한다. 결함을 찾아내서 불안정한 이유를 조사해서 수정하는 데 시간을 투자하자. 그렇게 해야 장기적으로 봤을 때 더 효율적이다.

엔지니어의 시간을 낭비하는 또 다른 흔한 예로, 실행하는 데 시간이 오래 걸릴 뿐만 아니라 코드 리뷰를 요청하고 나서야 실행되는 CI 시스템이 있다. 이 경우에는 작성자와 코드 검토자 모두의 시간을 낭비할 가능성이 있다. 작성자는 CI 봇이 찾아줘야 할 코드 문제를 직접 찾아서 지적하는 데 시간을 써야 할 수 있다.

이러한 문제를 최소화하기 위해 자동화된 시스템과는 별개로 수동 CI 검사를 쉽게 할 수 있게 만들자. 그러면 엔지니어는 주기적으로 CI 검사를 실행하는 습관을 들일 수 있어서 코드 검토자가 CI에서 경고했을 법한 문제를 아예 볼 수 없게 할 수 있다. 여기서 더 나아가 몇 가지 도구를 에디터나 IDE에 연동해 지속적으로 통합되게 할 수 있다. 그러면 형식이 잘못된 코드가 디스크에 저장되는 것을 원천적으로 막을 수 있다.

시간은 오래 걸리지만 문제를 거의 찾지 못하는 테스트가 있다면 이를 따로 분리해 발생 빈도가 낮은 시나리오의 오류를 방지하기 위한 최후의 수단으로 활용할 수도 있다.

일반적으로 대규모 프로젝트의 경우, 실행 주기에 따라 CI 검사를 나눠서 진행해야 할 수도 있다.

- 각 엔지니어의 개발 환경에 통합된 검사(예: rustfmt)
- 모든 코드 리뷰 요청에 대해 실행되고(예: cargo build, cargo clippy) 수동으로 쉽게 실행할 수 있는 검사
- 프로젝트의 메인 브랜치에 변경 사항이 발생할 때마다 실행되는 검사(예: 지원되는 모든 환경에 대한 전체 cargo test)
- 매일 또는 매주 정해진 주기대로 실행되는 검사, 사후에 드물게 발생하는 회귀를 잡아낼 수 있음(예: 장기간 실행되는 통합 테스트 및 벤치마크 비교 테스트)
- 항상 현재 코드에 대해 실행되는 검사(예: 퍼즈 테스트)

프로젝트에서 사용하는 코드 리뷰 시스템이 무엇이든지 CI 시스템과 통합하는 것이 중요하다. 그래야 모든 검사를 통과했는지 명확히 확인할 수 있고, 사소한 세부 사항이 아닌 코드의 핵심 의미에 집중할 수 있다는 확신을 줄 수 있다.

그린 빌드green build가 필요하다는 말은 CI 시스템에서 시행하는 모든 검사에 예외가 있으면 안 된다는 뜻이다. 가끔씩 도구에서 발생하는 오탐을 해결해야 할 일이 생기더라도 그렇게 하는 것이 좋다. 절대 통과할 수 없어서 모두가 무시하는 테스트를 CI 시스템에서 허용하기 시작하면, 새로운 회귀 버그를 발견하기가 훨씬 어려워진다.

아이템 30에서 버그를 수정하기 전에 버그를 재현하는 테스트부터 추가하라는 유명한 조언을 소개했다. 이 원칙은 CI 시스템에도 똑같이 적용된다. 즉, **프로세스 관련 문제를 수정하기 전에 그 문제를 드러내는 CI 단계를 추가한다.** 예를 들어 자동 생성된 코드 중 일부가 소스와 일치하지 않는다는 것을 발견했다면, CI 시스템에 이를 확인하는 기능을 추가한다. 그러면 처음에는 검사를 통과하지 못하겠지만 문제가 해결되면 그린 상태로 바뀌면서 향후에 이런 프로세스 오류가 다시는 발생하지 않는다는 확신을 줄 수 있다.

공개 CI 시스템

코드베이스가 공개된 오픈 소스라면 CI 시스템에서 고려해야 할 사항이 몇 가지 더 있다.

첫째, 오픈 소스 코드를 위한 CI 시스템을 구축하는 무료이면서 안정적인 방법이 많이 있다. 이 책을 집필하는 시점을 기준으로 가장 좋은 방법은 깃허브 액션GitHub Actions (https://docs.github.com/ko/actions)을 활용하는 것이다. 물론 다른 방법도 있으며 더 나은 시스템은

언제나 등장하기 마련이다.

둘째, 오픈 소스 코드에 대한 CI 시스템은 코드베이스에 필요한 사전 설정 사항과 관련된 가이드 역할을 할 수 있다. 순수 러스트 크레이트라면 상관없지만 코드베이스에 필요한 의존성이 많은 경우, 이를테면 데이터베이스나 FFI 코드를 위한 툴체인이나 설정 등이 필요하다면, 이 모든 것을 새 시스템에서 구동하는 방법을 CI 스크립트를 통해 알아낼 수 있다. 전반적인 설정 단계를 재사용 가능한 스크립트에 기록해 두면 시스템을 정상 작동시키는 방법을 사람뿐만 아니라 봇에게도 명확히 알릴 수 있다.

마지막으로 공개된 크레이트는 악용과 공격 가능성이 있다. CI 시스템을 암호화폐 채굴에 악용하는 공격부터 코드베이스 액세스 토큰 도용, 공급망 공격에 이르기까지 다양한 공격이 발생할 수 있다. 이러한 위험을 줄이려면 다음 가이드라인을 참고하자.

- 등록된 공동 작업자에 대해서만 CI 스크립트가 자동으로 실행되고, 새로운 기여자에 대해서는 수동으로 구동되도록 접근 권한을 적절히 제한한다.
- 외부 스크립트의 버전을 특정 버전이나, 더 나은 방법으로는 등록된 특정 해시에 고정시킨다.
- 코드베이스에 단순히 읽기 권한만 필요한 것이 아닌, 더 많은 권한을 요구하는 통합 단계는 주의 깊게 모니터링한다.

CHAPTER 6

표준 러스트를 넘어서

러스트 툴체인은 사용자 공간에서 실행되는 순수 러스트 애플리케이션 코드 지원을 넘어 굉장히 다양한 환경을 지원한다.

- 툴체인을 실행하는 시스템(호스트host)과 컴파일된 코드를 실행하는 시스템(타깃taget)이 다른, 크로스 컴파일cross-compilation을 지원한다. 덕분에 쉽게 임베디드 시스템을 개발할 수 있다.
- 외부 함수 인터페이스(FFI)를 기본으로 제공해서 러스트가 아닌 다른 언어로 컴파일된 코드와 연동할 수 있다.
- 표준 라이브러리(std)가 완벽하게 제공되지 않은 환경도 지원해 파일 시스템이나 네트워킹 기능이 없는, 운영 체제의 기능이 부족한 시스템을 대상으로도 개발할 수 있다.
- 표준 alloc 라이브러리를 사용하지 않아서 힙 할당 없이 스택만 제공되는 환경에 대한 개발도 지원한다.

이런 비표준 러스트 환경은 작업이 훨씬 까다롭고 안전성도 떨어지며 심지어 **unsafe**할 수도 있지만, 작업할 때 활용할 수 있는 선택 사항이 훨씬 다양하다.

이 장에서는 이런 비표준 환경에서 작업하는 데 필요한 기본 사항을 설명한다. 여기서 소개하지 않은 다양한 환경에 특화된 기능에 대해서는 다른 자료[1]를 참고하기 바란다.

---

1 'The Rustonomicon(https://doc.rust-lang.org/nomicon)'을 참고하자.

아이템 33: no_std에 호환되는 라이브러리 코드를 고려하라

러스트는 표준 데이터 구조부터 네트워킹, 멀티 스레딩 지원, 파일 I/O에 이르기까지 자주 사용하는 기능을 담은 표준 라이브러리(std)를 기본으로 제공한다. 러스트에서는 std 항목 중 상당 부분을 자동으로 임포트import할 수 있는 **프렐류드**prelude 기능을 제공한다. 프렐류드를 이용하면 자주 사용하는 타입을 간략한 이름으로 사용할 수 있다. 예를 들어 std::vec::Vec 대신 Vec을 사용해도 된다.

러스트는 부트 로더boot loader나 펌웨어, 임베디드 플랫폼처럼 표준 라이브러리를 완전히 제공할 수 없는 환경에서 실행될 코드에 대한 빌드도 지원한다. src/lib.rs 상단에 크레이트 수준 속성인 #![no_std]를 지정하면 된다.

이번 아이템에서는 no_std용으로 빌드할 때 사용할 수 없는 기능과 여전히 사용할 수 있는 (생각보다 꽤 많은) 기능을 살펴본다.

하지만 여기서는 라이브러리 코드에 대한 no_std 지원 위주로 설명한다. no_std 바이너리 제작에 관련된 다양한 이슈에 대해서는 이 책에서 다루지 않고,[2] 열악한 환경에서 작업할 수밖에 없는 안타까운 영혼들에게 라이브러리 코드만큼은 확실히 사용할 수 있게 만드는 데 집중한다.

core

가장 열악한 플랫폼이라도 기본적으로 지원하는 표준 라이브러리의 타입이 상당히 많다. 예를 들어 Option과 Result는 소속은 달라지지만 여전히 사용할 수 있다. 다양한 버전의 Iterator도 마찬가지다.

이렇게 제공되는 기본 타입은 이름이 core::로 시작한다. 대다수의 no_std 환경에서도 사용할 수 있는 표준 라이브러리인 core 라이브러리에서 가져왔다는 뜻이다. core:: 타입은 실제로 std:: 타입과 똑같이 작동한다. std:: 타입은 사실 내부의 core:: 타입을 다시 내보낸 것re-export에 불과해서 두 타입은 실질적으로 같은 타입이다.

no_std 환경에서 사용할 수 있는 std:: 항목을 확인하는 빠르고 간단한 방법은 https://

---

[2] no_std 바이너리 생성에 관련된 사항은 'The Embedonomicon(https://oreil.ly/x74WK)'이나 필리프 오퍼만(Philipp Oppermann)의 블로그 게시물(https://oreil.ly/WTn-j)을 참고하자.

doc.rust-lang.org/std/index.html 페이지에서 원하는 std 항목의 오른쪽 상단에 있는 'source' 링크를 따라가면 된다.[3] 경로가 src/core/...로 시작한다면 core::를 통해 no_std에서도 사용할 수 있다.

core에 속한 타입은 모두 러스트 프로그램에 자동으로 임포트된다. 하지만 no_std 환경에는 std 프렐류드가 없기 때문에 use를 사용해 명시적으로 가져와야 한다.

아무리 no_std 환경이라도 실전에서 core만 사용하기에는 기능이 너무 부족하다. core에 대한 제약 조건 중에서 가장 코어에 해당하는 것은 **힙 할당을 하지 않는다**는 것이다.

러스트는 항목을 스택에 넣어서 수명을 안전하게 추적하는 능력이 탁월하다(아이템 14). 하지만 그 때문에 벡터^{vector}, 맵^{map}, 셋^{set}처럼 힙에 내용물을 할당하는 표준 데이터 구조는 no_std 환경에서 사용할 수 없다. 따라서 사용할 수 있는 크레이트의 수도 적다.

alloc

만약 no_std 환경에서 힙 할당을 지원한다면 std의 다양한 표준 데이터 구조를 사용할 수 있다. 이런 데이터 구조는 다른 할당 기반 기능과 함께 러스트의 alloc 라이브러리 그룹에 속한다.

alloc도 사실 core처럼 동일한 타입을 겉모습만 다르게 한 것이다. 예를 들어 std::vec::Vec의 실제 이름은 alloc::vec::Vec이다.

no_std 러스트 크레이트는 src/lib.rs에 extern crate alloc; 선언문을 추가해서, alloc을 사용한다고 명시해야 한다.[4]

```
//! `no_std` 호환 크레이트
#![no_std]

// `alloc`이 필요하다.
extern crate alloc;
```

---

[3] 하지만 이 방식은 간혹 문제가 발생할 수 있으니 주의해야 한다. 예를 들어 이 책을 집필하는 시점에 Error 트레이트는 core::에는 불안정 상태로 정의되어 있고, std:: 버전만 안정 상태였다.

[4] 러스트 2018 이전에는 extern crate 선언을 통해 의존성을 가져왔다. 현재는 Cargo.toml에서 모두 처리하지만, 아직도 러스트 표준 라이브러리의 일부(sysroot 크레이트(https://oreil.ly/sJzAv))를 가져올 때 extern crate 메커니즘을 사용한다. no_std 환경에서는 이를 옵션으로 사용한다.

alloc 크레이트를 불러오면 다음과 같은 익숙한 기능을 본래 이름으로 부를 수 있다.

- alloc::boxed::Box<T>
- alloc::rc::Rc<T>
- alloc::sync::Arc<T>
- alloc::vec::Vec<T>
- alloc::string::String
- alloc::format!
- alloc::collections::BTreeMap<K, V>
- alloc::collections::BTreeSet<T>

이런 기능을 통해 no_std 호환 라이브러리 크레이트를 많이 만들 수 있다. 예를 들어 I/O나 네트워킹이 지원되지 않는 라이브러리를 만들 수 있다.

반면 alloc에서 제공하지 않는 대표적인 기능은 HashMap과 HashSet 컬렉션이다. 이런 해시 기반 컨테이너는 alloc에는 없고 std에만 있다. 해시 기반 컨테이너는 해시 충돌 공격으로부터 보호하기 위해 무작위 시드$^{random\ seed}$를 사용하는데, 안전한 무작위 수(난수)$^{random\ number}$ 생성을 위해서는 OS의 도움이 필요하다. 하지만 alloc은 OS가 없는 환경을 대상으로 하기 때문에 이런 컬렉션을 제외한 것이다.

alloc에는 멀티 스레드 코드에 필요한 동기화 기능(예: std::sync::Mutex)도 없다(아이템 17). 이런 타입은 OS가 없으면 사용할 수 없는 동기화 프리미티브에 의존하기 때문에 std에서만 제공된다. no_std 환경에서 멀티 스레드도 지원해야 한다면 서드 파티 크레이트를 사용해야 하는데, 현재로서는 spin밖에 없을 것이다.

no_std 코드 작성 방법

이전 섹션에서 설명한 것처럼 일부 라이브러리 크레이트에서 no_std 호환 코드를 작성하려면 다음과 같이 해야 한다.

- std:: 타입을 core::나 alloc:: 크레이트로 대체한다. std 프렐류드가 없기 때문에 use 문에 전체 타입 이름을 지정해야 한다.

- HashMap/HashSet을 BTreeMap/BTreeSet으로 바꾼다.

단, 현재 의존하는 크레이트(아이템 25)가 모두 no_std에 호환될 때만 의미가 있다. 크레이트 사용자 중 누군가가 std에 링크해야 한다면 no_std에 호환되게 만들 이유가 없기 때문이다.

여기에 한 가지 문제가 있다. 러스트 컴파일러는 no_std 크레이트가 std를 사용하는 의존성을 필요로 하는지를 알려 주지 않는다. 따라서 크레이트를 no_std에 호환되게 만든 작업이 쉽게 무효가 될 수 있다. 즉, std를 사용하는 의존성을 추가하거나 업데이트하기만 하면 그렇게 된다.

이런 상황이 발생할 때 경고하도록 no_std 빌드에 대한 CI 검사를 추가한다(아이템 32). 러스트 툴체인은 크로스 컴파일을 기본으로 지원하기 때문에 std를 지원하지 않는 타깃 시스템(예: `--target thumbv6m-none-eabi`)에 대해 크로스 컴파일[5]하는 것만으로 간단히 처리할 수 있다. 실수로 std를 가져오는 코드가 포함되더라도 컴파일 단계에서 걸러주기 때문이다.

따라서 현재 사용하는 의존성에서 지원하고, 앞에서 말한 것처럼 간단한 변환만으로 할 수 있다면 **라이브러리 코드를 no_std에 호환되게 만드는 것이 좋다.** 그럴 수만 있다면 큰 추가 작업 없이 라이브러리의 재사용성을 높일 수 있다.

만약 코드 중에서 잘 격리된 극히 일부분 때문에 코드 전체를 변환할 수 없다면 크레이트에 해당 부분만 켜는 피처(아이템 26)를 추가하는 것이 좋다.

std에 특화된 피처를 사용할 수 있다면 피처 이름을 간단히 std라고 짓는다.

```
#![cfg_attr(not(feature = "std"), no_std)]
```

alloc 파생 피처를 사용할 때는 alloc이라고 짓는다.

```
#[cfg(feature = "alloc")]
extern crate alloc;
```

여기서 함정에 빠지지 않도록 주의한다. std가 필요한 피처를 비활성화시키는 no_std 피처(또는 이와 유사한 no_alloc)를 만들면 안 된다. 아이템 26에서 설명한 것처럼 피처는 가산

---

[5] https://oreil.ly/DAbwt

적이어야 한다. 동일한 크레이트에 대해 어떤 사용자는 no_std로 설정하고, 다른 사용자는 그러지 않는 식으로 사용할 수 없다. 만약 그렇게 하면 no_std 설정에 의해 std 설정에 의존하는 코드가 제거된다.

피처에 의해 조건부로 활성화되는 코드가 항상 그렇듯이, CI 시스템(아이템 32)을 통해 관련된 모든 조합이 빌드되도록 보장한다. 여기에는 no_std 플랫폼에 대해 비활성화된 std 피처가 있는 빌드도 포함된다.

실패 가능한 할당

앞선 절에서 두 가지 no_std 환경, 힙 할당이 전혀 없는 완전한 임베디드 환경(core)과 힙 할당은 허용되는, 그보다는 범용적인 환경(core + alloc)을 알아봤다.

그러나 이 두 환경 사이에 존재하는 중요한 환경이 몇 가지 있다. 대표적인 예로는 힙 할당을 지원하지만 힙의 양이 제한되어 할당에 실패할 가능성이 있는 환경이다.

안타깝게도 러스트의 표준 alloc 라이브러리에는 힙 할당은 실패할 수 없다고 가정한 경우가 많은데, 그런 가정이 항상 성립하는 것은 아니다.

다음과 같이 alloc::vec::Vec을 아주 단순하게 사용하는 경우에도 모든 라인마다 할당이 발생할 수 있다.

```
let mut v = Vec::new();
v.push(1); // 힙 할당이 발생할 수 있다.
v.push(2); // 힙 할당이 발생할 수 있다.
v.push(3); // 힙 할당이 발생할 수 있다.
v.push(4); // 힙 할당이 발생할 수 있다.
```

여기서 아무것도 Result를 반환하지 않는다. 이때 할당에 실패하면 어떻게 될까?

툴체인과 타깃, 설정에 따라 결과가 다르지만, panic!이 발생해서 프로그램이 종료될 가능성이 높다. 세 번째 라인에서 할당 실패가 발생하더라도 네 번째 라인은 정상적으로 실행되게 만들 방법은 없다.

이처럼 **할당에 실패하지 않는다**infallible allocation고 가정하면 '일반' 유저 스페이스user space에서 실행되는 코드의 사용성은 좋아진다. 여기서 일반 유저 스페이스란 메모리가 사실상 무한하거나, 메모리가 부족하다면 그보다 더 큰 문제가 발생한 것을 의미하는 환경을 말한다.

그러나 메모리가 부족한 환경에서 적절히 대처해야 하는 프로그램에는 '할당에 실패하지 않는다'는 가정이 전혀 맞지 않다. 메모리 안전성이 떨어지는 구식 언어가 오히려 유리한 극히 드문 경우다.

- C 언어는 `malloc`으로 직접 할당하고 그 반환값이 NULL인지 확인해야 할 정도로 저수준으로 작동한다.
- C++는 할당 실패가 발생하면 `std::bad_alloc` 예외를 던지는 예외 메커니즘을 활용한다.[6]

그동안 리눅스Linux 커널, 안드로이드, Curl 도구와 같은 몇몇 유명 프로젝트에서 러스트 표준 라이브러리의 부족한 할당 실패 대처 능력에 대한 지적이 많았고, 현재 이를 보완하는 작업이 진행 중이다.

할당 실패에 대처하기 위한 첫 번째 단계는 '실패 가능한 컬렉션 할당'을 지원하는 것이다. 그래서 할당이 관련된 컬렉션 API에 실패 가능한 할당fallible allocation을 추가했다. 대부분 `Result<_, AllocError>`를 반환하는 `try_<operation>` 배리언트를 추가하는 방식으로 처리했다. 예를 들면 다음과 같다.

- `Vec::reserve` 대신 `Vec::try_reserve`를 사용할 수 있다.
- `Box::new` 대신 `Box::try_new`를 실험 버전nightly 툴체인과 함께 사용할 수 있다.

이런 실패 가능한 API는 그리 많지 않다. 예를 들어 `Vec::push`에 대한 실패 가능한 버전은 아직까지 없다. 따라서 벡터를 구성하는 코드에서 할당 오류가 발생하지 않도록 잘 검사해야 한다.

```
fn try_build_a_vec() -> Result<Vec<u8>, String> {
    let mut v = Vec::new();

    // 필요한 공간을 신중하게 계산한 뒤 사용한다.
    // 여기서는 이미 그런 계산 과정을 거쳤다고 가정한다.
    let required_size = 4;

    v.try_reserve(required_size)
        .map_err(|_e| format!("Failed to allocate {} items!", required_size))?;
```

---

[6] 또한 new 호출에 `std::nothrow` 오버로드를 추가하고 `nullptr` 반환값을 확인할 수도 있다. 하지만 `vector<T>::push_back`처럼 내부에서 메모리를 할당하는 컨테이너 메서드가 아직까지 존재하는데, 이런 메서드는 예외로만 할당 실패를 알려 줄 수 있다.

```
    // 앞의 검증을 거쳤다면 다음 연산은 안전하게 수행할 수 있다.
    v.push(1);
    v.push(2);
    v.push(3);
    v.push(4);

    Ok(v)
}
```

실패 가능한 할당 설정을 추가하는 동시에, 디폴트로 설정된 `no_global_oom_handling` 플래그를 꺼서 **실패 불가능한 할당 연산**을 비활성화할 수도 있다. 리눅스 커널처럼 힙이 제한된 환경에서는 이 플래그를 명시적으로 비활성화하면 실수로 실패 불가능한 할당이 코드에 스며드는 것을 방지할 수 있다.

기억할 사항

- std 크레이트에 제공되는 항목 중 상당수는 `core`나 `alloc`에 있다.
- 라이브러리 코드를 `no_std`에 호환되게 만드는 것이 생각보다 쉬울 수 있다.
- `no_std` 호환성을 검사하도록 CI 시스템을 설정해서 코드를 항상 `no_std`에 호환되게 유지한다.
- 제한된 힙 환경에서 작업할 때 라이브러리 지원에 제약이 있다는 점을 명심한다.

아이템 34: FFI 경계를 넘어서는 것을 제어하라

러스트의 표준 라이브러리에서 제공하는 기능도 풍부해지고 있고, 크레이트 생태계도 급성장하고 있지만, 여전히 세상에는 러스트로 작성된 코드보다는 다른 언어로 작성된 코드가 훨씬 많다.

러스트는 다른 최신 언어와 마찬가지로 이 문제를 해결하기 위해 다른 언어로 작성된 코드나 데이터 구조와 상호 연동할 수 있는 **외부 함수 인터페이스**^{foreign function interface}(**FFI**) 메커니즘을 제공한다. 이름과 달리 FFI는 함수말고도 다른 것도 연동할 수 있다. 덕분에 러스트 커뮤니티에서 **러스트로 다시 작성하기**rewrite it in Rust**(RiiR)**로 결정된 라이브러리뿐만 아니라, 다른 언어로 작성된 기존 라이브러리도 사용할 수 있다.

러스트의 기본 연동 대상은 다른 언어와 마찬가지로 C 프로그래밍 언어다. 그 이유는 C 라이브러리가 워낙 널리 퍼져 있을 뿐만 아니라 간결하기 때문이다. C 언어는 상호 운용성interoperability 의 '최소 공배수'와 같다. 다른 언어와 연동하기 위해 특별한 툴체인 지원이 필요한 고급 기능(예: 자바 또는 고 언어의 가비지 컬렉션, C++의 예외와 템플릿, 자바 및 C++의 함수 오버라이드 등)이 없기 때문이다.

그렇다고 해서 C 언어와 연동하는 과정이 단순한 것은 아니다. 어떤 언어든지 러스트가 아닌 코드와 연동하는 순간, 러스트가 제공하는 모든 보장과 보호 기능, 그중에서도 특히 메모리 안전과 관련된 모든 기능이 흔들리게 된다.

따라서 러스트의 FFI 코드는 **unsafe**하게 되고, 아이템 16의 조언도 적용할 수 없다. 이번 아이템 34에서는 이를 대체할 조언을 제시한다. 그리고 아이템 35에서는 FFI 작업 시 발생하는 문제 중 일부를 피하는 데 도움 되는 몇 가지 도구를 소개한다.[7]

러스트에서 C 함수 호출하기

가장 간단한 FFI 연동의 예는 러스트 코드에서 C 함수를 호출하는 것이다. 이때 포인터나 레퍼런스, 혹은 메모리 주소가 아닌 인수를 '직접' 받는다.

```
/* lib.c 파일 */
#include "lib.h"

/* C 함수 정의 */
int add(int x, int y) {
  return x + y;
}
```

이 C 코드는 함수를 정의하는데, 별도의 헤더 파일을 통해 이 함수의 선언을 제공하는 것이 일

---

[7] 'The Rustonomicon(https://doc.rust-lang.org/nomicon)'의 FFI 관련 챕터(https://oreil.ly/2jHBA)에서도 이와 관련된 유용한 조언을 제공한다.

반적이다. 이 선언을 통해 다른 C 코드에서 이 함수를 사용할 수 있다.

```
/* lib.h 파일 */
#ifndef LIB_H
#define LIB_H

/* C 함수 선언 */
int add(int x, int y);

#endif   /* LIB_H */
```

선언의 의미는 대략 다음과 같다. add라는 함수가 있는데 이 함수는 정수 두 개를 받아서 정수 하나를 반환한다. 이렇게 작성하면 C 코드에서 add 함수를 사용할 수 있는데 실제로 사용하려면 add의 구현 코드를 나중에, 정확히 말하면 링크 타임에 제공해야 한다.

이렇게 제공된 add를 사용하는 러스트에서도 이에 맞게 선언해야 한다. 즉, 이 함수의 시그니처를 명시하고 구현 코드는 나중에 제공된다고 표현해야 한다.

```
use std::os::raw::c_int;
extern "C" {
    pub fn add(x: c_int, y: c_int) -> c_int;
}
```

선언문을 extern "C"로 작성해서 이 함수의 구현 코드가 외부 C 라이브러리에 의해 제공됨을 나타냈다.[8] 이때 사용한 extern "C" 마커는 해당 함수를 no_mangle로 표시한다. 이에 대해서는 조금 뒤 '네임 맹글링' 절에서 자세히 설명한다.

링크 절차

C 툴체인에서 외부 C 라이브러리를 생성하는 방법과 형식은 환경마다 다르다. 이에 대한 세부 사항은 이 책뿐만 아니라 다른 러스트 책에서도 다루지 않는 범위다. 유닉스 계열 시스템에서 흔히 볼 수 있는 간단한 C 라이브러리 형식으로는 **정적 라이브러리**static library 파일이 있는데, 흔히 lib<something>.a(예: libcffi.a) 형식을 따르며 ar 도구로 생성할 수 있다.

---

[8] 사용하려는 FFI 기능이 표준 C 라이브러리의 일부라면 이렇게 선언할 필요가 없다. 이미 libc 크레이트에서 이 선언을 제공한다.

이렇게 제작된 C 코드가 어느 라이브러리에 있는지 러스트 빌드 시스템에 알려야 한다. 한 가지 방법은 다음과 같이 코드의 `link` 속성으로 지정한다.

```rust
#[link(name = "cffi")] // `libcffi.a`와 같은 외부 라이브러리가 필요하다.
extern "C" {
    // ...
}
```

아니면 다음과 같이 카고로 `cargo:rustc-link-lib` 명령어를 출력하는 빌드 스크립트^{build script}를 작성해도 된다.[9]

```rust
// build.rs 파일
fn main() {
    // `libcffi.a`와 같은 외부 라이브러리가 필요하다.
    println!("cargo:rustc-link-lib=cffi");
}
```

전자보다 후자의 방법이 좀 더 유연한데, 빌드 스크립트로 검사한 환경에 따라 동작을 다르게 할 수 있기 때문이다.

두 경우 모두 C 라이브러리가 표준 시스템 위치에 없다면, 해당 라이브러리를 찾는 방법을 러스트 빌드 시스템에 알려줘야 한다. 이 정보는 라이브러리 위치가 담긴 `cargo:rustc-link-search` 명령어를 카고로 전송하는 빌드 스크립트에 지정하면 된다.

```rust
// build.rs 파일
fn main() {
    // ...

    // `Cargo.toml`의 위치를 가져온다.
    let dir = std::env::var("CARGO_MANIFEST_DIR").unwrap();
    // 한 디렉터리 위에서 네이티브 라이브러리를 찾는다.
    println!(
        "cargo:rustc-link-search=native={}",
        std::path::Path::new(&dir).join("..").display()
    );
}
```

---

[9] `Cargo.toml` 매니페스트에 있는 해당 `links` 키를 이용하면 이런 의존성을 카고에서 볼 수 있다.

코드 관련 문제

다시 소스 코드를 보자. 이처럼 간단한 예제에서도 몇 가지 문제가 발생한다. 첫 번째 문제는 FFI 함수를 사용하면 자동으로 unsafe하게 된다는 것이다.

```
let x = add(1, 1);
```

```
error[E0133]: call to unsafe function is unsafe and requires unsafe function
              or block
    --> src/main.rs:176:13
     |
 176 |     let x = add(1, 1);
     |             ^^^^^^^^^^ call to unsafe function
     |
     = note: consult the function's documentation for information on how to
             avoid undefined behavior
```

따라서 `unsafe { }`로 래핑해야 한다.

두 번째 문제는 `std::os::raw::c_int`로 표현되는 C 언어의 `int` 타입을 사용하는 경우다. `int`가 얼마나 클까? 다음 두 가지는 아마도 같을 것이다.

- C 라이브러리를 컴파일한 툴체인에 대한 `int` 크기
- 러스트 툴체인에 대한 `std::os::raw::c_int` 크기

그런데 위험을 감수하는 이유는 뭘까? **FFI 경계에서는 가급적 크기가 고정된 타입을 사용하는 것이 좋다.** C의 경우, `uint32_t`와 같이 `<stdint.h>`에 정의된 타입을 사용한다. 하지만 기존 코드베이스가 이미 `int/long/size_t`를 사용했다면 그럴 수 없다.

마지막 문제는 C 코드와 그에 대한 러스트 선언이 정확히 일치해야 한다는 것이다. 더 심각한 문제는 이 두 가지가 서로 일치하지 않더라도 빌드 도구가 경고하지 않아 잘못된 코드가 그대로 생성될 수 있다는 것이다.

아이템 35에서 설명하는 `bindgen` 도구를 통해 이런 문제를 예방할 수도 있지만, 빌드 도구가 이런 문제를 감지하지 못하는 이유와 관련된 내부 작동 원리를 파악해 두면 좋다. 그중에서도 특히 네임 맹글링에 대해서는 알아 두기 바란다.

네임 맹글링

컴파일 방식 언어는 대부분 프로그램의 여러 부분을 별도의 덩어리(객체 파일) 단위의 기계어로 변환하고 나서, 각 부분을 링커로 결합해서 완전한 프로그램으로 만드는 **분리 컴파일**separate compilation 방식을 따른다. 따라서 프로그램 소스 코드에서 일부분만 변경됐을 때는 해당 객체 파일만 다시 생성하고, 링크 단계에서는 변경된 객체와 나머지 객체를 결합하는 방식으로 프로그램을 다시 빌드한다.

링크 단계는 간단히 말해 점 잇기join-the-dots 작업과 같다.[10] 객체 파일 중에서 어떤 것은 함수와 변수를 정의하고, 또 어떤 것은 컴파일 타임에는 제공되지 않는 다른 객체의 정의를 사용한다는 플레이스홀더 마커를 갖는다. 링커는 이 두 가지 파일을 연결한다. 즉, 컴파일된 코드에 있는 플레이스홀더가 모두 구체적인 정의에 대한 레퍼런스로 채워진다.

링커는 이렇게 플레이스홀더와 정의를 연결하는 작업을 단순히 이름이 일치하는지 검사하는 방식으로 처리한다. 따라서 이런 연결 관계에 대한 글로벌 네임스페이스를 갖게 된다.

예전에는 이것만으로도 C 언어 프로그램을 링크하는 데 충분했다. 이름 하나를 재사용할 방법이 없었기 때문이다. 그래서 함수 이름이 객체 파일에 그대로 표시된다. 따라서 `ib1_process`가 `lib2_process`와 충돌하지 않도록 C 라이브러리에서는 모든 심벌에 접두사를 직접 추가하는 것이 일반적인 관례다.

하지만 C++에서 같은 이름을 오버라이드할 수 있게 되면서 문제가 발생했다.

```
// C++ 코드
namespace ns1 {
int32_t add(int32_t a, int32_t b) { return a+b; }
int64_t add(int64_t a, int64_t b) { return a+b; }
}
namespace ns2 {
int32_t add(int32_t a, int32_t b) { return a+b; }
}
```

이를 해결하기 위해 **네임 맹글링**name mangling이 등장했다. 컴파일러는 이렇게 오버라이드로 재정의된 함수의 시그니처와 타입 정보를 객체 파일에 출력되는 이름에 인코딩하고, 링커는 플레이

---

[10] 옮긴이_ 영어권 어린이들이 숫자나 알파벳 순서로 점을 이어서 그림을 완성하는 놀이에서 유래한 표현이다. 링커가 여러 코드 조각을 연결해 완전한 프로그램으로 만드는 과정을 이 놀이에 비유했다.

스홀더와 정의 사이의 1:1 관계만 단순히 연결하면 된다.

유닉스 계열 시스템에서는 nm 도구[11]를 통해 링커의 연결 대상을 확인할 수 있다.

```
% nm ffi-lib.o | grep add    # 링커가 C에 대해 보는 것
0000000000000000 T _add

% nm ffi-cpp-lib.o | grep add   # 링커가 C++에 대해 보는 것
0000000000000000 T __ZN3ns13addEii
0000000000000020 T __ZN3ns13addExx
0000000000000040 T __ZN3ns23addEii
```

이 경우에는 세 가지 기호가 뒤섞여 있는데 각각이 코드를 가리키고 있다. 여기서 T는 바이너리의 텍스트 섹션text section을 뜻한다. 전통적으로 코드가 있는 영역을 텍스트 섹션이라고 한다.

c++filt 도구를 사용하면 C++ 코드에 나타나는 형태로 다시 변환할 수 있다.

```
% nm ffi-cpp-lib.o | grep add | c++filt   # 프로그래머에게 보이는 것
0000000000000000 T ns1::add(int, int)
0000000000000020 T ns1::add(long long, long long)
0000000000000040 T ns2::add(int, int)
```

네임 맹글링을 통해 생성된 이름에는 타입 정보가 담기기 때문에 링커는 플레이스홀더와 정의 사이의 타입 정보가 조금만 달라도 오류 메시지를 출력한다. 이를 통해 타입 안전성을 보장할 수 있다. 정의가 변경됐는데 이를 사용하는 곳에서 변경 사항을 반영하지 않았다면 툴체인에서 오류 메시지를 출력한다.

다시 러스트로 돌아가서 extern "C" 외부 함수는 암묵적으로 #[no_mangle]로 표시되며, 객체 파일에 있는 심벌은 C 프로그램에서와 마찬가지로 이름만 담고 있다. 즉, 함수 시그니처의 타입 안전성이 보장되지 않는다. 링커에게는 함수 이름만 보이기 때문에 정의와 사용하는 부분의 타입이 다르더라도 링커는 무시하고 계속 진행해서 런타임에서만 문제가 드러난다.

---

[11] https://ko.wikipedia.org/wiki/Nm_(유닉스)

러스트에서 C 데이터에 접근하기

이전 섹션에서 C 언어로 작성한 add 예제는 러스트와 C 사이에서 사용할 수 있는 데이터 타입 중에서도 가장 간단한 정수 타입을 사용했다. CPU 레지스터 안에 다 담기는 타입임에도 불구하고 주의할 점이 있는 만큼, 그보다 복잡한 데이터 구조라면 더욱 주의해야 한다.

서로 관련된 데이터를 데이터 구조 하나로 묶는 데 struct를 사용한다는 점은 C와 러스트가 같다. 하지만 struct가 메모리에 구현될 때 각 필드가 놓이는 위치나 순서(레이아웃layout(https://oreil.ly/cjkX0))는 서로 달라질 수 있다. 이런 차이가 발생하지 않게 하려면 **FFI에서 사용하는 러스트 타입에 #[repr(C)]를 적용한다.** 이 표현은 C와의 상호 운용성을 제공하기 위한 목적으로 설계됐다.[12]

```c
/* C 데이터 구조 정의 */
/* 여기서 변경한 것은 반드시 lib.rs에 반영해야 한다. */
typedef struct {
    uint8_t byte;
    uint32_t integer;
} FfiStruct;
```

```rust
// 이와 동등한 러스트 데이터 구조
// 여기서 변경한 것은 반드시 lib.h / lib.c에도 반영해야 한다.
#[repr(C)]
pub struct FfiStruct {
    pub byte: u8,
    pub integer: u32,
}
```

이 데이터 구조의 정의를 보면 두 위치가 동기화되어야 한다는 주석이 달려 있다. 하지만 동기화를 사람에게만 의존하면 언젠가는 어긋날 가능성이 있다. 두 언어의 함수 시그니처를 동기화하는 작업은 bindgen(아이템 35)과 같은 도구를 사용해 자동화하는 것이 좋다.

FFI를 이용해 상호 연동할 때, 문자열 타입에 대해서는 특별히 신경 써야 한다. 문자열을 구성하는 요소에 대한 C와 러스트의 기본 정의에는 다소 차이가 있다.

---

[12] https://doc.rust-lang.org/reference/type-layout.html#the-c-representation

- 러스트의 String은 (0바이트를 포함해) 길이를 명시적으로 표현한 UTF-8로 인코딩된 데이터를 저장한다.
- C 문자열(char *)은 부호가 있을 수도 있고 없을 수도 있는 바이트 값을 담으며, 그 길이는 데이터의 첫 번째 0바이트(\0)에 의해 암묵적으로 결정된다.

다행히 러스트에서 C 스타일 문자열을 비교적 간단히 처리할 수 있다. 러스트 라이브러리 설계자가 두 가지 문자열을 인코딩하는 힘든 작업을 대신해서 별도의 타입으로 제공하기 때문이다. C와 연동할 (소유) 문자열을 담을 때는 **CString** 타입을 사용하고, 대여한 문자열 값을 다룰 때는 이에 대응되는 **CStr** 타입을 사용한다. 후자의 타입은 as_ptr() 메서드를 제공하는데, 이를 통해 문자열에 담긴 내용을 const char* C 문자열을 받는 어떠한 FFI 함수에 전달할 수 있다. 여기서 const에 주의해야 한다. 즉, 문자열의 내용(char *)을 수정해야 하는 FFI 함수에는 const를 사용할 수 없다.

수명

데이터 구조는 대부분 레지스터에 모두 넣을 수 없을 만큼 크기 때문에 메모리에 대신 저장된다. 따라서 데이터에 접근하려면 메모리 위치가 필요하다. C 언어에서는 메모리 주소를 나타내는 숫자인 **포인터**pointer(아이템 8)로 그 위치를 표현한다. 이때 포인터에 다른 의미는 없다.

러스트에서 메모리에서의 위치를 주로 **레퍼런스**reference로 표현하며, 레퍼런스가 가지는 숫잣값은 원시 포인터raw pointer로 만들 수 있기 때문에 FFI를 통해 곧바로 전달할 수 있다.

```
extern "C" {
    // `FfiStruct`의 내용에 대해 연산을 수행하는 C 함수
    pub fn use_struct(v: *const FfiStruct) -> u32;
}
let v = FfiStruct {
    byte: 1,
    integer: 42,
};
let x = unsafe { use_struct(&v as *const FfiStruct) };
```

하지만 러스트의 레퍼런스에는 아이템 14에서 설명한 것처럼 메모리 수명에 대한 제약 조건이 담겨 있는데, 이 제약 조건은 원시 포인터로 변환될 때 사라져 버린다.

따라서 원시 포인터를 사용하는 부분은 근본적으로 unsafe 코드다. FFI 경계 너머에 있는 C 코드에 의해 러스트의 메모리 안전성이 깨질 수 있기 때문이다.

- C 코드는 포인터 값을 계속 갖고 있다가, 나중에 메모리가 힙이나 스택에서 해제된 후에 다시 사용할 수 있다.
- 포인터를 C 코드로 전달할 때 const 속성이 사라질 수 있다. 따라서 러스트에서는 불변성을 유지하던 데이터가 수정 가능한 상태로 변할 수 있다.
- C 코드는 러스트의 Mutex 보호 대상이 아니므로 데이터 경쟁(아이템 17)이란 악령이 되살아날 수 있다.
- C 코드는 실수로 C의 free() 라이브러리 함수를 호출해 관련 힙 메모리를 할당자에게 반환할 수 있다. 그러면 러스트 코드는 해제 후 사용use-after-free 연산을 수행하게 될 수도 있다.

FFI를 통해 기존 라이브러리를 사용할 때는 비용 편익 분석을 통해 이런 위험을 모두 검토해야 한다. 긍정적으로 보면, 기존에 정상적으로 작동하던 코드에 대해 선언하거나 자동 생성하기만 하면 재사용할 수 있다. 부정적으로 보면, 애초에 러스트를 사용하게 된 주된 장점인 메모리 보호 기능이 사라진다는 점이다.

메모리 관련 문제의 발생 가능성을 줄이기 위한 첫 번째 단계로, **메모리에 대한 할당과 해제를 FFI 경계의 한쪽 편에서만 한다.** 예를 들어 다음과 같이 대칭되는 함수 쌍으로 표현할 수 있다.

```
/* C 함수 */

/* `FfiStruct`를 할당한다. */
FfiStruct* new_struct(uint32_t v);
/* 앞서 할당했던 `FfiStruct`를 해제한다. */
void free_struct(FfiStruct* s);
```

이 함수에 대한 러스트 FFI 선언은 다음과 같다.

```
extern "C" {
    // `FfiStruct`를 할당하는 C 코드
    pub fn new_struct(v: u32) -> *mut FfiStruct;
    // 앞서 할당한 `FfiStruct`를 해제하는 C 코드
    pub fn free_struct(s: *mut FfiStruct);
}
```

할당과 해제가 항상 짝을 이루게 하려면, C에서 할당한 메모리가 유출(누수leak)되는 것을 자동으로 막아주는 RAII 래퍼를 구현한다(아이템 11). 이런 래퍼 구조체는 C 할당 메모리를 소유한다.

```rust
/// C 라이브러리에서 할당한 메모리를 소유하는 래퍼 구조체
struct FfiWrapper {
    // 불변성: inner는 NULL이 아님
    inner: *mut FfiStruct,
}
```

또한 Drop 구현은 누수 가능성을 방지하도록 이 메모리를 C 라이브러리로 반환한다.

```rust
/// 직접 구현한 [`Drop`]:
/// C 라이브러리에서 할당한 메모리를 반드시 해제시킨다.
impl Drop for FfiWrapper {
    fn drop(&mut self) {
        // 안전성: `inner`는 NULL이 아닐 뿐만 아니라,
        // `free_struct()`는 NULL 포인터에 대처한다.
        unsafe { free_struct(self.inner) }
    }
}
```

이 원리는 힙 메모리뿐만 아니라 다른 곳에도 똑같이 적용된다. **Drop을 구현해 FFI 파생 리소스(예: 열린 파일, 데이터베이스 연결 등)에 RAII를 적용한다**(아이템 11).

C 라이브러리와의 상호 작용을 래퍼 구조체로 캡슐화하면 다른 잠재적 문제도 막을 수 있다. 예를 들어 이렇게 하지 않으면 눈에 띄지 않는 오류를 Result로 변환하는 방식으로 처리할 수 있다.

```rust
type Error = String;

impl FfiWrapper {
    pub fn new(val: u32) -> Result<Self, Error> {
        let p: *mut FfiStruct = unsafe { new_struct(val) };
        // 원시 포인터는 NULL이 될 수 없게 보장할 수 없다.
        if p.is_null() {
            Err("Failed to get inner struct!".into())
        } else {
```

```
            Ok(Self { inner: p })
        }
    }
}
```

이렇게 래퍼 구조체를 만들면 C 라이브러리의 기능을 사용할 수 있는 안전한 메서드를 제공할 수 있다.

```
impl FfiWrapper {
    pub fn set_byte(&mut self, b: u8) {
        // 안전성: `inner`가 NULL이 아니라는 불변성에 의존한다.
        let r: &mut FfiStruct = unsafe { &mut *self.inner };
        r.byte = b;
    }
}
```

또 다른 방법은 내부 C 데이터 구조에 동일한 러스트 매핑이 있고, 이 데이터 구조를 직접 조작하는 것이 안전하다면 아이템 8에서 설명한 **AsRef**와 **AsMut** 트레이트를 구현해 좀 더 직접적으로 사용할 수 있다.

```
impl AsMut<FfiStruct> for FfiWrapper {
    fn as_mut(&mut self) -> &mut FfiStruct {
        // 안전성: `inner`는 NULL이 아니다.
        unsafe { &mut *self.inner }
    }
}
let mut wrapper = FfiWrapper::new(42).expect("real code would check");
// C에서 할당한 데이터 구조의 내용을 직접 수정한다.
wrapper.as_mut().byte = 12;
```

이 코드는 '**unsafe 코드인 FFI 라이브러리에 접근하는 부분을 안전한 러스트 코드 안에 캡슐화하라**'는 원칙의 예다. 이렇게 하면 애플리케이션의 나머지 부분은 아이템 16의 조언을 따르고 unsafe 코드를 작성하지 않아도 된다. 또한 위험한 코드를 모두 한 곳으로 모을 수 있기 때문에 잠재 문제를 찾기 위한 분석과 테스트 작업을 수행하기 좋을 뿐만 아니라, 실제로 문제가 발생했을 때 이곳부터 살펴보면 된다.

C에서 러스트 호출하기

FFI에서 첫 번째 F에 해당하는 '외부foreign'는 현재 위치에 상대적인 개념이다. 애플리케이션을 C 언어로 작성할 때는 FFI를 통해 접근하는 러스트 라이브러리가 외부다.

러스트 라이브러리를 C 코드에 제공하는 방법은 기본적으로 그 반대 방향과 비슷하다.

- C에 제공할 러스트 함수는 C 호환성을 보장하기 위해 extern "C" 마커를 붙여야 한다.
- 러스트 심벌은 C++와 마찬가지로 기본적으로 네임 맹글링이 적용된다.[13] 따라서 함수 정의에도 #[no_mangle] 속성을 붙여서 간단한 이름만으로 접근하게 할 필요가 있다. 이 말은 곧 함수 이름이 단일 글로벌 네임스페이스에 속해서, 같은 프로그램에 정의된 다른 심벌과 충돌할 수도 있다는 뜻이다. 따라서 공개한 이름이 모호해지지 않도록 접두사를 붙이는 것이 좋다(예: mylib_…).
- 데이터 구조 정의에 #[repr(C)] 속성을 붙여서 데이터 구조에 담긴 내용의 레이아웃이 이에 대응되는 C 데이터 구조와도 호환되게 만든다.

또한 포인터, 레퍼런스, 수명을 다룰 때 미묘한 문제가 발생할 수 있다. C 포인터는 러스트 레퍼런스와는 엄연히 다르다. 이 사실을 깜박하면 위험에 빠질 수 있다.

의도하지 않은 동작 발생

```
#[no_mangle]
pub extern "C" fn add_contents(p: *const FfiStruct) -> u32 {
    // 호출자로부터 제공된 원시 포인터를 러스트 레퍼런스로 변환한다.
    let s: &FfiStruct = unsafe { &*p }; // 뭔가 이상하다.
    s.integer + s.byte as u32
}
```

```
/* 러스트를 호출하는 C 코드 */
uint32_t result = add_contents(NULL); // 문제 발생!
```

원시 포인터를 다룰 때는 항상 러스트 원칙에 어긋나지 않도록 사용자가 직접 보장해야 한다.

```
#[no_mangle]
pub extern "C" fn add_contents_safer(p: *const FfiStruct) -> u32 {
    let s = match unsafe { p.as_ref() } {
```

---

[13] 네임 맹글링을 거친 이름을 다시 프로그래머가 볼 수 있는 형태로 변환하는 도구가 있다. c++filt에 해당하는 러스트 도구로, rustc-demangl 커맨드를 기반으로 만든 rustfilt(https://crates.io/crates/rustfilt)라는 도구다.

```
            Some(r) => r,
            None => return 0, // 골치 아프게도 C 코드가 NULL을 준 경우
        };
        s.integer + s.byte as u32
    }
```

이 예제에서 C 코드는 러스트 코드에 원시 포인터를 제공하고, 러스트 코드는 이를 레퍼런스로 변환해 구조체에 대한 연산을 수행한다. 그런데 이 포인터는 어디에서 온 걸까? 러스트 레퍼런스가 가리키는 대상은 뭘까?

아이템 8의 첫 번째 예제를 떠올려 보자. 만료된 스택 객체의 레퍼런스가 반환되지 않게 하는 러스트의 메모리 안전성에 대해서 설명했다. 원시 포인터를 전달하면 이 문제가 다시 나타날 수 있다.

> **의도하지 않은 동작 발생**
>
> ```
> impl FfiStruct {
>     pub fn new(v: u32) -> Self {
>         Self {
>             byte: 0,
>             integer: v,
>         }
>     }
> }
> // 여기서 컴파일 오류가 발생하지 않는다.
> #[no_mangle]
> pub extern "C" fn new_struct(v: u32) -> *mut FfiStruct {
>     let mut s = FfiStruct::new(v);
>     &mut s // 곧 만료될 스택 객체에 대한 원시 포인터를 반환한다.
> }
> ```

다시 러스트에서 C로 포인터를 전달할 때는 스택 메모리가 아닌 힙 메모리를 참조해야 한다. 하지만 Box를 통해 객체를 단순히 힙에 올리는 것만으로는 소용없다.

> **의도하지 않은 동작 발생**
>
> ```
> // 여기서도 컴파일 오류가 발생하지 않는다.
> #[no_mangle]
> pub extern "C" fn new_struct_heap(v: u32) -> *mut FfiStruct {
>     let s = FfiStruct::new(v); // `FfiStruct`를 스택에 생성한다.
> ```

```rust
    let mut b = Box::new(s); // `FfiStruct`를 힙으로 옮긴다.
    &mut *b // 곧 만료될 힙 객체에 대한 원시 포인터를 반환한다.
}
```

소유하는 Box는 스택에 있으므로 스코프를 벗어나면 힙 객체를 해제하고 반환된 원시 포인터는 유효하지 않는 상태로 되돌아간다.

여기서는 힙 객체에 대한 책임을 무효화해 힙 객체를 실질적으로 '잊어버리게' 만드는 Box::into_raw로 처리했다.

```rust
#[no_mangle]
pub extern "C" fn new_struct_raw(v: u32) -> *mut FfiStruct {
    let s = FfiStruct::new(v); // `FfiStruct`를 스택에 생성한다.
    let b = Box::new(s); // `FfiStruct`를 힙으로 옮긴다.

    // `Box`를 소비해서 힙 메모리에 대한 책임을 진다.
    Box::into_raw(b)
}
```

그렇다면 힙 객체가 어떻게 해제되는지 궁금하다. 앞에서는 메모리 할당과 해제 작업을 FFI 경계의 한쪽에서 수행하라고 조언했는데, 그러기 위해서는 러스트 쪽에서 해제하게 만들어야 한다. 이 작업은 원시 포인터로부터 Box를 만드는 Box::from_raw로 처리한다.

```rust
#[no_mangle]
pub extern "C" fn free_struct_raw(p: *mut FfiStruct) {
    if p.is_null() {
        return; // 골치 아프게도 C 코드가 NULL을 준 경우
    }
    let _b = unsafe {
        // 안전성: p는 NULL이 아니라고 알려졌다.
        Box::from_raw(p)
    };
} // `_b`는 스코프가 끝날 때 드롭되어 `FfiStruct`를 해제한다.
```

이렇게 해도 여전히 러스트 코드가 C 코드의 영향을 받는다. 만약 C 코드에서 실수로 러스트 코드에 동일한 포인터를 두 번이나 해제하도록 요청하면, 러스트의 할당자는 치명적인 혼란에 빠질 수 있다.

여기서 이번 아이템 전체의 주제를 볼 수 있다. 즉, FFI를 사용하면 표준 러스트에는 없던 위험에 노출된다는 것이다. 이런 위험과 대가를 잘 알고 있다면 위험을 감수하고 FFI를 사용해도 좋다. FFI 경계 너머로 전달되는 대상을 세밀하게 제어한다면 그런 위험을 어느 정도는 줄일 수 있지만, 완전히 제거할 수는 없다.

러스트를 호출하는 C 코드에 대한 FFI 경계를 제어할 때 주의할 점이 하나 더 있다. 러스트 코드에서 아이템 18의 조언을 따르지 않는다면, **panic!이 FFI 경계를 넘어가지 않게 해야 한다.** 그렇게 하지 않으면 예상치 못한 나쁜 동작이 발생한다(https://oreil.ly/qmUe0).[14]

기억할 사항

- 다른 언어로 작성한 코드와 연동할 때는 C를 최소 공배수처럼 여긴다. 따라서 모든 심벌이 단일 글로벌 네임스페이스에 존재한다.
- FFI 경계에서 문제가 발생할 가능성을 최소화하려면 다음과 같이 한다.
  - unsafe FFI 코드를 안전한 래퍼에 캡슐화한다.
  - 메모리 할당과 해제를 FFI 경계의 어느 한쪽에서만 수행한다.
  - 데이터 구조가 C 호환 레이아웃을 갖게 만든다.
  - 크기가 지정된 정수 타입을 사용한다.
  - 표준 라이브러리의 FFI 관련 헬퍼를 사용한다.
  - panic!이 러스트 코드를 벗어나지 않게 한다.

아이템 35: FFI 매핑을 직접 하기보다는 가급적 bindgen을 활용하라

아이템 34에서 러스트 프로그램에서 C 코드를 호출하는 메커니즘을 설명하면서 FFI를 통해 C 구조체와 함수를 사용하려면 C 선언문에 대응되는 러스트 선언이 있어야 한다고 언급했다. C 선언과 러스트 선언은 항상 동기화 상태를 유지해야 하는데, 아이템 34에서 경고했듯이 양쪽

---

[14] 러스트 버전 1.71에서는 언어 사이의 언와인드(unwind) 기능을 제공하는 C-언와인드 ABI(https://oreil.ly/VVqVY)를 제공한다.

선언에 대한 동기화 여부는 툴체인에서 검사해 주지 않는다. 따라서 두 선언이 어긋나더라도 컴파일 단계에서는 조용히 넘어간 뒤, 나중에 실행 과정에서 갑자기 나타날 수 있다.

두 선언을 완벽하게 동기화하는 작업은 자동화하기에 매우 적합하다. 러스트 프로젝트에서는 이 작업을 위해 bindgen 도구를 제공한다. bindgen의 핵심 기능은 C 헤더 파일을 파싱해서 이에 대응되는 러스트 선언문을 출력하는 것이다.

아이템 34에 나온 C 선언 예제 중 일부를 살펴보자.

```c
/* lib.h 파일 */
#include <stdint.h>

typedef struct {
    uint8_t byte;
    uint32_t integer;
} FfiStruct;

int add(int x, int y);
uint32_t add32(uint32_t x, uint32_t y);
```

bindgen 도구를 수동으로 호출하거나, build.rs 빌드 스크립트에서 호출하면 이에 대응되는 러스트 파일을 생성할 수 있다.

```
% bindgen --no-layout-tests \
        --allowlist-function="add.*" \
        --allowlist-type=FfiStruct \
        -o src/generated.rs \
        lib.h
```

생성된 러스트 선언문은 아이템 34에서 직접 작성한 선언문과 같다.

```rust
/* rust-bindgen 0.59.2에서 자동으로 생성됨 */

#[repr(C)]
#[derive(Debug, Copy, Clone)]
pub struct FfiStruct {
    pub byte: u8,
    pub integer: u32,
}
```

```
extern "C" {
    pub fn add(
        x: ::std::os::raw::c_int,
        y: ::std::os::raw::c_int,
    ) -> ::std::os::raw::c_int;
}
extern "C" {
    pub fn add32(x: u32, y: u32) -> u32;
}
```

소스 수준의 `include!` 매크로를 사용하면 이 선언문을 러스트 코드로 가져올 수 있다.

```
// 자동 생성된 러스트 선언문을 include한다.
include!("generated.rs");
```

아주 단순한 FFI 선언이 아니라면 **C 코드에 대한 러스트 바인딩은 bindgen으로 생성한다.** 선언문만큼은 직접 작성하는 것보다 기계적으로 생성하는 것이 훨씬 좋다. C 함수 정의가 변경되면 C 컴파일러는 C 선언이 정의와 일치하지 않는다고 경고하지만, 직접 작성한 러스트 선언문이 C 선언과 일치하지 않을 때는 아무런 경고도 하지 않는다. 따라서 C 선언으로부터 러스트 선언을 자동으로 생성하면 두 선언을 동기화할 수 있다.

이런 특성을 감안하면 CI 시스템에 `bindgen` 단계를 포함시키는 것이 좋다(아이템 32). 생성된 코드가 버전 관리 대상에 포함되면, CI 시스템은 새로 생성된 파일이 기존에 체크인된 버전과 일치하지 않을 경우에 오류를 발생시킬 수 있다.

`bindgen` 도구는 대규모 API가 있는 기존 C 코드베이스를 다룰 때 유용하다. 큰 `lib_api.h` 헤더 파일에 대응되는 러스트 파일은 수작업으로 만들어야 하고 지루해서 오류가 발생하기 쉽다. 따라서 앞서 언급했듯이 툴체인은 여러 가지 불일치 오류를 걸러주지 못한다. `bindgen`도 다양한 옵션을 제공하며, 이를 통해 앞서 설명한 `--allowlist-function`이나 `--allowlist-type` 옵션과 같은 API의 특정 부분 집합을 처리할 수 있다.[15]

또한 기존 C 라이브러리를 러스트 코드에 공개하는 작업을 계층적으로 접근할 수 있다. 즉, `xyzzy`라는 라이브러리를 래핑할 때 흔히 다음과 같은 관례를 따른다.

---

[15] 이 예제 역시 `--no-layout-tests` 옵션을 사용해 출력을 단순하게 유지한다. 기본적으로 생성된 코드에 `#[test]` 코드를 포함시켜서 구조체가 정말 문제없이 배치됐는지 확인한다.

- bindgen으로 생성된 코드가 담긴 xyzzy-sys 크레이트(이를 사용하면 unsafe 코드가 된다)
- unsafe 코드를 캡슐화하고 내부 기능에 대해 러스트에서 안전하게 접근하게 하는 xyzzy 크레이트

이렇게 하면 unsafe 코드를 한 레이어에 모아두고, 나머지 부분은 아이템 16의 조언을 따르게 할 수 있다.

C를 넘어서

bindgen 도구는 C++의 일부 구문을 제한된 방식으로 처리할 수도 있다.[16] 완벽하진 않지만 좀 더 제대로 통합하려면, **cxx 크레이트로 C++와 러스트를 연동하는 방법도 고려하자**. cxx(https://cxx.rs)는 공통 스키마로부터 러스트와 C++ 코드를 자동으로 생성하기 때문에 두 언어를 좀 더 긴밀하게 통합할 수 있다.

---

16 https://oreil.ly/vn8Hf

에필로그

이 책에 담긴 조언과 제안, 정보가 여러분을 더욱 노련하고 생산적인 러스트 프로그래머로 발돋움하는 데 도움이 됐길 바란다. 서문에서 말했듯이 이 책은 러스트 기초를 어느 정도 다지고 나서, 다음 단계로 올라서는 데 필요한 내용을 중점적으로 다룬다. 이 책을 다 읽었다면 다음과 같이 다양한 주제를 더 살펴보기를 추천한다.

- 이 책에서 다루지 않은 비동기async 러스트는 효율적이고 동시성을 갖춘 서버 애플리케이션 제작에 필요하다. async의 기초는 온라인 문서(https://oreil.ly/a9r1B)를 통해 익힐 수 있다. 곧 출간 예정인 『Async Rust(비동기 러스트)』(오라일리, 2024)도 참고하면 좋다.
- 다른 관점에서 보면 베어 메탈bare-metal 러스트가 여러분의 관심과 요구 사항에 오히려 적합할 수도 있다. 아이템 33에서 본 OS도 없고 할당도 없는 no_std 소개뿐만 아니라, 운영 체제도 없고 할당도 없는 세계에 적합하다. 온라인 강좌인 'Comprehensive Rust(https://google.github.io/comprehensive-rust)'의 베어 메탈 러스트 부분(https://oreil.ly/h_cfR)을 참고하자.
- 고수준이나 저수준에 대한 관심과는 별개로, 서드 파티 오픈 소스 크레이트 생태계인 crates.io(https://crates.io)를 살펴보고 기왕이면 기여도 하기를 추천한다. 잘 정제된 요약 정보를 제공하는 blessed.rs(https://blessed.rs)나 lib.rs(https://lib.rs)도 다양한 대안을 탐색하는 데 도움 된다.
- 러스트 언어 포럼(https://users.rust-lang.org)이나 레딧Reddit의 r/rust(https://reddit.com/r/rust) 등과 같은 러스트 관련 온라인 포럼도 참고하면 좋다. 포럼에서 기존에 나왔던, 해결된 질문을 검색해 보자.
- 아이템 34에서 언급한 것처럼 러스트로 작성되지 않은 기존 라이브러리에 의존해야 할 때 러스트로 다시 작성하는 방법도 있겠지만rewrite it in Rust(RiiR), 실전에서 검증을 거친 성숙한 코드베이스와 같은 수준에 이르기 위해서는 상당한 노력이 필요하다(https://oreil.ly/iKRzI).
- 러스트에 대한 숙련도가 높아졌다면 좀 더 고급 기술을 다루는 필수 레퍼런스인 『Rust for Rustaceans』(노 스타치, 2022)를 참고하자.

그럼 행운을 빈다!

INDEX

ㄱ

가시성　236
갓볼트 컴파일러 탐색기　297
강제 변환　63
개념 타입　84
객체 안전성　40, 137
고아 규칙　48
공급망 공격　254
공유 상태 병렬성　191
교착 상태(데드록)　203
그린 빌드　308
글롭 임포트　242

ㄴ

네임 맹글링　323
뉴타입 패턴　64

ㄷ

단위 테스트　292
단일 정의 규칙　249
단형화　38
대여　165
덕 타이핑　39
데이터 경쟁　191
동적 디스패치　39

ㄹ

레퍼런스 카운트 포인터　202
레퍼런스 카운트(참조 횟수)　89
레퍼런스(참조)　79, 326

ㅁ

마커 트레이트　37
매크로　270
메서드　28
메타프로그래밍　270
묶음 타입　21
문서 테스트　294
물음표 연산자(?)　43
뮤텍스　195

ㅂ

반복자 변환　95
반복자 어댑터　95
반사적 구현　60
배열　84
버전 선택 알고리즘　249
분리 컴파일　323
비어휘 수명　152
빌더　70
빌더 패턴　73

ㅅ

선언적 매크로　270
셈버　230
소비 반복자　97
속성형 매크로　279
수명　144
수명 생략 규칙　153
스마트 포인터　89
스택　144
슬라이스　84

시맨틱 버저닝   230

ㅇ

안전하지 않은 러스트   188
역참조 표현식   83
예외 안전성   210
예제 매크로   270
오토 트레이트   203
옵트아웃   111
옵트인   111
와일드카드 임포트   242
외부 함수 인터페이스(FFI)   318
원시 포인터   79
의존성 그래프   248
익명 수명   164

ㅈ

잠금 역전   205
잠금 오염   199
절차적 매크로   271, 277
정적 라이브러리   320
제네릭   129, 270
조건부 컴파일   255
중대한 변경   233

ㅋ

카고   230
캐스트   62
커버리지 가이드 퍼즈 테스트   298
클로저   28, 32
클리피   288

ㅌ

통합 테스트   294
튜플   21
튜플 구조체   22
트레이트   28, 36, 109
트레이트 객체   39, 54, 86
트레이트 바운드   38
트레이트 업캐스팅   219

ㅍ

파생 매크로   280
팻 포인터   83
퍼즈 테스트   297
퍼징   297
포괄적 트레이트 구현   59
포인터   28, 79, 326
프렐류드   312
피처   255
피처 통합   258

ㅎ

하위 호환 변경   242
할당에 실패하지 않는다   316
함수   28
함수 포인터   30
함수형 매크로   278
호환되지 않는 변경   233

INDEX

A

aggregate type   21
all(p)   102
alloc   313
anonymous lifetime   164
any(p)   102
anyhow   55
ar   320
Arc⟨T⟩   92
array   84
as_ref( )   46
attribute macro   279
auto trait   203

B

backward compatible change   242
bindgen   334
blanket trait implementation   59
Borrow   88
borrow   88
borrow_mut   88
borrowing   165
BorrowMut   88
Box::leak   159
breaking change   233
builder   70
byteorder   189

C

c++filt   324
Cargo   230
cargo bench   295, 302
cargo check   302
cargo clippy   302
cargo doc   302
cargo fmt   302
cargo metadata   302
cargo tree   252, 302
cargo update   302
cargo-deny   252
cargo-expand   302
cargo-fuzz   298
cargo-tarpaulin   302
cargo-udeps   252
Cargo.lock   250
cast   62
cfg   255
cfg_attr   255
chain(other)   99
channel( )   208
Clippy   288
Clone   110
clone( )   111
cloned( )   100
closure   28, 32
coercion   63
collect( )   103
conditional compilation   255
consuming iterator   97
copied( )   100
Copy   110
core::   312
coverage-guided   298
Cow   89

crates.io   189

CStr   326

CString   326

cxx   190

cycle( )   99

D

data race   191

deadlock   203

Debug   111

declarative macro   270

Default   71, 110

default( )   114

dependency graph   248

Deref   82, 119

Deref 강제 변환   83

dereference expression   83

DerefMut   82, 119

derive   110

derive macro   280

Display   111

doc test   294

docs.rs   266

DoubleEndedIterator   100

Drop   119, 127

drop   127

duck typing   39

dyn   87

dynamic dispatch   39

dynamic_cast⟨T⟩   213

E

enum(이넘, 열거형)   22

enumerate( )   100

q   111

Error   119

exception safety   210

exclude   300

expect   42

extern "C"   320

F

fat pointer   83

feature   255, 256

feature unification   258

filter(|item| {...})   100

find(p)   102

flatten( )   100

Fn   35, 119

FnMut   35, 119

FnOnce   35, 119

fold(f)   102

foreign function interface(FFI)   318

From   119

From⟨T⟩   58

FromIterator   103

function   28

function pointer   30

function-like macro   278

fuzz testing   297

fuzzing   297

INDEX

 G H

generic   129, 270
glob import   242
Godbolt compiler explorer   297
green build   308
Hash   111

I

if let   41
incompatible change   233
Index   86
index   86
Infallible   60
infallible allocation   316
integration test   294
into_iter   96
Into⟨T⟩   58
IntoIterator   96
Iterator   96, 119
iterator adaptor   95
iterator transform   95
lifetime   144
lifetime elision rule   153

 L M

lock inversion   205
lock poisoning   199
macro   270
macro by example   270
map(liteml {...})   100
marker trait   37

max_by(f)   102
max( )   102
metaprogramming   270
method   28
min_by(f)   102
min( )   102
Miri   190
monomorphize   38
mut self   30
mutex   195
Mutex   92

 N

name mangling   323
newtype pattern   64
nm   324
no_std   312
non-lexical lifetime   152
notional type   84
nth(n)   102

O

object safety   40, 137
once_cell   189
one definition rule   249
opt-in   111
opt-out   111
Option   26
Ord   111
orphan rule   48

P

PartialEq   110
PartialOrd   111
partition(p)   103
pointer   28, 79, 326
Pointer   88
position(p)   102
prelude   312
proc 매크로   277
procedural macro   271, 277
product( )   102
pub   237

R

RAII   123
rand   189
raw pointer   79
Rc⟨T⟩   89
reduce(f)   102
RefCell⟨T⟩   91
reference   79, 326
reference count   89
reference-counted pointer   202
reflexive implementation   60
Result   27
rev( )   100
rust-toolchain.toml   304

S

scan(init, f)   102
self   30

semantic versioning   230
semver   230
Send   119, 202
separate compilation   323
shared state parallelism   191
skip_while( )   100
skip(n)   99
slice   84
SliceIndex⟨T⟩   85
smart pointer   89
source( )   48
stack   144
static   157
static library   320
std::any   213
std::error::Error   47
std::mutex::lock( )   195
std::pin::Pin   189
std::sync::Arc   202
std::sync::atomic   189
std::sync::mpsc   208
step_by(n)   99
sum( )   102
supply chain attack   254
Sync   119, 203

T

take_while( )   100
take(n)   99
tests/   294
thiserror   54
tname( )   214

INDEX

to_owned( ) 88
ToOwned 88
trait 28, 36, 109
trait bound 38
trait object 39, 54, 86
trait upcasting 219
try_find(f) 102
try_fold(f) 102
try_for_each(f) 102
TryFrom⟨T⟩ 58, 119
TryInto⟨T⟩ 58
tuple 21
tuple struct 22
type_name 215
typeid 213
TypeId 215

unit test 292
unsafe 188
unsafe Rust 188
unwrap 42
unzip( ) 103
use 242

Vec⟨T⟩ 83
version selection algorithm 249
visibility 236
Weak⟨T⟩ 184
wildcard import 242
zip(it) 100

기 타

.map_err( ) 44
'_ 164
'static 157
{:p} 88
&[T] 84
&mut self 30
&self 30
#![no_std] 312
#[inline] 44
#[must_use] 42
#[repr(C)] 325
#[repr(transparent)] 68